本书出版得到"陇东学院著作基金"资助

庆阳城市竞争力发展研究

Research of the Enhancement on
Urban Competitiveness of Qingyang City

许尔忠　曲　涛　毛粉兰◎编著

中国社会科学出版社

图书在版编目 (CIP) 数据

庆阳城市竞争力发展研究 / 许尔忠，曲涛，毛粉兰编著 . —北京：中国
社会科学出版社，2015.4
ISBN 978 - 7 - 5161 - 5903 - 3

Ⅰ.①庆…　Ⅱ.①许…②曲…③毛…　Ⅲ.①城市—竞争力—研究—
庆阳市　Ⅳ.①F299.2

中国版本图书馆 CIP 数据核字（2015）第 070618 号

出 版 人	赵剑英
责任编辑	郭　鹏
责任校对	卢占伟
责任印制	李寡寡

出　　　版	中国社会科学出版社
社　　　址	北京鼓楼西大街甲 158 号（邮编 100720）
网　　　址	http：//www.csspw.cn
发 行 部	010 - 84083685
门 市 部	010 - 84029450
经　　　销	新华书店及其他书店

印刷装订	三河市君旺印务有限公司
版　　　次	2015 年 4 月第 1 版
印　　　次	2015 年 4 月第 1 次印刷

开　　　本	710×1000　1/16
印　　　张	19
插　　　页	2
字　　　数	316 千字
定　　　价	66.00 元

凡购买中国社会科学出版社图书，如有质量问题请与本社联系调换
电话：010 - 84083683

庆阳城市竞争力发展课题组

主要编著者介绍

许尔忠：1964年1月出生，甘肃民勤县人，1987年7月毕业于西北师大政治系，获法学学士学位。2006年获北京师范大学公共管理硕士学位。现任陇东学院副校长，教授，甘肃省哲学社会科学研究基地"农耕文化与陇东民俗文化产业开发研究中心"主任，甘肃省教育厅、科技厅项目评审专家，中华人民共和国教育部本科教学评估专家。主要研究方向为公共管理、高等教育。在各类刊物发表文章三十多篇，出版专著与教材两部，主持和参与各类项目共六项。先后获甘肃省高校哲学社会科学优秀成果一等奖一项，甘肃省哲学社会科学优秀成果三等奖二项，甘肃省高等教育教学成果二等奖一项，主持"管理学"课程教学为甘肃省高等学校精品课程。

曲涛：1960年6月出生，山西运城市人，1982年6月毕业于西北师大政治系，获法学学士学位。现任陇东学院经济管理学院院长、陇东学院区域经济研究所所长，经济学教授。主要从事陇东老区问题研究，主持和参与完成科研项目8项，出版《习仲勋在陕甘宁边区》等专著5部，发表论文50余篇，获甘肃省高校优秀社会成果奖二等奖1项，获甘肃省优秀社会科学成果三等奖1项，获市级优秀社会科学成果奖一等奖和二等奖各1项。

毛粉兰：女，1966年7月出生，甘肃环县人，1989年6月毕业于西北师大政治系，获法学学士学位。现任经济管理学院副院长、陇东学院区域经济研究所副所长，经济学教授。主要从事《政治经济学》、《经济学说史》、《市场经济学》等课程的教学和研究工作。主持和参与完成科研项目6项，出版专著1部，发表论文40多篇。获甘肃高校社会科学成果三等奖1项。

内容摘要

本书采用区域经济学、城市经济学和城市管理学的基本分析范式，运用区位理论、贸易理论、竞争理论和营销理论之精华，探讨了城市竞争力实现的城市经营模式、范畴、机理、方法与评价的理论新视角，力争为庆阳量身打造提高城市竞争力的新途径。

本书针对庆阳城市与区域实际，构建了城市竞争力评价的指标体系，并对庆阳的区域竞争力进行了计量分析。在环境分析和竞争力分析的基础上，探讨了庆阳的城市功能与发展定位，提出构建"2234"庆阳战略定位体系。其中提出从"小三角"到"大三角"、从地理几何中心到服务中心以及抢占区域金融和物流中心的高地等观点，作为庆阳定位战略的思维突破点。

此外，本书还就庆阳的空间重塑、新型城乡体系、城市形象、城市文化的综合开发等方面进行了研究，进而在能源石化产业的转型与发展、制造业的建立与成长、现代高效农业的引入与普及、文化创意产业的巩固与创新、公共服务与社会发展的提升、生态建设与环境保护的加强以及区域中心城市的政策保障等方面，庆阳实现竞争力跨越发展和提升路径问题进行了深入研究。

总之，作为国内学界第一部有关庆阳城市发展战略及竞争力提升之道的专项研究，本书旨在为相关理论的讨论、交流以及相关的政府决策作出积极、有益的贡献。

目　　录

第一篇　庆阳发展战略环境分析

第二篇　庆阳城市竞争力分析

第三篇　庆阳战略定位与战略思维

第四篇　战略路径与政策建议

序　言

　　今年7月下旬的一个下午，我接到陇东学院经济管理学院副院长毛粉兰教授的电话，知他们出差途经北京，希望能见面一叙。当天傍晚，我见了到毛院长及她带领的师生一行。原来他们刚刚参加完中华人民共和国教育部组织的全国大学生沙盘模拟经营大赛全国总决赛。在有全国139所大学参与的总决赛中，陇东学院代表队以第30名的优异成绩获得比赛的二等奖。得知此喜讯，我心中暗暗感到钦佩和欣慰。

　　然而毛院长此行还另有任务。她从包里取出一摞沉甸甸的打印稿递给我，看到打印稿封面赫然印着"庆阳城市竞争力发展研究"几个大字，我不禁心头一喜——哦，这不就是陇东学院课题组已辛勤研究近两年的成果吗！毛院长说，报告已几易其稿，已经许尔忠教授和曲涛教授的审校初成。她带来许尔忠副校长的嘱托，要求我进行最后的审定。事实上，在我2011—2012年赴甘肃庆阳挂职锻炼期间，即参与了本书的立项及研究架构的讨论。能为本书的最后修改和审定做一些工作，当然是我极情愿的。于是我满口答应下来。

　　审校书稿的这些天来，我的思绪又重新回到了庆阳——这片黄土高原孕育的美丽、神奇的城市。庆阳地处甘肃省东部，与陕西接壤。这里石油、煤炭资源富集，是新兴的能源城市。然而由于自然和历史等方面原因，庆阳的经济基础还比较薄弱，生活环境由于水资源短缺及前期能源开发所造成的污染，还面临着严峻的挑战，甚至可以说比较艰苦。然而就是在这样一片相对偏僻和贫困的土地上，庆阳人民创造了源远流长的农耕文化、内容极大丰富的陇东民俗文化。其中，庆阳香包自古以来就美名远播，至今仍是庆阳极富特色的民俗手工艺品，广受市场赞誉。进入能源大开发时代以来，庆阳迅速进入国家能源经济战略版图的视野，如今已是甘肃省东翼的核心增长极和国家重要的大型能源化工基地。在国家发改委发布的《陕甘宁革命老区振兴规划》中，更明确提出了庆阳作为"区域中心城市"的定位。可以说，这片土地正孕育着新的希望，庆阳人民正通过自己的艰苦奋斗，建设着这座快速崛起的城市，描绘着城市发展的新的蓝图！

《庆阳城市竞争力发展研究》是由陇东学院发起的一个新的研究课题。陇东学院作为坐落在庆阳的高等学府，多年来和地方政府及企业有着多方面的科研合作。"庆阳城市竞争力发展课题组"的成立，意味着陇东学院作为庆阳乃至区域发展智库的建设已进入自觉的阶段。审校本书期间，我也经常被课题组同人所投入的劳动和智慧所感动。我认为本书的研究，具有以下几个方面的特点或成就：

一是立意的前瞻性。本书的一个最大特点，就是密切结合了国际、国内的发展潮流，以改革开放的大视野来研究庆阳的发展。近年来，国际、国内宏观经济背景发生了深刻的变革，产业转移和发展理念呈现出新的格局和趋势。特别是"十八大"以来，中共中央确立了进一步深化改革、扩大开放的国策，同时大力推进国民经济的转型升级。这对地方的发展来说，既是机遇，也是挑战。本书在庆阳改革与发展的诸多重要领域，包括新型城镇化、新型工业化、信息化和农业现代化等方面，均有浓墨重彩的论述和探讨。尤其难能可贵的是，课题组超越了行政区划的局限，"跳出庆阳看庆阳"，从区域的角度来研究庆阳的发展战略问题，使得本课题的研究获得了更大的现实意义和参考价值。可以说，本书的立论站在了时代发展的前沿。

二是研究的严谨性。课题研究运用了区域经济学、城市经济学和城市管理学等诸多学科的理论和方法，体现了对学科交叉的把握和研究方法的规范。特别是针对庆阳和区域的实际情况，提出了城市竞争力的评价模型。这对于今后进行持续的跟踪对比研究，奠定了扎实的基础。同时，课题研究紧密联系实际，对庆阳7县1区的情况乃至周边城市和地区的情况进行了深入的摸底和分析。研究和论证坚持理论联系实际，坚持理论逻辑的严谨性和规范性，极大提升了本书的理论品质和现实意义。

三是理论的创新性。课题研究不囿于既有的认识和提法，对庆阳发展战略和竞争力提升之道进行了诸多开创新的研究，也提出了很多极富见地的主张。比如针对庆阳的城市定位问题，提出了"2234"战略定位体系；针对庆阳建设区域中心城市，提出了抢占制胜高地的新思维和先机策略；

针对塑造庆阳城市品牌，提出了打造文化节庆旗舰品牌的主张；针对庆阳立市之本的能源化工产业，提出了能源化工产业的转型和升级建议；等等。研究视野和结论令人有耳目一新之感。坚持理论的创新性，不仅是学者坚持中立客观立场、勇于创新的宝贵品格，更是地方智库建设的应该担负的使命所在。

　　说是审校，其实也是一个学习的过程。除了若干必要的修订之外，我知道我必须尊重本书的原貌和理路。或许本书还存在一些需要改进和提高的地方，但作为系列研究的一个起点以及庆阳城市竞争力研究的第一本力作，本书的集结出版已然迈出了可喜的第一步！因此，对本书的问世，值得予以衷心的祝贺。其研究成果，也值得学界同道给以尊重和支持！

　　许尔忠副校长和曲涛院长嘱我为本书作序，我岂敢承担。但考虑到我曾在庆阳挂职的经历，对庆阳有着深厚的感情，同时对本课题的研究也比较了解，于是写下上面的感言。是为序。

刘彦平

2014 年 9 月 10 日

总报告（绪论）

城市是社会经济发展的产物，是具有强大功能的政治、经济、文化集聚中心。当前，城市越来越演化为现代经济社会发展的重要载体，成为一个地区综合竞争力的集中体现和人类文明进步的重要推动力量。马克思对城市曾经作过这样的论述："城市本身表明了人口、生产、工具、资本、享乐和需要的集中，而在农村里所看到的却是完全相反的情况：孤立和分散。"

在全球化竞争的新时代，国家之间的竞争突出表现为城市的竞争。城市不仅是一个市、一个省、一个国家的资源聚集地，而且还是其所在区域的政治、经济、文化中心。城市已被看作经济增长的发动机。在全球化的背景下，城市越来越成为重要的竞争主体。世界各个国家，不论是西方发达国家还是发展中国家，都在积极致力于培育和提高城市的竞争力，进而抢占城市或者区域的竞争制高点，在"城市世纪"里争当所在区域的中心城市乃至世界城市。从2001年上海首先提出"城市综合竞争力"的概念开始，各类形形色色的城市发展报告、城市竞争力评价排序层出不穷，如何提升城市竞争力已成了众多地方政府官员、学者乃至普通市民都关注的热门话题。

城市竞争力指一个城市在经济全球化和区域经济一体化背景下，与其他城市比较，在资源要素流动过程中所具有的抗衡甚至超越现实的和潜在的竞争，以获取持久的竞争优势，最终实现城市价值的系统合力。也就是说，一个城市通过吸引区外物资、资本、技术、人力、信息、服务等资源要素向区内集聚，通过各资源要素的重组、整合来促进和带动相关产业升级和扩充，在资源要素高效、规范、快速、有序的流动中实现价值，再在循环往复中不断扩大规模和持续增长，从而提升城市竞争力。

庆阳作为能源型城市，在全球化和经济一体化背景下，面对世界经济持续低迷和国内经济下行压力加大的严峻形势，要创造机遇，接受挑战，不断加快城市建设和发展，培育和提升城市竞争力。

一　研究背景

迈克尔·波特认为，在过去数十年里，全球竞争态势明显加剧，没有哪个国家或企业敢漠视竞争，每个国家、城市或企业都必须了解并适应竞争；竞争的洪流释放了创新的力量，加速了进步的节奏。越来越多的国家融入到世界经济的大潮中，人类进入了全球化竞争的新时代。全球化竞争不仅仅是指竞争范围和竞争领域的国际化，而且还使竞争主体多元化、竞争方式复杂化。迎着新世纪的曙光，个人、企业、城市（地区）、国家以及其他各种正式或非正式组织，都在竭尽全力以期聚集更多的全球资源，获得更好的发展并辐射更广的市场空间。①

任何城市的成长都是在一定的现实背景下进行的，获得进步的同时也存在很多亟待解决的问题。任何城市的发展都需具备一定的条件和机遇，如政府意愿、市民意愿、物质条件、管理水平、最佳效益等。分析城市经济社会背景就成为研究城市发展战略的前提和基础。

自"十二五"规划实施以来，庆阳坚持科学发展观，以转变发展方式为主线，以保障和改善民生为重点，在《陕甘宁革命老区振兴规划》、《甘肃省六盘山片区区域与扶贫攻坚实施规划》等政策的支持下，顺应发展大势，遵循发展规律，并结合庆阳发展现状及其区域地位制定城市发展战略，找准城市发展定位，选择最佳发展路径，以增强城市的集聚、辐射、带动功能，积极推动庆阳的转型和跨越发展。尤其在基础设施建设、第三产业的发展壮大、文化特色彰显、生活环境的改善和人民生活水平及幸福指数的提高等方面取得了显著的成绩，城市核心竞争力明显提高。作为中国西部地区一个新兴资源型城市，庆阳具有明显的后发优势，蕴藏着巨大的发展潜力。然而，由于自然、区位、基础等诸多因素的制约，城市发展还存在着许多困难和问题。第一，城市规划滞后，城市建设无序。城市建设是千年大计，必须科学规划、合理布局、严密设计、质量第一。但

---

① 〔美〕拜瑞·内勒巴夫、亚当·布兰登伯格：《合作竞争》，安徽人民出版社 2000 年版，第 3—11 页。

是由于种种原因，庆阳的城市建设出现了盲目无序的现象，对现代化缺乏正确的理解，以多建高楼为目标，以豪华建筑为荣耀，甚至出现"三边"（边规划、边设计、边施工）工程现象。部分工程质量低劣，土地浪费现象也日趋严重。第二，城市公共服务功能薄弱。城市的经济发展与公共服务提升应该齐头并进、协调发展。但是在很长一段时期内，城市发展却过度关注经济建设这个中心，而忽略了公共服务的发展。当城市经济处于上升时期，公共服务薄弱的后果常常被所谓的繁荣所掩盖，并不明显。一旦经济形势趋紧、企业遇到挫折甚至破产时，问题就相当突出和严重。主要表现在：城市政府财力缩水，财源不足，社会保障事业落后，公共服务水准下降，城市建设缺少资金等。为了应付困难，不得不扩大收费，增加收费项目，提高服务价格，社会救助等公共服务却往往乏力乃至缺位。第三，文化内涵不足。城市建设不仅是物质的，更应该是文化的。城市建设中文化内涵不足，表现为建筑设计缺乏特色，与城市的文化基础和诉求不协调。第四，文明建设落后。城市发展中起决定性作用的是人，城市规划应以人为本。城市居民构成比较复杂，生活习惯和生活方式各异，尚有相当一部分居民城市意识淡薄，缺少城市生活的习惯。因此显示出许多生活方式和行为，与城市发展和现代城市文明不协调。不少住房是"室内现代化，室外脏乱差"。违反交通规则的现象也是比比皆是，不道德、不卫生的行为随处可见。第五，生态环境不佳、幸福指数不高。生活质量不仅表现为居民的经济收入和生活水平，而且表现为人居的生态环境和社会环境。生态环境是城市整体形象的一个重要因素，是居民生活质量的关键。然而庆阳的生态环境不佳，社会环境也不太令人满意，市民对城市的安全感和亲切感尚有待进一步加强。同时，公共场所服务质量差，市场上存在假冒伪劣商品和坑蒙拐骗现象，使居民缺乏信任感，影响居民的人居质量。

2009年，甘肃省委、省政府提出"中心带动、两翼齐飞"的发展战略。2010年，"国扶47条"明确提出要"积极打造陇东、河西两大能源基地"、"加快陇东煤炭、油气资源开发步伐，积极推进煤电一体化发展，构建以庆阳、平凉为中心，辐射天水、陇南的传统能源综合利用示范区。"2012年，《陕甘宁革命老区振兴规划》的出台及《蒙陕甘宁能源金三角发展战略规划》的制定等为庆阳城市的发展提供了政策依据和保障。

（一）"中心带动、两翼齐飞、组团发展、整体推进"的省域发展战略为庆阳城市发展指明了方向

陇东是甘肃省煤炭、石油资源富集的地区。陇东的平凉和庆阳是甘肃省"中心带动、两翼齐飞、组团发展、整体推进"的区域发展战略体系中"两翼齐飞"战略的东翼两市。庆阳作为"两翼齐飞"中的重要一翼，是大型能源化工基地和全省新的经济增长极，承担着在全省跨越式发展中率先突破和创新引领作用。庆阳境内石油天然气总资源量40亿吨，占鄂尔多斯盆地油气总量的41%。煤炭资源预测储量1342亿吨，占甘肃全省预测储量的97%，占鄂尔多斯盆地煤炭资源预测储量的11.8%，占全国煤炭资源预测储量的4.23%。其中千米以浅的预测储量190亿吨，煤层气预测资源量1.36亿立方米，占鄂尔多斯盆地中生界煤层气总资源量的30%。截至2009年3月底，全市已查明煤炭资源量达到103亿吨，占鄂尔多斯盆地已查明煤炭资源量的2.03%，占全国已查明煤炭资源量的0.79%。① 可以说，加快庆阳石油和煤炭资源开发，对于确保国家能源安全，具有极其重要的战略意义。建设陇东新型能源化工基地，既是更好地发挥区位、资源、产业优势和实现可持续发展的根本途径，同时也是推动经济发展方式转变和经济结构调整、促进循环经济发展的重要战略举措。省域发展战略的提出，为提升庆阳城市竞争力，促进庆阳城市、经济、社会全面发展指明了方向。

（二）《陕甘宁革命老区振兴规划》和《蒙陕甘宁能源金三角发展战略规划》为庆阳城市发展提供了重大的契机

陕甘宁革命老区是中国共产党在土地革命战争时期创建的红色革命根据地之一，既是中共中央和中国工农红军长征的落脚点，又是八路军奔赴抗日前线的出发点。这里曾是老一辈无产阶级革命家战斗和生活的地方，是爱国主义、革命传统和延安精神教育基地。为了在新形势下加快革命老区振兴步伐，推进经济社会又好又快发展，国家出台了《陕甘宁革命老区振兴规划》。规划明确了陕甘宁革命老区的战略定位，要把革命老区建设成为黄土高原的生态文明示范区、国家重要能源化工基地、国家重点红

---

① 2012年庆阳市《政府工作报告》。

色旅游区、现代旱作农业示范区、基本公共服务均等化试点区。其中，《陕甘宁革命老区振兴规划》涉及庆阳的优惠政策主要有财税金融、投资、国土资源、生态环境及社会支持等5大类22条政策。

《蒙陕甘宁能源金三角发展战略规划》是国家能源局提出的"十二五"能源发展战略规划。能源化工金三角范围包括宁夏宁东地区、内蒙古鄂尔多斯地区、陕西榆林地区以及与该地区资源开发相关性极强的陕西延安地区和甘肃陇东地区。《蒙陕甘宁能源金三角发展战略规划》的战略定位为：努力将能源化工金三角经济区建设成为国家能源安全保障区、西部大开发战略新高地、国家能源资源低碳利用技术示范区、生态文明先行区、内陆开放型经济示范区。著名经济学家、主持陕甘宁革命老区国家级生态能源经济示范区课题研究的国务院发展研究中心宏观部部长余斌，在对鄂尔多斯盆地的多个能源富集区如延安、榆林、宁夏、内蒙古等地进行多次调研以后，认为庆阳丰富的石油、煤炭资源具备建设大型能源化工基地的后发优势和潜力，当之无愧为鄂尔多斯盆地的能源"靓女"。只要规划合理，开发得当，庆阳一定能在国家能源战略格局中占据重要的地位，成为陕甘宁革命老区和蒙陕甘宁能源金三角的核心区。

（三）《甘肃省六盘山片区区域发展与扶贫攻坚实施规划》为庆阳城市发展提供了政策支持

2012年12月由甘肃省扶贫办、省发改委印发实施的《甘肃省六盘山片区区域发展与扶贫攻坚实施规划》涉及庆阳的优惠政策主要有财政、金融、产业、土地帮扶等9大类62条优惠政策。这些优惠政策，不仅是一种政策支持，而且是一种物力和财力的支持，是庆阳跨越发展和竞争力提升的宝贵助力。

（四）庆阳历史悠久、文化厚重，文化旅游资源丰富，为庆阳城市发展奠定了深厚的文化底蕴

庆阳地域辽阔，历史悠久，红色、生态、人文、民俗四类资源相互补充，相得益彰。分布于全市各县的旅游景点有61个，其中人文类56个，自然风景5个。在人文资源中，有石窟寺4个，古塔古钟8个，古墓群14个，碑刻5个，古文化遗址8个，博物馆、文化馆、革命纪念地和民俗活动点17个。庆阳乃"人文始祖"轩辕黄帝的活动区域，也是周人的发祥地。市内的历史遗存十分丰富。举世瞩目的黄河古象化石、环江翼龙化石和中国第一块打制石器就出土在这里。周祖陵殿、公刘殿、秦直道、秦长城、北石窟寺、古墓葬、古城堡、烽燧、陕甘宁边区政府旧址、抗大七分校、南梁苏维埃政府旧址等文化遗产，是祖先遗留下来的重要的人文旅游资源。被专家称之为"华夏文化的缩影、民族文化的结晶、起源最早的造型艺术"的农耕文化、民俗文化、黄土文化遗产是祖先遗留下来的另一种重要的旅游资源。庆阳是西北红军的摇篮，是刘志丹、谢子长、习仲勋等老一辈无产阶级革命家创建的陕甘边革命根据地的核心区域。由此可见，庆阳文化资源底蕴深厚，分布广泛，红色旅游资源品质高，特色鲜明。庆阳应该充分利用文化旅游资源优势，进一步挖掘文化内涵，打造旅游品牌，彰显城市实力，提高庆阳的社会影响力。

二　研究思路、方法与意义

（一）研究思路

在理论上，本书采用了区域经济学、城市经济学和城市管理学的基本分析范式。同时，城市参与竞争、制订竞争与发展战略，其自身的行为也完全符合微观及宏观经济学的分析范式。除此之外，本书还运用了区位理论、贸易理论、竞争理论和营销理论之精华。引用区域经济学中对城市引力的分析，通过对区位理论的简单梳理，归纳出影响城市竞争力的共性因子。通过对贸易理论的简要梳理，从解释产业间贸易的绝对成本理论、比较优势理论和要素禀赋论，再到产业内贸易理论，进一步引起对城市发展战略的思考。迈克·波特尔的竞争理论则被用于对产业集聚、发展和整合的分析。另外，本书还借鉴了城市营销理论中的定位理论，探讨了城市竞争力实现机制的理论新视角，把城市竞争力、城市治理、城市营销、城市经营、城市经济等理论有机结合，探讨城市竞争力实现的城市经营模式、范畴、机理、方法与评价的理论新视角，力争为庆阳量身打造提高城市竞争力的新途径。

（二）研究方法

正确的研究方法是研究工作能够顺利进行的基础和前提。研究方法是由特定的研究对象来决定的，何种研究方法的选择，要以研究目标、研究对象为根据，以顺利完成研究任务为宗旨。本课题确定的研究方法，是为达到基本研究目的而采用的基本手段，是运用科学方法来探讨城市核心竞争力的组成要素及其提升方法和基本技能。考虑到城市竞争力内涵的复杂性、城市的多样性与城市核心竞争力的相通性、核心竞争力提升的一般性与差别性，本课题将采用多种研究方法来研究。具体如下：

1. 辩证分析法

这是贯穿全书研究过程的基本方法，也是马克思主义的唯物辩证的分析方法——即按照事物自身的运动与发展规律来认识事物的方法。在这一方法的具体运用中，要坚持用联系的观点、发展的观点、全面的观点、对立统一的观点、具体问题具体分析的观点、实事求是的观点来认识事物的本质，揭示出事物的运动规律。我们知道，世界城市的兴衰、城市竞争力的差异，都是与城市发展的道路、发展战略密切相关，而与发展时间的早晚并无必然的线性关系。不同城市在城市发展中的道路和方法的选择差异，导致了竞争力的差异；而城市所处的时代、环境等的变化又对城市发展道路选择产生重大影响，其他城市以前成功的路径并不一定是现代城市发展的最佳选择。这些都要求我们运用辩证分析法，科学地分析有关问题，正确地反映出城市发展的客观实际，进而揭示出事物内在的规律性和内在联系的必然性。

2. 比较分析法

由于不同的学者有不同的关于核心竞争力、城市竞争力的观点，而且不同城市的发展道路与竞争力提升方式、路径都不尽相同，这都使本课题自然地应用比较分析法来进行研究。所谓比较分析法，是将两个或多个同类或相近的事物，按同一法则进行对比分析，寻找它们的相同点与差异点，并根据同一法则，依据对比分析的结果来推测未知的事物具有同样或相似的特征。本课题中有关城市核心竞争理论的构建与核心竞争力的提升等方面的研究，将是比较分析法的具体运用。

3. 实证分析与规范分析相结合

实证分析法是西方经济学界比较公认的研究方法，也可以称之为成熟的研究范式。实证分析方法的特点是，指明研究事物"是什么"、具有什么特征，进而说明该事物在何种条件下会发生什么样的变化、产生什么样的结果。城市在发展中采用多种不同的举措，而这些是否又与城市核心竞争力的提升相关等，都是本课题理论、观点的具体体现。根据研究的需要，本课题必然要把一定的价值判断作为出发点和落脚点，这就用到了规范分析。即：提出研究的事物"应该是什么样"、"不该是什么样"，对有关条件下事物发展的结果做出"好或坏"的判断，并说明为什么要做出这种选择而不做出别的选择的理由，以及其理论意义。本课题循着这种研究路径，其结果对城市核心竞争力的构建及其提升的手段等都将有重要的指导意义。

4. 定量与定性研究方法相结合

定性研究主要是对城市竞争力进行"质"的理论思考。"质"是一事物区别于其他事物的内部规定性。定性研究方法要求收集与研究主题相关的文献资料，分析资料中有关的特征和关系，归纳资料中包含的主题、模式和意义，发掘文献资料中反映的城市竞争力的有关事实，并形成结论。定性研究又称"规范研究"，主要研究方法有：历史研究、文献研究、观察研究、逻辑分析、内容分析、实地考察、个案研究等。① 本课题采用的定性方法主要是：在文献研究的基础上，通过观察研究、实地考察，对城市竞争力的方方面面展开深入的探讨，结合个案研究，建立自己的数量分析框架和城市竞争力战略体系。

定量研究是在理论思考的基础上，对城市竞争力进行详尽的数量方面的分析和考察，以寻找有决策意义的结论。本书通过定量分析，力图解决城市发展战略的建构问题——即构建定位模型，并延伸为战略路径。

5. 归纳与逻辑演绎法

首先是归纳法的运用。要从多样化的城市、多样化的发展道路中总结出竞争力和核心竞争力的一般规律，就必须运用归纳方法。其次是演绎法，演绎方法并不只包括演绎一个步骤。完全的演绎法，则包括对实际产生作用的各种条件和可以直接观察的现实情况的研究，以考证它的结论与实际现象的适用程度。要将城市核心竞争力从竞争力中进行演绎，并向产业竞争力中演绎，都须借助这种分析方法。

（三）研究意义

城市竞争力研究问题既是一个十分重要的理论问题，又是一个很现实

---

① 李永强：《城市竞争力评价的结构方程模型研究》，西南财经大学出版社 2006 年版，第11—12 页。

的问题。它越来越多地吸引了国内外相关学者们的研究兴趣，也引起了国内外城市及相关决策者越来越多的关注。通过研究，可以为城市健康发展、科学发展、和谐发展提供理论指导和政策建议。

1. 本研究的理论意义

本研究的理论意义主要表现在对原有理论的批判、吸收与继承上。

第一，结合庆阳城市发展实际，借鉴国内外城市经营的理论和经验，积极探索创新城市发展模式。

第二，实现城市经营理论从概念和内涵的探讨到理论体系的构建与集成。

第三，探讨了城市竞争力实现机制的理论新视角。

第四，把城市竞争力、城市治理、城市营销、城市经营、城市经济等理论有机结合，尝试构建庆阳城市与区域竞争力的评价指标体系，探索提高庆阳城市竞争力的新理论和新途径。

第五，对于文化厚重、资源丰富的新型能源城市如何制定合理的发展战略、促进城市发展，做出有益的探索。

2. 本研究的现实意义

本研究主要是为满足庆阳城市发展的实际需要，为不断优化城市发展战略和提升城市竞争力的实践提供指导与借鉴。

第一，针对庆阳打造区域中心城市的战略定位和目标，吸收城市经济、城市经营、城市营销以及城市治理等理论精华，探讨发挥城市多中心辐射优势，发挥城市在区域经济发展中的特殊地位、杠杆作用及经济势能，带动周围城市及城市腹地的经济发展的路径。

第二，探讨庆阳如何利用点优势，发挥群优势，跳出城市经营的战略趋同误区，形成城市内部与城市群良性循环的方法。

第三，探讨庆阳实现城市化与工业化的协调发展，促进城市竞争力的提高，进而促进国民经济发展的思路。

第四，指出庆阳发展战略路径的选择方向和方法，使城市发展在面临新环境时达到灵活性与原则性的统一。这里的原则性是指，城市发展战略是具有整体性的战略规划，在一定时期内不会改变。灵活性则要求在面临新形势时，在不违背城市发展战略统一性的前提下，可以及时调整应对的策略，使城市的发展既不会在发展中迷失方向，也可以从容应对外部环境的变化。

最后，合理的城市发展战略可以极大地改善市民生活质量，提高城市社会效益以及环境效益。城市又快又好的发展，带给市民的不仅是工资收入的提高，还有生活质量和环境的改善，不仅具有生产意义而且具有生活意义。

本研究在《国务院办公厅关于进一步支持甘肃经济社会发展的若干意见》、《蒙陕甘宁能源金三角战略规划》和《陕甘宁革命老区振兴规划》等统筹区域、协调发展的国家重大战略规划的指导下展开，通过深入分析庆阳城市核心竞争力问题，为加快区域优势资源开发、建设大型能源化工基地、推动文化及文化产业发展和生态文明建设提供了分析基础，对于建设庆阳城市文化，形成良好的城市形象，构建庆阳城市品牌，全面构建和提升庆阳城市核心竞争力，构建和谐庆阳、美丽庆阳具有一定的指导意义，同时对于推动陕甘宁革命老区振兴和加快区域经济社会发展具有一定的借鉴作用，并对西部区域经济布局和发展具有重要的理论价值和现实意义。

三   主要研究内容和初步结论

国内外对城市竞争力的研究主要是借鉴国际竞争力的研究思路和方法，侧重研究城市竞争力的测量和评价。不同的研究者从各自的研究角度出发，重点关注城市竞争力的一个或几个方面，建立了一系列有明显差异的评价体系，对城市竞争力作出分析。这些研究都围绕着城市竞争力这个核心，从要素集聚性、价值创造力、内外部资源的空间配置、城市经济主体和政府行为等方面展开讨论。

本课题在国内外研究的基础上，有针对性地对庆阳城市竞争力问题进行研究。为了更好地研究相关理论问题，提出一定的解决方案，提高庆阳核心竞争力，由陇东学院牵头成立了庆阳城市竞争力战略研究课题组。课题组通过对庆阳城市发展的背景、庆阳城市发展的优劣势、庆阳城市区域竞争力等问题的分析，在借鉴国内外资源型城市发展的成功经验基础上，进一步分析了庆阳城市发展的总体定位、区域中心城市的构建、空间战略的重建、城乡互动、城市品牌的打造等问题，最后提出一定的发展路径和对策，以便能够推动庆阳城市经济社会发展，提升庆阳城市竞争力，展示庆阳城市品牌。

全书分为四篇，包括绪论共二十一章。主要研究内容和结论如下：

(一) 庆阳的跨越与转型发展，既有优势，也有劣势；既有机遇，也存在挑战

本课题从国际、国内宏观经济背景分析出发，深入探讨了庆阳发展的内部优势和劣势，外部机遇与威胁。**采用 PEST 分析，即通过对宏观环境的政治（Politics）、经济（Economic）、社会（Society）和技术（Technology）四个方面因素进行分析，旨在把握总体宏观环境及其对战略目标制定和实施的影响。采用 SWOT 分析则主要通过对竞争优势（Strength）、劣势（Weakness）、机会（Opportunity）和挑战（Threat）进行综合评估。此外，还通过 PEST - SWOT 聚类分析，综合探讨庆阳的环境与对策。**

课题研究首先进行了国际宏观经济形势的分析，重点关注近年来国际经济走势及发展思路对城市发展的影响和要求，其中，经济全球化浪潮以及全球性的金融危机给中国经济的转型和各个层次城市的发展带来机遇和挑战；低碳经济的发展思路和实践也冲击着传统城市发展的观点，为提高城市竞争力开辟了新的途径。对国内环境的分析，从中国新型城镇化发展战略出发，分别探讨了城市化水平、产业结构的转型升级和人民期待与城市发展的关系及其对城市发展的影响，同时，分析了西部大开发战略的实施对西部城市尤其是庆阳城市发展的推动作用。

为判断城市发展的现实状况，更好地研究城市发展问题，本课题通过 PEST 分析和 SWOT 分析，深入研究影响庆阳城市发展的若干内外因素，了解城市自身的优势和劣势，明确城市发展的机遇与威胁，为城市发展战略研究做初步准备。在 PEST 分析中，在政治环境比较稳定的前提下，重点分析了国家层面和区域层面的经济政策，确立了其他宏观经济因素表现为经济总量持续扩大、经济结构逐步调整、文化底蕴深厚、科技水平较低但不断提升等趋势。在 SWOT 分析中，对庆阳城市发展的资源优势、产业优势、政策优势和区位优势展开详尽的分析，并寻求发展机遇；认为庆阳城市发展的劣势为，庆阳城市发展面临基础设施薄弱、资金和人才匮乏、技术落后、城市化水平低、集聚经济不显著、特色经济规模小以及生态环境脆弱等状况的制约和威胁等。

此外，鉴于庆阳属于资源型城市的范畴，在了解城市发展的影响因素和优劣势后，如何趋利避害，突破资源、环境等发展瓶颈，提升城市竞争力，需要借鉴成功经验并形成适合自身的发展思路。本课题对德国的鲁尔区、中国的辽宁阜新等国内外资源型城市经济转型成功经验进行了案例研究和分析，并探讨了这些成功转型案例对庆阳城市发展的启示。在此基础上，提出了初步的发展建议，包括建立多元化发展和可持续发展的总体思路，以及优化产业结构、促进产业升级，提高城市化率、加快城乡一体化，推行低碳发展模式等建议。同时构建了转变政府职能、提高城市管理水平，发掘文化资源、彰显城市特色，改善城市环境、打造新型"宜居"城市等设想，从而将庆阳打造成为名副其实的区域中心城市。

（二）庆阳城市竞争力计量分析：综合居中、潜力巨大

本课题针对城市与区域实际，构建了城市竞争力评价的指标体系，并对庆阳的区域竞争力进行了计量分析。

未来的先进城市，必定有开放多元、立足本地、服务区域、与国际市场有较强联系等特质。因此，城市组团发展或城市群是中国城市未来发展的一个趋势。从发展城市群的角度来思考，我们选取了蒙陕甘宁区域，以鄂尔多斯、延安、庆阳、中卫、咸阳、榆林、平凉、天水、固原、宝鸡、铜川、汉中、吴忠这13个地级市作为研究对象进行对比及综合分析。其中，对于区域空间的界定，本课题主要从三个层次进行了分析。首先，通过对区域中各个城市面临的共同发展背景——西部大开发——的分析，来诠释区域界定的历史潮流和趋势。其次，分析了在《陕甘宁革命老区发展规划纲要》颁布实施的基础上，地处蒙陕甘宁能源金三角区域内的各城市的资源优势和相同的政策机遇。第三，对区域内各个城市的基础设施、资源概况、发展水平等基本情况进行了较详细的介绍。

本课题采用比较分析与归纳分析相结合、理论分析与实证分析相结合、常规研究与创新研究相结合的研究方法对庆阳城市竞争力进行深入的数量分析与评述。评价指标理论及权数理论具有很长的发展历史，已经有很多前人对该问题进行了探讨，我们是在前人研究的基础上，在归纳、总结、分析前人成果的前提下，利用比较分析的方法，找出其共性和个性。利用发展经济学理论、国民经济统计学理论、指标理论，指导综合经济实力评价指标体系的建立；利用权数理论、层次分析法等理论及方法建立综合评价指数。此外，对于城市竞争力评价指标体系的分析主要是从构建评

价指标体系的逻辑框架和指标确定的原则、城市竞争力评价指标体系结构及指标选择两个方面进行的。城市竞争力评价指标体系的权重分为主题层权重、主题层下指标权重。

本课题在建立蒙陕甘宁能源金三角地区综合经济实力评价指标体系和综合指数后，将理论研究应用到实证分析上，利用各地统计局公布的数据进行实证分析，将该指标体系应用到本地区综合经济实力的评价中，得到该地区的综合经济实力排序。我们主要以常规研究与实证分析并重的研究方法，在对权数的实质和客观赋权法的机理、指数理论进行常规研究的基础上，全面利用层次分析法建立综合指数的权数，对评价方法进行了评估。利用各地统计局的数据，计算该地区各城市的综合经济实力综合指数，并利用综合指数对各城市综合经济实力进行排序，进行实证分析。在综合竞争力和分项竞争力排名的基础上，对区域内的城市竞争力情况做了全面的述评，指出了各城市竞争力发展中存在的问题和各自的优势。

研究表明，区域内竞争力最强的城市主要是鄂尔多斯和咸阳，庆阳处于区域中的中游水平。在和区域内竞争力较强的城市相比，庆阳拥有极大的发展潜力，在提高城市竞争力方面，也还有很多可以提高的方面和较大的提升空间。

除此之外，课题对庆阳各县区的竞争力也进行了计量分析。鉴于全市经济欠发达，各县区农业人口多，城镇规模小的现实情况，及《庆阳统计年鉴》对各县区具体数据的统计口径一致，我们对于指标的设计做了简化。其中，综合竞争力指标体系由综合经济、交通发展和教育发展构成。综合经济竞争力取生产总值指数、第三产业指数、财政收入指数；交通发展取客运总量指数、货运总量指数和公路里程指数；教育发展取师生比指数和每100人拥有学校数指数。

在各县区竞争力当中，西峰区优势最明显。这和一般的单区地级市的情况相同。各县之间的数据突变性较强，这是因为各县的很多指标是发展性的，而县域的发展性指标受大项目的影响非常大。总体来讲，庆阳的发展呈现出了以下特点，即区县综合竞争力明显增强，基础设施明显改善，社会事业发展成效显著，第三产业发展快，城市知名度和影响力明显提升等。

(三) 本课题提出"2234"战略定位体系及战略构建思维

本课题从庆阳城市总体定位和战略布局出发，分别探讨了如何构建区域中心城市、重塑空间发展战略，进而统筹城乡关系，实现工业化和城市化协调发展，打造城市形象以及综合开发文化资源优势等问题，为提高庆阳城市竞争力绘制蓝图。

首先，在前述环境分析和竞争力分析的基础上，课题就庆阳战略发展的环境进行了进一步的归纳和解析。

庆阳地下蕴藏丰富的石油、煤炭、天然气等稀缺资源。近年来，由于开展民生、民利工程，庆阳在城市建设上取得了显著成绩。特别是近几年来的大型能源化工基地的建设工程开工启动，为地区经济发展增添了无限活力。可以说，庆阳具备构建区域中心城市所必要的一切自然条件和基础条件。庆阳率先发展的优势包括：宏观环境方面的优势主要体现在不可替代的区位优势、城市政治影响力提升明显；宏观经济和第二轮西部大开发带来的优势包括国际经济形势变化带来的机遇和国家产业政策调整带来的机遇。但是，庆阳打造区域中心城市也存在诸多制约因素。包括：快速城市化所带来的问题，发展资本的制约，交通不发达等，依然是制约庆阳发展的瓶颈问题。本课题提出庆阳在打造区域中心城市方面的基本战略思路，即从"小三角"到"大三角"，渐次融入周边城市群。抢占发展先机和竞争制高点，争取由蒙陕甘宁经济区的地理几何中心向综合服务中心转变。进一步强化交通服务建设，创造性地开展城市营销等。

其次，探讨了庆阳的城市功能与发展定位，提出以建设国家能源化工基地及打造区域中心城市这两个核心定位出发，构建"2234"庆阳战略定位体系，以形成扎实、稳固的战略架构。

城市定位是指在社会经济发展的坐标系中综合地确定城市坐标的过程。庆阳在国家振兴陕甘宁革命老区的顶层设计和甘肃省区域经济发展战略的框架下，已形成了基本的战略思路。即依据庆阳富集的资源禀赋和特色产业优势，提出庆阳城市发展的定位是：以国家级大型能源化工基地、全省重要的经济增长极、陕甘宁革命老区区域性中心城市为目标，以四大资源（红—革命老区、黑—石油煤炭、绿—绿色农产品和生态旅游资源、黄—黄土地域文化）开发为依托，将庆阳建设成为国家级传统能源综合利用示范基地、全国绿色农产品生产加工示范基地、全国重要的红色旅游胜地、全国民俗文化创意产业示范基地，不断提高人民生活水平和质量，全面实现小康社会。

本课题在此基础上，为实现庆阳战略定位的坚固性和可持续性，提出

"2234"定位体系。这包括：**两个"基地"**，即建设"国家级大型能源化工基地"和"区域现代商贸产业基地"；**三个"中心"**，即率先打造"区域信息服务中心"、"区域金融中心"和"区域物流中心"；**努力构建四个"示范区"**，即"国家级传统能源综合利用示范区"、"全国绿色农产品生产加工示范区"、"区域产业与城市融合发展示范区"和"区域民俗文化旅游与文化创意产业融合发展示范区"。

庆阳位于陕甘宁三省区交汇处，居于蒙陕甘宁能源金三角区域西南部，地处陕甘宁革命老区中心地带，《陕甘宁革命老区振兴规划》的出台，标志着国家全面支持陕甘宁革命老区发展战略的实施。**其中，先导战略和先机战略对城市定位的落实也非常关键。本课题提出抢占区域金融和物流中心的高地，应该是庆阳发展战略的突破点。**面对新的经济发展战略和城市定位，创建区域性金融中心，提升金融业的整体竞争力，使其能够为庆阳建立区域经济中心发挥积极的促进作用。同时，为了实现庆阳中心城市的战略地位，庆阳必须明确建设区域性物流中心的目标。本课题围绕区域中心城市的定位，分析了庆阳建设区域金融中心和区域物流中心的优劣势，并提出了庆阳借助国家西部大开发战略、振兴陕甘宁革命老区等相关政策支持，以及建立陇东能源化工基地和甘肃经济增长极的契机，把自身打造成一个面向西北、辐射周边地区的区域金融中心和物流中心。

再次，本课题提出庆阳城市战略的基础支撑，即重塑庆阳空间战略。城市空间结构是否合理，空间利用效率的高低已经成为评价城市竞争力的一个重要方面。本课题对庆阳城市空间开发现状进行深入分析后发现，在城市化水平不断提高的过程中，城镇不断扩张但空间开发秩序混乱，城镇布局分散零乱且规模偏小，空间发展系统性差，对区域发展的带动能力、产业集聚效应不明显，基础设施不完善，绿色生态空间减少过多等问题严重制约着庆阳城市发展质量的提升。因此，选择"网络"开发与"点轴"开发相结合的总体模式，并结合能源区域"点开发"和绿色生态空间"面覆盖"的思路，重塑庆阳空间战略，实现基础设施合理布局且有效利用、城镇空间有序扩展且价值提升、产业空间优化、空间主体功能突出、跨区域空间准确定位及协调发展的目标。

在空间优化的基础上，进一步开展优势集成，打造新型城乡体系。统筹城乡发展，协调城乡经济，打破二元经济结构的制约，一直是政府部门和学术界关注的焦点，同时也是城市竞争力研究的重要议题。本课题从统筹城乡发展的战略思维、庆阳统筹城乡发展的战略规划、城市发展中工业化和城镇化的协调发展，以及统筹城乡中如何改善民生这四个方面展开分析和探讨。首先，通过了解国外城乡发展关系的演变和实践经验以及国内城乡统筹发展的理论和实践探索，深入理解中国统筹城乡发展战略思维；其次，从总体战略和主要任务两个方面探讨了庆阳统筹城乡发展的战略规划；再次，对完善工业化结构、推动城镇化进程、关注工业化和城镇化协调发展等议题展开分析，以提高统筹城乡的效果，实现城乡一体化；最后，探讨了统筹城乡发展的核心问题——即如何以人为本、改善民生，探索解决城乡一体化过程中的民生问题。

此外，本课题还探讨了庆阳打造城市形象、塑造城市文化节庆旗舰品牌的问题。在文化创意产业和第三产业迅速发展的情况下，很多城市意识到自身形象的重要性及文化在旅游和地方品牌传播方面的作用，开始着力打造自身的文化品牌。就文化节本身来看，庆阳香包文化节的组织是成功的，而且文化节的组委会也似乎模糊地认识到了城市营销的重要性以及文化节营销与地方营销的关系。例如，通过对庆阳进行一系列的文化产品命名和在网络上评选"中国西部最有魅力的文化名城"，让人觉得似乎是要把庆阳定位于"中国西部文化名城"。然而，文化节的主办方政府部门由于追求短期利益和政绩，对地方营销和文化节营销的相结合未予以足够重视，使得文化节的价值未能实现最大化。

本课题指出了庆阳香包文化节在营销方面存在的问题有：没有明确的节庆营销发展战略，在文化节举办过程中没有做到差异化，不重视文化节的营销策略和产品的创新。为此，本课题提出了庆阳香包文化节营销策略的设计：重视营销战略，文化节营销重在差异化，做好文化节的品牌营销，设计营销组合创新策略等。文化节的营销功能是地方品牌化策略的一种实现手段。只有在地方品牌化策略的框架下举办文化节，把文化节当作一种地方产品，才能避免文化节的"市场审美疲劳"和节庆创新瓶颈，实现其对城市品牌传播的巨大价值。

最后，围绕文化塑魂，本课题就庆阳文化优势的综合开发进行了研究。文化是城市的灵魂，文化建设对于城市竞争力的形成、城市形象的塑造具有重要意义。本课题对庆阳文化优势综合开发的探讨，从完善城市基础设施、改革文化事业体制、整合文化资源、开展文化活动和发展文化产业等方面展开。完善城市基础设施，包括城市规划、文化与旅游基础设施建设，能够为城市文化建设提供发展便利。城市文化事业体制改革，则是营造城市文化建设的制度环境。文化活动是文化建设的重要手段，通过开展特色娱乐活动、文体活动以及城市节庆活动，既可展示城市形象，提升城市在文化领域的辐射力，又为城市文化建设注入了活力。城市的文化资源对城市文化建设具有支撑作用，整合城市的文化资源，包括自然文化资源、历史文化资源、民间文化资源及红色文化资源，不仅可以发展城市的旅游业，促进城市经济发展，更重要的是可以提高城市的知名度和影响力，为城市的发展创造良好的氛围。文化产业是体现城市文化发展和进程的重要载体。发展文化产业，培育文化品牌，是提升城市竞争力的最终着力点。

（四）提升庆阳城市竞争力的战略路径

本课题研究了庆阳主要工业（包括能源石化和先进制造业）、现代高效农业、文化创意产业等产业发展思路和战略措施，同时探讨了庆阳公共服务、生态环境、政策建设等基础性保障的配备，力争为庆阳的城市发展提供理论启发和参考。

第一，本课题探讨了能源石化产业的转型与发展问题。 能源石化产业是庆阳的支柱产业，在提升城市竞争力的研究和实践中，能源石化产业如何实现转型和更高效的发展对于庆阳城市发展至关重要。

课题全面阐述了庆阳水资源、太阳能资源、石油天然气资源、煤炭资源的基本情况，并对以丰富的石油煤炭资源为基础的能源工业发展现状以及所取得的成就展开相应的论述，其中包括对当地工业园区建设状况的介绍。重点对庆阳能源产业发展的问题和面临的困难进行探讨，指出生态环境脆弱、基础设施和技术落后以及相关补偿机制的缺失等是制约能源产业进一步发展的瓶颈。对能源产业转型和创新的重点问题展开了讨论——即在推进能源基地建设的过程中，要关注绿色和可持续发展，注意生态环境治理、支撑条件同步跟进和相关补偿机制的完善等问题，并科学地加以解决。此外，还提出推进能源化工基地建设的基本构想——统筹规划，加快转型，基础设施、配套服务业跟进，并加大对外开放和合作，实现国家级能源化工基地的建立。

第二，本课题探讨了庆阳先进制造业的推进与成长问题。 先进制造业是一种采用先进技术和设备、利用现代管理手段和制造模式，所制造的产品科技含量较高的制造业形态，是一个国家和地区发展实力的重要表现。加快发展先进制造业，促进传统制造业向先进制造业转变，已经成为世界制造业发展的新潮流。庆阳传统能源工业基础较为深厚，但资源有限、环境容量不足，在科技发展和参与国际分工的大背景下，建立和完善先进制造业，实现产业结构及工业内部结构的转型具有一定的必要性。

本课题分析了庆阳发展先进制造业所具备的优势——包括丰富的能源资源、有利的政策支持、一定的产业基础，以及区位优势和相对比较丰富廉价的重要生产要素（土地、劳动力），在此基础上，重点探讨了庆阳先进制造业的发展思路：首先，科学构建承接产业转移的标准，以园区为载体打造先进制造业基地；其次，完善制造业产业政策，构建城市和企业创新体系，促进现有产业集群的升级；再次，注重发展低碳经济和节约型经济，并正确处理发展高新技术产业与传统制造业的关系；最后，转变科技投入结构，实现科技领域投资主体多元化，并加强现代服务业对先进制造业的支撑。

第三，本课题研究了庆阳现代高效农业引入与普及。现代高效农业是自然和人类和谐发展的农业，它以科学技术为基础，用现代科学技术武装农业，用现代工业装备农业，用现代管理方法管理农业，把落后的传统农业逐步改造成为土地生产率、劳动生产率、农业商品率大幅度提高，农民生活水平大幅度提高，产业形态为可持续发展的农业。本课题在对现代高效农业内涵理解的基础上，提出庆阳高效农业引入和发展的思路和途径，即根据农业生态学原理，以市场为导向，以本地资源条件为基础，按照自然规律和商品经济规律，合理开发利用自然资源和社会资源，发展生态农业，实现农业产业化，并培育一批有特色又有竞争力的当地品牌。同时，搞好农民就业培训，强化人力资源支撑，实现农村劳动力充分就业；拓宽资金投入渠道，加快农业科技创新，强化基础设施和产业体系支撑；并从根本上转变经济发展方式，强化人与自然和谐，科学合理利用农业资源，提高资源利用率，推进农业节能减排，改善农业生态环境，增强农业可持续发展能力。

第四，本课题讨论了庆阳文化创意产业的巩固与创新。文化是人类经济和社会活动的表现，主要起到促进人类的发展、丰富人类的精神生活等作用。联合国教科文组织（UNESCO）对文化产业的定义是："结合创作、生产等方式，把本质上无形的文化内容商品化。这些内容受到知识产权的保护，其形式可以是商品或是服务。"与之不同，文化创意产业一般则指那些"来源于创意或文化的积累，通过知识产权的形成与运用，具有创造财富与就业机会潜力，并促进整体生活环境提升的行业"。"文化创意产业"与"文化产业"相比较，扩大了产业范围，更加注重以政策引导带动产业转型，将文化部门直接转换成产业部门。本课题的文化产业指的就是文化创意产业。

本课题在介绍了文化创意产业的理论发展和社会意义基础上，着重分析了庆阳在文化产业发展方面存在的问题——科技含量低；产业化程度低；集约化程度低。突破庆阳文化创意产业发展瓶颈的策略有：立足原生态，主打特色牌；坚持政策扶持，搭好节会平台；培育市场主体，壮大龙头企业；树立品牌意识，精心打造富有企业特色的文化产品；依靠信息化技术，提高文化产业科技含量；大力扶持演艺、娱乐行业，使其快速成长。

第五，本课题研究了庆阳的公共服务与社会发展。课题介绍了公共服务和社会发展的概念，公共服务的分类，公共服务市场化、社会化的界定以及公共服务市场化、社会化提出的背景、原因。在此基础上分析了经济发展、社会发展与公共服务的相关性；介绍了公共服务市场化、社会化的理论渊源——公共选择理论、新公共管理理论、治理理论；接着分析了城乡公共服务均等化的概念、原则以及确定城乡公共服务均等化的原因。最后结合上述理论，从公共服务投入总量不足、公共服务需求增长迅速、公共服务供给盲目垄断、公共服务效率低下、公共服务供给非均等化等五个方面分析了庆阳公共服务的现状。认为庆阳公共服务产生问题的原因，主要包括竞争体制不健全、公共服务提供者单一、不合理的制度供给导致城乡公共服务供给非均等化。总结出了庆阳社会发展的途径即公共服务的市场化和社会化以及公共服务供给中政府的责任。

第六，本课题研究了庆阳的生态建设与环境保护。生态环境是人类赖以生存和发展的基本条件，是经济、社会发展的基础，也是制约庆阳城市竞争力提升的主要因素。本课题从气候恶化、水土流失、植被锐减、水文状况恶化等方面对庆阳严峻的生态环境形势进行了详细的分析，在此基础上，指出生态环境优化的两个基本方面，即保护和建设。保护自然，应根据自身的区域特征，以保护自然生态为前提、以水土资源承载能力和环境容量为基础进行有度有序开发，走人与自然和谐的发展道路，如加强生态环境保护意识，建立生态环境综合评价体系，城市发展遵循生态规律等。生态建设，即对受人为活动干扰和破坏的生态系统进行生态恢复和重建，既包括对现有生态系统的修复、调整和完善，也包括建立新的生态系统，如转变区域经济增长方式、大力发展区域性生态产业、改善区域生态建设的政策环境等。最后，对庆阳林业生态建设的目标、总体框架和内涵进行了阐述。

最后，探讨了庆阳打造区域中心城市的政策保障。提升庆阳城市竞争力，打造区域中心城市，是庆阳城市发展的目标，也是本课题研究的重点。本课题突出现代区域中心城市的内涵，探讨将庆阳打造成区域中心城市的深远意义，并详细分析了如何落实《陕甘宁革命老区振兴规划纲要》等政策措施，以保障城市竞争力的提升。其中，落实《陕甘宁革命老区振兴规划纲要》的重点在于结合庆阳本地实际，系统地制定和贯彻规划中提出的各项任务和目标，包括推进工业化和城镇化、统筹优势资源开发、发展区域比较优势产业、改善民生、保护生态环境等，争取在区域发展中获得更大的发言权和政策优势。

总之，本课题是课题组对庆阳城市发展战略及竞争力提升之道所进行的研究，旨在为相关理论的讨论、交流以及政府决策，作出积极有益的贡献。

第一篇

庆阳发展战略环境分析

第一章

庆阳城市发展的基本宏观环境

一个城市的发展，不仅要考虑城市自身的条件，还必须考虑城市发展的国际宏观环境、国内经济运行走势、社会发展态势、技术发展趋势等因素。通过对国际、国内宏观环境的分析，为我们研究庆阳城市发展问题打下良好的基础。

第一节　国际宏观环境及其影响

一　全球性金融危机及其影响

近年来，由美国次贷危机和信用危机引发的全球金融危机，对全球经济造成了深刻的影响，对中国实体经济发展的影响也很大。这种影响在当前及今后中国城市经济社会发展中正日益明显地反映出来。一是金融危机对城市外贸出口的影响。随着金融危机全球化的发展，美国、欧盟和日本等发达国家相继出现了增长减速、就业岗位减少、失业率上升、居民家庭消费下降、银行储蓄增加等现象。这些现象导致发达国家对发展中国家的进口需求萎缩，表现为减少或取消对发展中国家的产品订单，从而导致包括中国在内的发展中国家外贸出口大幅度回落。美国是中国第二大贸易伙伴，危机使美国对中国的出口需求大幅下降。据测算，美国经济增长率每下降1%，中国对美国的出口就会下降5%—6%。同时，以出口导向型经济增长方式为主的东南亚国家的出口商品结构与中国类似，这些国家必然采取扩大出口措施来应对危机，这对中国出口也构成冲击。未来，随着世界经济衰退加深，中国的出口形势会更加严峻。对于一些处于工业化中期和经济起飞阶段，经济外向度低，主要靠工业支撑、投资拉动的城市，这次金融危机对其城市经济影响相对较小，经济下滑的危险不大，加快发展的机遇仍在。二是金融危机对城市吸引外资的影响。中国是全球吸收外商直接投资（FDI）最大的国家。自改革开放以来（特别是近些年来），中国吸引外商直接投资保持了较快增长，对中国的城市经济发展也发挥了重要作用。金融危机爆发之后，一些跨国企业或投资者由于受到资本市场筹资和融资的约束，无法筹措资金对新兴市场进行投资。而且，中国制造业成本上升和利润率较大幅度下降的情况，也使其降低了投资盈利预期，从而减弱了对中国的投资意愿。出口形势严峻，消费快速增长的难度加大，吸收外资困难增多，贸易摩擦导致形势不容乐观。随着中国经济的发展，城市化建设规模扩大，城市建设的融资问题也越来越突出——而在中国的城市发展中，引进外资恰恰是弥补本地建设资金不足的有效途径。三是金融危机对城市就业的影响。由于全球金融危机对中国出口和外商投资的影响，使中国的劳动力市场不可避免地受到冲击。农民工和大学毕业生等青年劳动者是受影响最严重的就业群体。同时，外贸形势的变化使有效需求不足的矛盾更加突出，城市传统产业的结构调整被迫在更大范围内进行，由此引起城市结构性失业人数进一步上升，城市发展在很长一段时间内面临大量职工就业与再就业的沉重压力。在金融危机下，西部城市及欠发达地区城市就业也面临着挑战，原因在于经济基础薄弱，开发和利用资源的技术和人才缺乏，人们面临着失业的危险，政府在现阶段不可能全方面照顾欠发达或西部贫穷落后的地区。此外，国际金融危机对城市旅游业也造成了一定的影响。

二　后危机时代的综合调整及其影响

当前，世界经济仍处于金融危机后的恢复期和综合性的调整期。发达经济体经济增速和发展动力虽有所恢复，但长期来看仍缺乏革命性的自主增长动力，普遍面临失业率居高不下和通胀水平攀升的窘境，同时深受债务问题和财政紧缩的困扰，极有可能陷入长期滞胀。新兴经济体受制于通货膨胀的压力，也普遍采取紧缩的宏观调控政策，经济增速明显回落。特别是自2011年以来，欧债危机逐步向意大利、法国等欧元区核心经济体蔓延，已成为增加全球经济下行风险的核心因素。国际金融市场的动荡和实体经济的衰退，势必引发外需回落、资本外流，同时国际贸易摩擦的风险也会进一步加大。然而，从总体上看，全球化进程仍在进一步深化，发达经济体的制造业和服务业，将保持进一步向东方特别是东亚转移的态势。

后金融危机时代的一个显著特点，就是经济向多极化和全球化更加深入的发展。科技创新和新一轮产业革命正在孕育新的突破，绿色发展、低碳发展、智慧发展成为世界发展新潮流，国际产业转移呈现多国家、多层级、多领域的新趋势，生产要素的跨国流动和优化组合继续加快。特别是在信息经济条件下，经济活动日益呈现出全球扩散和全球一体化趋势。一方面，主要城市的功能进一步加强，全球性城市（Global cities）的功能更加显著；另一方面，网络城市（Network city）和边境城市体系（Frontier urban system）发育起来。城市愈来愈成为人类社会经济生活的主要阵地，而且，随着信息社会化的形成和跨国公司的介入，城市在新的劳动地域分工中扮演越来越重要的角色。有些城市由于其所处的枢纽和新的信息节点地位，将发展成为国际性或全球性城市，可以协调和控制未来的全球经济活动；另一些城市则会通过与这些城市的相互作用，发挥自身在世界经济发展中的作用；而有些城市则由于远离信息社会而一落千丈沦为衰落的城市。

中国正处在经济制度的转型时期，正面临着众多的机遇和挑战。一是随着发达国家和地区新一轮产业结构的调整，中国传统制造业面临复杂的环境，产业流入的机遇与流出的挑战并存。这一过程，也是中国经济结构转型的重要战略进程。二是中国幅员辽阔，各地区经济社会发展水平悬殊较大，未来发展潜力难以在同一时期内发挥。因此，中国在未来相当一段时期内仍将存在着较大的发展梯度，而且在一定时期之内，这种发展梯度还可能进一步扩大。其结果就是中国东部沿海地区有可能出现普遍的城市繁荣，使中国的部分城市率先进入信息城市的行列，西部城市的赶超发展压力加大。三是中国的大国地位决定了中国的经济不可能完全依附于国际地域劳动分工，而应保持相对的独立完整体系，参与国际经济大循环，并且能够在国际经济大循环中逐步占有相对重要的地位。为此，中国有必要建立国际性城市和自己的创新中心城市，使之尽快成为连接中国与世界经济的新节点，并把中国的各级各类城市融合到新的城市网络体系之中。四是城市化过程空前加速，涌现出更多的新城市。根据世界城市化过程的发展规律，城市化水平达到30%以后，城市化进程将加速，因此，随着市场经济体制的建立、户籍对人口迁移限制作用力的减弱和大量农村剩余劳动力向城市的涌入，未来中国城市化过程将出现难以避免的快速发展，导致更多城市的诞生，使中国城市体系步入一个新的发展阶段，城市功能更加多样化，城市网络更加复杂化，城市经济联系更加密切化。五是郊区与城市中心区共同繁荣。中国是一个人多地少的国家，城市土地尤为珍贵，因此中国的城市人口密度会始终居高不下。受这一国情的自然制约和中国传统文化的深层次影响，郊区化过程将非常缓慢。此外，中国地方政府的行政职能较强，而市政府一般又位于城市中心，因此保持城市中心的发展活力是政府的优先考虑。因此，在未来相当长时期内，如何构建合理的城市体系仍是城市建设与发展必须要面对的重要挑战。

三　低碳经济潮流及其影响

目前，低碳经济及城市的低碳发展，正在成为欧美国家的新优势。低碳经济是继循环经济之后，又一种对资源环境更为有利的经济发展模式。发展低碳经济是一场生产模式、生活方式、价值观念的革命。目前由于大量使用化石能源使全球气候变暖，其中 90% 以上是由于人类活动造成的，而城市是国家与区域的政治、经济与文化中心，是人类活动的主要场所，其运行过程中消耗了大量的化石能源，排放的温室气体已占到全球总量的 75% 左右，制造出全球 80% 的污染。随着不断加快的城市化进程，城市扩张速度越来越快，城市也因此变得越来越脆弱，频繁发生的气候灾害威胁到了城市居民的生产生活，中国城市也难以幸免。在低碳经济的发展之路上最重要的实施平台就是城市。因此，城市是区域碳减排的重要单元和研究主体，是实现全球减碳和低碳城市化的关键所在。

低碳城市就是通过在城市发展低碳经济，创新低碳技术，改变生活方式，最大限度地减少城市的温室气体排放，彻底摆脱以往大量生产、大量消费和大量废弃的社会经济运行模式，它可以形成结构优化、循环利用、节能高效的经济体系，形成健康、节约、低碳的生活方式和消费模式，最终实现城市的清洁发展、高效发展、低碳发展和可持续发展。中国的发展模式将严重地制约着低碳经济的发展和低碳城市的建设。一是以煤为主的能源结构是中国向低碳发展模式转变的一个长期制约因素；二是中国正处在工业化、城市化、现代化进程之中，为了改善和提高 13 亿中国人民的生活水平和生活质量，中国正在开展大规模的基础设施和经济建设，环境问题日益严峻，"减排"的压力有增无减；三是总体技术水平落后是中国发展低碳经济的严重阻碍。目前，中国能源生产和利用、工业生产等领域技术水平落后，技术开发能力和关键设备制造能力差，产业体系薄弱，与发达国家有较大差距。在此背景下，中国城市，特别是包括庆阳在内的资源型城市，选择低碳经济发展模式，建设低碳城市，倡导低碳生活方式具有格外重大的意义。

总之，国际宏观经济环境趋紧，不确定性增大，使得中国参与经济全球化进程，特别是制造业和服务业发展也出现诸多新的变数。但对地方经济的发展来说，其中又蕴含着新的挑战与机遇。

第二节　国内宏观环境及其影响

一　快速城市化及其影响

随着经济的发展，中国的城市化进程日益加快。目前中国的城市化水平已经达到52%。在过去的5年中，中国的城镇化率平均每年提高1.3个百分点，每年新增城市人口1700万。今后一个时期，城镇化还会保持高速增长态势。

在城市数量迅速增加的同时，城市的各项功能也趋于完善，城市体系逐渐形成，城市作为社会、政治、经济、文化、科技及信息的中心地位日益凸显。特别是自改革开放以来，城市在经济建设、制度创新、产业升级方面不断优化结构，完善功能，给周围地区社会和经济发展带来了强大的辐射力和带动效应，促进了整个国家的经济繁荣和社会文明。可以说，城市是整个国民经济快速发展的火车头，在国民经济和社会发展中的战略地位日益重要。

二　新型城市化战略及其影响

改革开放三十多年来，突飞猛进的城镇化运动也滋生出大量的问题，如城乡生态环境恶化、城市空间无序扩张、土地低效利用、文化断层、社会矛盾激化、发展不协调等。一方面，交通拥堵、住房紧张、空气污染等"城市病"日益严重；另一方面，经济凋敝、人口失衡、文化衰落等"乡村病"也引发各方关注。

在中国共产党的十八大报告以及国家"十二五"规划中，都明确指出了要走中国特色的城市化道路，要实行新型城市化战略。新型城市化战略的提出，是对传统城市化弊端的反思，对未来的中国推行健康、可持续的城市化道路具有重要的意义。一是在新型城镇化战略下，城市的发展将由过去片面注重追求城市规模扩大、空间扩张，转向现在以城乡统筹、产城互动、节约集约、生态宜居、和谐发展为基本特征；二是坚持实现可持续发展的战略目标，实现人口、资源、环境及发展四位一体的互相协调，实现农村与城市的统筹发展和城乡一体化，实现城乡公共服务的均质化，逐步减缓和消解城乡二元结构，以走上社会和谐的城市化之路；三是新型城市化发展，应结合当前中国城市经济社会转型发展的时代特征，采用节约、集约、协调、可持续发展的城市化路径，从多角度、全方位实现城市化的发展转型；四是在城市化发展过程中，建立区域协调发展机制，改变城市之间无序竞争和重复建设现象，促进城市化、工业化、农业产业化的协同发展，通过城乡联动发展来凸显城市化发展的整体带动效应，改变传统城市空间外延式拓展模式为城市功能提升的内涵式发展模式，在城市规模增长的同时，完善城市各类基础设施和公共服务设施，营造宜人的城市生活环境。

　　总之，城镇化不仅是一个农村人口转化为城镇人口的过程，同时也是一个制度变迁的过程。中国当前的城镇化过程对经济和社会体制正在提出一系列的挑战。其中一个核心的议题和任务，就是要推动城乡统筹、提升城乡居民的消费能力，使国内消费成为支撑经济增长的内生动力。民生的主体应该是城乡中低收入的居民，应重点提高城乡居民的收入水平和消费能力，以民富促国富，以和谐促国强。

三　经济与民生并重的国策及其影响

　　自党的十八大以来，中国逐步形成了国民经济与社会民生并重的发展国策。事实上，自 2000 年以来，"经济结构调整"始终是中共中央经济工作的重心。2001 年中国加入 WTO 后，确定了"扩大内需对外开放"策略，在全球产业与贸易分工体系重组进程中，中国利用自身的资源优势、成本优势和市场潜力实现了外需驱动的生产型大国的第一次转型。在2008 年至 2009 年全球金融危机之际，中国采取"积极的财政政策和适度宽松的货币政策"，通过大规模的刺激措施，将大量资源投入到了基础设施建设。然而，在现代工业经济和市场经济中，消费才是经济的主要支柱。特别是全球经济复苏乏力、消费市场难以提振的情况下，会倒逼中国加快经济再平衡的进程，从而加大满足本国消费需求的力度，减少对出口和投资的依赖，更多依靠减税或行政措施来鼓励消费，挖掘中等收入人群的消费潜力。也就是说，要通过"富国"来推动"富民"，要加大公共财政中的民生投入，加快城乡基本公共服务均等化步伐，着力提高中等收入者比重。这将涉及中国整体的发展路径和动力结构的转换，涉及更深层次的改革。庆阳作为陕甘宁革命老区的重要城市，应首先确立民生导向、地区均衡以及分配制度改革等中心任务。

四　产业结构转型升级及其影响

回顾"十一五"期间，中国产业结构持续改善，服务业发展加快，比重提高。2006—2010 年，第三产业年均增长 11.9%，比"十五"时期加快 1.4 个百分点。2010 年，第三产业占国内生产总值的比重为 43%，比 2005 年提高 2.5 个百分点。而第二产业占国内生产总值的比重则由 2005 年的 47.4% 下降到 2010 年的 46.8%，第一产业的比重由 12.1% 下降到 10.2%。"十二五"以来，经济结构转型升级速度加快，难度和挑战也在加大。经济结构调整将以产业结构调整为主线，而产业结构调整则将以工业转型升级为主基调。调整的主要方式是由"产业链分拆式转移"转向"产业链整体式转移"，"低端产业转移"转向"高端技术合作"，现代服务业与先进制造业融合发展，战略性新兴产业要大力发展等。然而，现阶段中国产业结构调整和转型升级的任务不会在产业的自然演进中完成，由于中国低水平劳动力资源的过剩和工业用地的稀缺，转型升级更多的仍将会由各级地方政府来推动。

五　区域竞争加剧及其影响

当前，中国经济版图正在发生深刻的变化。长三角、珠三角和京津冀三大经济圈继续领跑中国经济，同时各大经济板块的活跃度也在空前增强，区域竞争正进一步加剧。沈阳经济区、辽宁沿海经济带、成渝经济区、山东半岛蓝色经济区、中原经济区、北部湾经济区、海峡西岸经济区等一批国家战略级区域经济规划区相继建立，上海浦东新区、天津滨海新区、重庆两江新区、陕西西咸新区、四川天府新区等一批国家级都市新区也纷纷登场。在国际经济形势日益紧绷和复杂化的今天，中国国内区域经济的竞争加剧，对区域发展提出了更高的要求。区域竞争的核心，是区域功能和区域产业的竞争。在新形势下，如何更好地设计和强化区域功能，提升区域产业能级，是设计地方发展战略的主要任务。一方面，经济结构调整、包容性增长等发展原则进一步凸显。另一方面，低碳经济、高技术和高附加值产业成为区域经济发展的新热点，而创新社会管理、促进社会和谐也正在成为地方政府追求的新目标。由此可见，当前的区域竞争，是中国改革进一步深化、开放进一步扩大的过程，是立足区域实际、全方位探索中国发展新模式的竞赛，同时也将是体现中国崛起、中华复兴的重要风向标。

六　西部大开发战略及其影响

在 2010 年召开的西部大开发 10 周年纪念大会上，中共中央提出了今后 10 年深入实施西部大开发战略的总体目标和主要内容，勾画出了未来 10 年乃至更长时期西部大开发的宏伟蓝图。《国民经济和社会发展第十二个五年规划》中再次明确，坚持把深入实施西部大开发战略放在区域发展总体战略优先位置，给予特殊政策支持。国家深入实施西部大开发战略，意味着西部大开发将进入更高层次的发展阶段，国家将以更大的决心、更强的力度、更有效的举措支持西部地区加快发展，并在发展中推动西部地区经济社会转型，在发展中解决西部地区生态、民生等难题。今后，在西部开发过程中，基础设施、民生工程、产业结构、科技教育、生态环境等方面所作的努力都将为未来推动城市化发展奠定良好基础。所以，西北省区要紧紧把握未来西部大开发带来的政策、投资、项目机遇，在充分考虑资源环境状况的前提下，以提高城市化发展质量为核心，着重处理好城市化发展中的城乡关系、流动人口、资源环境等问题，努力探索出具有鲜明西北特色的新型城市化发展模式。伴随着城市化的健康发展，将会建成经济繁荣、社会和谐、民族团结、环境优美的新西北。

总之，国际、国内形势的新变化，要求庆阳的规划和建设要抓住机遇、突出特色，充分发挥经济腹地、土地储备、基础设施、生态环境及区域合作等优势，利用两个市场、两种资源，在国内经济版图调整中，获得新的发展空间。特别是要在开发政策上大胆突破，吸收和引进高端资本、技术和人才，力争以高起点、高标准，实现庆阳的跨越发展。

第二章

庆阳城市发展条件与问题分析

本章采用 SWOT 和 PEST 的分析方法，就庆阳发展的内外环境因素进行进一步的分析。其中，PEST 分析是通过对宏观环境的政治（Politics）、经济（Economic）、社会（Society）和技术（Technology）四个方面因素进行分析，旨在把握总体宏观环境及其对战略目标制定和实施的影响。SWOT 分析则主要通过对竞争优势（Strength）、劣势（Weakness）、机会（Opportunity）和挑战（Threat）进行综合评估，以期更好地确立和调整发展策略。

第一节　庆阳发展的 PEST 分析

一　庆阳城市发展的政策环境

（一）国家层面的政策利好

2010 年以来，国家支持西部发展的宏观政策陆续出台，在《关于深入实施西部大开发战略的若干意见》中明确提出要支持陕甘宁经济区发展，打造西部地区新的增长带。《陕甘宁革命老区振兴规划》对庆阳发展的定位是"建设能源化工基地和区域性中心城市、人文魅力城市、生态示范城市，建设西部油城，重点发展煤电、化工、商贸、特色农产品加工、文化等产业"。庆阳革命老区肩负着维护国家能源安全、构建生态安全屏障、弘扬红色革命文化、引领西北农业发展的重要使命，《国务院办公厅关于进一步支持甘肃经济社会发展的若干意见》提出构建以平凉、庆阳为中心，辐射天水、陇南的传统能源综合利用示范区。《关中—天水经济区发展规划》、《甘肃省六盘山片区区域发展与扶贫攻坚实施规划》的实施，将使庆阳成为该经济区发展的重要依托和引擎。

（二）省级层面的政策机遇

国务院批准实施的《甘肃省循环经济总体规划》提出建设平凉、庆阳煤电化工、石油化工循环经济基地。《甘肃省人民政府关于落实〈陕甘宁革命老区振兴规划〉的实施意见》要求，庆阳应该按照"区域中心城市、发展活力城市、人文魅力城市、黄土生态示范城市"的思路，以建设西部油城、陇上煤都为目标，重点发展石油化工、煤炭、电力、机械制造、现代物流、农产品加工业。强化城市社会事业和公共服务功能，建设区域交通枢纽，提升城市辐射带动能力。《甘肃省经济社会发展"十二五"规划纲要》明确了"中心带动、两翼齐飞、组团发展、整体推进"的发展格局，提出要加快建设平庆能源化工基地，打造平庆工业化城市组团，庆阳作为两翼中东翼的重要支撑，在能源化工发展中担负着重要职责。国务院批复的《甘肃省华夏文明传承创新区总体方案》，将庆阳列入"以始祖文化为核心的陇东南文化历史区"，为把庆阳建成全省乃至全国知名的特色文化名市提供了机遇。

二　庆阳城市发展的经济环境

庆阳经济总量持续扩大。2013 年实现地区生产总值 606.07 亿元，按可比价计算，比上年增长 14.5%。其中，第一产业增加值 80.29 亿元，增长 6.6%，第二产业增加值 377.94 亿元，增长 16.6%，第三产业增加值 147.84 亿元，增长 13.0%，三产结构比重为 13.2%：62.4%：24.4%，按常住人口计算，人均生产总值 23882 元，增长 15.8%。工业生产平稳发展。2013 年，庆阳全市完成工业增加值 345.93 亿元，比上年增长 16.6%，原油产量达 659.39 万吨，完成固定资产投资总额 1138.97 亿元。消费市场稳步升级。2013 年，全市完成社会消费品零售总额 146.54 亿元，比上年增长 14.7%。其中，城镇消费品零售额 118.15 亿元，增长 14.7%，农村消费品零售额 28.39 亿元，增长 14.6%。财政保障力进一步提升。2013 年，累计完成大口径财政收入 154.25 亿元，增长 18.7%。城乡居民持续增收。2013 年，城镇居民人均可支配收入 18761 元，同比净增 2099 元，增长 12.6%。农村居民人均纯收入 4888 元，同比净增 626 元，增长 14.7%，城乡居民人均可支配收入 6769 元。市场物价小幅上升。2013 年，庆阳全年居民消费价格总水平比上年上涨 3.1%。①

---

① 资料来源：《庆阳市 2013 年国民经济与社会发展统计公报》。

三　庆阳城市发展的文化环境

庆阳是轩辕黄帝活动过的区域，为中华民族的发祥地之一。周先祖曾在此兴业，开辟了农耕文化的历史先河。庆阳红色文化独具特色。庆阳是西北红军的摇篮，是刘志丹、谢子长、习仲勋等老一辈无产阶级革命家创建的陕甘边革命根据地的核心区域。现存的南梁苏维埃政府旧址、河连湾陕甘宁省府旧址、山城堡战役遗址，是国家、省、市分别确定的爱国主义和革命传统教育基地。庆阳文化遗存十分丰富。发掘于庆城县三十里铺侏罗纪晚期岩层中的环江翼龙化石、合水板桥第四纪早期的黄河古象化石，使世界为之瞩目。中国出土最早的第一块旧石器，就发掘于华池县的赵家岔。迄今区内已发现仰韶、齐家等古文化遗址 980 处。秦长城、秦直道各跨越境内两百多公里。北魏永平二年的北石窟寺，规模宏大，造型精美，是全国石窟艺术中的珍品。庆阳民俗文化独树一帜。刺绣、剪纸、皮影、道情和民歌堪称庆阳"五绝"。目前，庆阳已获得中国民俗学会命名的中国香包刺绣之乡、徒手秧歌之乡、民间剪纸之乡、窑洞民居之乡、五蝠皮鼓——庆阳一绝、环县的道情皮影之乡、温泉乡公刘庙——华夏公刘第一庙、以及周祖农耕文化之乡、荷花舞之乡、中国民俗文化及民间工艺美术调研基地、中国民俗艺术教研基地等十一个大命名。

四　庆阳城市发展的科技环境

自"十一五"以来，庆阳以"自主创新，重点跨越，支撑发展，引领未来"为指导，紧紧围绕全市经济社会发展目标，大力实施"科技惠农"、"科技入户"、"科技特派员创业"、"科技合作"等一系列旨在支撑全市经济社会发展的技术创新工程，全市共组织实施国家、省、市科技计划项目 668 项，取得科技成果 209 项，推广应用新技术、新品种 600 多项，研发市级以上新产品 487 种。推广新技术、新品种和研发新产品分别是"十五"末的 1.32 和 1.14 倍。全市已有 148 项农产品取得商标注册，72 项技术规范得到颁布实施，获得国家专利 252 项，农业先进适用技术推广覆盖率达到 96%，良种应用覆盖率达到 98%，科技进步对国民经济增长的贡献率达到 50%。庆阳及所属 8 县区整体跨入全国科技进步市、县区行列。

"十二五"期间，庆阳科技工作坚持以科学发展观为统领，以科技创新为主线，以科技支撑经济社会发展为重点，围绕"十大惠民工程"，扎实推进科技利民五大行动（一是实施农业科技创新行动，二是实施企业技术引导行动，三是实施科技入户行动，四是实施科技重大专项行动，五是实施科技特派员基层创业行动），为全市经济社会实现跨越式发展提供强有力的科技支撑。

第二节　庆阳发展的 SWOT 分析

一　庆阳城市发展的优势

为了加快庆阳经济社会的发展，我们应该立足于资源、产业、区位、政策等优势，选择特色产业，发展城市经济，打造城市品牌，提升城市竞争力。

（一）资源优势

1. 庆阳有丰富的农业资源优势

庆阳是中国农业开发较早的地区之一，有独具特色的农耕文化。该地区总土地面积达 4000 多万亩，有宜农耕地 683 万亩，还有广阔的林地、草地、荒山荒坡；本市地处温带，光热资源丰富，全年日照时数在 2250－2600 小时，太阳辐射总量大，属国内高辐射区；本市拥有丰富的生物资源，粮食作物品种 163 个，经济作物品种 149 个。庆阳是甘肃优质农畜产品生产基地，地处全国苹果生产最佳纬度区，已被中华人民共和国农业部列入西北黄土高原苹果优势带，红富士苹果、曹杏、黄柑桃、金枣和早胜牛、环县滩羊、陇东黑山羊、羊毛绒等多种优质农畜产品享誉国内外，尤以特色小杂粮久负盛名。庆阳还是全国最大的杏制品加工基地和全国规模最大的白瓜子加工出口基地，是全国品质最优、发展面积最大的黄花菜基地和国家特产经济开发中心确定的全国特产白瓜子、黄花菜示范基地，是中国特产之乡推荐暨宣传活动组委会命名的"中国优质苹果之乡"、"中国黄花菜之乡"、"中国小杂粮之乡"，是国家林业局命名的"中国杏乡"。同时，本地区野生植物资源丰富多样，地方名贵药材品种多。庆阳具有典型的黄土高原特色，地貌复杂，地区差异性较为显著，有利于多种作物的培育种植，总之，该地区具有发展生态农业的优势资源条件。

2. 庆阳位于鄂尔多斯盆地西南部，矿产资源丰富

庆阳拥有丰厚的石油和煤炭等资源。目前已探明油气总资源量近 40

亿吨，占鄂尔多斯盆地油气总量的 41%，煤炭预测储量 1342 亿吨，占甘肃省预测储量的 97%，全国煤炭预测储量的 4.23%，其中煤层埋藏千米以上的 190 多亿吨，煤层气预测储量 1.36 亿立方米，符合国家规划建设千万吨油田、亿吨级大煤田的条件。庆阳还拥有白云岩、石英砂等 10 多种矿产资源，具有良好的开发前景。白云岩分布于环县毛井乡黄寨柯村的阴石峡，矿区露出地层长 930 米、宽 500 米，层位稳定，总储量 675.7 万吨。要使资源在经济发展中突显作用，就必须把它的潜在优势挖掘出来并合理利用，把资源优势转换为产业优势，再将产业优势转换为经济优势，以形成和完善产业链，带动当地经济发展。

3. 庆阳传统文化资源底蕴深厚，开发潜力大

庆阳是中医药之乡，产有甘草、黄芪、麻黄、穿地龙、柴胡等 300 多种中草药，其中 69 种已列入《中华人民共和国药典》。庆阳乃"人文始祖"轩辕黄帝的活动区域，"周道之兴自此始"，也是周人的发祥地。遗存于区内的历史文物古迹十分丰富。民间的刺绣、剪纸、皮影、陇剧等，传承历久，拙朴生动。

4. 庆阳旅游资源丰富，发展机遇良好

庆阳拥有黄土高原特色的自然风景、多样的红色文化、浓郁的地方特色，沉淀了深厚的历史文化，现有红色旅游资源 200 多个，重要红色革命遗址、遗迹 60 多处，具有较大开发价值和发展潜力的 20 多处，有以南梁苏维埃政府旧址、山城堡战役遗址等为代表的红色旅游景点。在国家制定的《2011—2015 年全国红色旅游发展规划》以及中共甘肃省委提出《甘肃省人民政府关于加快发展旅游业的意见》中，明确指出在庆阳建设红色旅游基地及周祖农耕和民俗文化产业园。这些政策法规的制定和基础设施建设的突破式发展，是庆阳开发利用当地旅游资源，大力发展旅游业的良好机遇。

（二）产业优势

1. 特色农业持续发展

庆阳是一个典型的传统农业区，已形成了独具特色的农耕文化，随着当地经济的发展和技术的提升，农业种植结构日趋合理，在坚持因地制宜的同时注重产业结构调整，形成了以苹果、黄花菜等为特色的农产品品牌，品种和数量不断增多，产业化经营的水平稳步提升，对农民增加收入、农村经济的发展具有促进作用，特色品牌效益进一步凸显。

2. 能源产业优势凸显

煤炭和石油是庆阳得天独厚的资源优势，依靠资源优势发展起来的能源中心和化工基地，在当地经济建设中发挥着重要作用，在仅有 2 万平方公里的庆阳，油煤气资源之齐全，储量之巨大，分布之均衡，为全国罕见。目前，庆阳正努力形成一次、二次能源开发并举，油、煤、电、气等各类能源共同发展的新格局。2009 年，长庆油田油气产量已突破 3000 万吨，居国内第二，成为中石油上游业务最有力的接替区，预计到 2015 年，油气总量将达到 5000 万吨，超越大庆，成为中国产量最高的油气田，发展前景相当可观。①

3. 红色旅游业发展潜力巨大

庆阳红色旅游资源丰富浓厚。被誉为"无烟产业"的旅游业不仅在世界经济中发挥重要作用，更以"朝阳产业"的殊荣表现出良好的发展势头。承载着革命历史与优良传统的南梁苏维埃政府旧址，有甘肃省爱国主义教育基地、全国爱国主义教育示范基地、全国百个红色旅游经典景区等多种殊荣。近年来政府对旅游经济大力支持，动员全市力量把红色旅游作为重要产业来培育发展。以此发展旅游经济，不仅可以缩小地方贫富差距，加快脱贫致富的步伐，还可以带动周边地区经济社会共同发展。

（三）政策优势

20 世纪 90 年代中期以来，特别是随着西部大开发战略的实施，庆阳成了重点发展地区之一。《陕甘宁革命老区振兴规划》的战略定位是将陕甘宁革命老区打造成国家能源化工基地、红色文化产业基地、现代旱作农业发展示范区、黄土高原生态文明试验区等重点试点区，全方面地涉及并着力解决庆阳经济发展的问题。《国务院办公厅关于进一步支持甘肃经济社会发展的若干意见》和《甘肃省人民政府关于加快发展旅游业的意见》明确提出在庆阳建设红色旅游基地及农耕和民俗文化产业园。另外，国家还制定了《2011—2015 年全国红色旅游发展规划》及其他有关庆阳经济及红色旅游业发展的相关文件，这些政策法规的制定，将会吸引大量投资，在开发利用当地资源，促进庆阳区域经济的发展中起着积极的作用。

（四）区位优势

庆阳位于甘肃省东部，陕甘宁三省区的交界处，辖西峰区和环县、华

---

① 林治波：《庆阳：老区新飞跃》，《中国经济周刊》2011 年第 2 期。

池、庆城、镇原、宁县、正宁、合水 7 个县，146 个乡镇。庆阳东接陕西省的宜君、黄陵、富县、甘泉、志丹等县；北邻陕西省吴起、定边及宁夏回族自治区的盐池县；西与宁夏的同心、固原县接壤；南与本省的泾川及陕西的长武、彬县、旬邑县相连。

庆阳是甘肃的革命老区之一，具有明显的区位优势。地处陕甘宁三省的交界处，与革命圣地延安接壤，距陕西黄陵 200 多公里，周边与兰州、宝鸡等城市相毗邻，庆阳的区位优势逐步显现，已开始形成西部重要的交通要道及红色旅游核心区域，在空间拓展上与延安、西安等红色旅游景点联合开发、相互补充，可以形成统一的红色旅游区域。

庆阳最突出的特点就是资源丰富，在地理位置上属于鄂尔多斯盆地综合能源基地，拥有丰富的石油、煤炭等矿产资源，依托这些丰富的能源优势，加上《陕甘宁革命老区振兴规划》将其定位为国家重要能源化工基地，该地区的发展必然要建立在自身优势的基础上，同时进行能源产业的深加工，延长和完善产业链，打造能源金三角化工基地，以辐射和带动周边地区经济社会发展。

二　庆阳城市发展的劣势

（一）基础设施薄弱，交通运输体系不完善

基础设施建设是经济发展必不可少的物质保证，是实现各类效益的重要条件，对区域经济的发展具有重要作用。庆阳基础设施严重滞后，交通条件很差，主要表现为：交通运输体系单一，铁路建设落后，客货运输基本上全部依靠公路，2011 年庆阳境内高速公路实现通车，但仍未缓解运输压力，机场规模有限，运输成本较高，严重影响了产品的市场竞争力，不利于该地区工农业生产的发展；电力设备不完善，尤其是农村地区供电系统发展缓慢，给用户用电造成困扰；通信设备落后，应用软件缺乏，限制了信息资源的深度开发，导致信息服务能力弱；同时，各级财政投入的资金有限，也给基础设施建设增加了难度；师资力量薄弱，硬件设施不齐全，致使教育水平低下；次级城镇医疗设施落后，医院病房陈旧，仪器超龄服役；一些地区和部门的管理水平低下。这些都不同程度地影响着当地经济社会的发展。

（二）资金制约较为显著

资金对庆阳经济发展的制约日益显著，从金融机构存贷款情况来

看，近年来，庆阳存贷款比例一直偏低，2003—2007 年保持在 50%，2008—2011 年保持在 40% 左右，2012—2013 年有所回升，分别为 48.1% 和 65.8%。存款总量逐年创新高，从 2003 年的 106 亿元增长到 2013 年的 599.98 亿元，年均增长 17.1%，增长迅猛。贷款发展相对缓慢，2003—2013 年平均增长率只有 6% 左右，存贷款差距较大，资金利用不足，不能很好地流向企业、工业进行生产经营。从投资情况来看，民间投资规模小，政府投资在庆阳经济增长中起着举足轻重的作用，但是投入有限，影响了一些工程项目的开工建设，外埠投资由于受自然条件、地理位置以及经济发展程度的制约，投资过于片面，结构不合理。此外，银行基于风险，信贷投放比较分散，而且贷款额度小，还款时间紧迫，部分贷款抵押担保条件苛刻，导致中小企业特别是民营企业贷款相当困难。

（三）人力资本匮乏，技术落后

社会经济的发展越来越多地依靠知识的转换和高科技的运用，人力资本和高科技已经成为经济发展的决定性因素。在当代经济高速发展的大背景下，人才资源特别是高科技人才的短缺已成为庆阳经济振兴的一大障碍，这主要表现在：第一，教育水平比较落后，人才建设基础薄弱；第二，人才类型的比重不协调，高科技人才紧缺；第三，整体素质比较低，思想观念落后，尤其是农民观念不先进，据调查，发现大部分农民思想停留在小富即安、小农经济这个温饱状态，科技文化素质不高，接受新科技的能力比较低，更多的是以体力换取收入，这就导致当地经济发展缺乏相应的人才资源。人力资本的积累和提高是推动科技进步的重要力量，由于该地区人才资源匮乏，科技创新能力也相应的比较差，致使科技水平低下，给当地经济发展带来了负担。

（四）特色经济规模不大，品牌意识薄弱

所谓特色经济，是指一定区域内具有鲜明特点的经济发展格局，是区域经济比较优势的集中体现，特色经济的良性发展将会使其成为该地区经济发展的支柱。农业方面，庆阳独特的地理环境使得此地出产的曹杏、大枣成为"供品"，它们都是传统的自然特色产品和天然保健食品，但由于受人才、资金、技术等因素的影响，目前整个产业处于弱小、分散的状态，没有形成规模效应，典型性不突出，品牌意识不强，缺乏核心竞争力；工业方面，实体经济发展缓慢，地方经济起不到主导作用。由于中国的资源归国家所有，能源开采权被授予央企垄断开采，造成地企利益分配不均，丰富的资源并未给当地居民带来真正的收益，留下的却是千疮百孔的庆阳；旅游方面，当地的旅游景点大多分布在县区，比较分散，而且各景点联系不紧凑，在发展过程中存在较大差异，没有形成自己的品牌，抑制着旅游业的跨越发展，不利于旅游产业规模经济的形成。

（五）以中央企业为主，地方企业比例小，且发展进程缓慢

庆阳当前及未来很长一段时间内，地方经济发展以重工业占主导地位，尤其是石油、煤炭等比较优势资源的开发利用创造了极大的经济收益。由于石油、煤炭资源的开发利用对于企业规模、生产能力及技术装配有较高的要求，地方企业无法进入。因此，大型国有企业成为庆阳国内生产总值增长的主要贡献力量，地方企业发育不良，所占比例较小。2013年庆阳工业增加值完成 345.93 亿元，其中大型国有企业完成 301.89 亿元，地方工业增加值仅完成 36.43 亿元。

（六）城市化水平低，集聚效益不高

随着社会的进步，除了传统的资本、劳动力的投入，自然资源的开发和技术进步等，规模效应和集聚经济也成为促进经济不断提升的重要因素。集聚可以促进企业内部规模经济的释放，也可以创造极大的产业及城市外部效应，促使企业自身及地方经济实现规模收益递增。庆阳在城市集聚经济和城市化发展方面表现不佳，主要体现在：2012 年，庆阳城市化率为 32%，相较于全国 52.75% 的平均水平还差20 个百分点。同时，庆阳产业布局大多呈分散状态，工业布局尤其明显，虽然庆阳"十二五"规划对建立工业集中区制定了相应的政策措施，但要将现有企业调整为集中布局，困难较大。因此，集聚效应低下，发展效率受到影响。

（七）生态环境脆弱

庆阳位于黄土高原沟壑区，环境比较脆弱，抵御自然灾害的能力较低。水土流失、土壤侵蚀等自然灾害频繁发生，风蚀沙化现象严重，耕地和草场退化，荒漠化面积不断扩大，这些还对周边地区的生态环境造成了一定程度的影响，尤其是对风沙天气的形成有直接的作用。随着人类活动加剧，环境更加恶化，在现有的经济、技术条件下，要把环境恢复到原始状态很困难。水资源短缺也是庆阳经济社会发展的一大制约

因素，根本原因是天然降水不足，地下水水位下降，此外，水资源利用难度也比较大，农业对水资源的需求在时间和空间上都难以实现互补，这些都不同程度地影响着该地区农村经济的发展和人民生活水平的提高。

第三节　SWOT – PEST 矩阵聚焦分析与策略思考

在上述 PEST 和 SWOT 分析的基础上，本节进一步进行 SWOT – PEST 矩阵聚焦分析。通过 SWOT – PEST 矩阵分析，能够对外部环境和自身条件进行更准确的判断，对城市发展战略决策，提供总体参考与支撑，具体见表 2 – 1。

表 2 – 1　　　　　　　　庆阳发展战略的 SWOT – PEST 矩阵

SWOT		政治 P	经济 E	社会 S	技术 T
内在因素	优势 S	1. 中央、省各级政府出台系列有关庆阳发展区域中心城市的政策和规划 2. 国家和省就庆阳发展能源化工产业及服务业的强调和要求 3. 庆阳处于陕甘宁革命老区振兴的核心区域 4. 庆阳发展战略研究正在进一步深入，战略优势开始凸显	1. 区位优势得天独厚，交通运输基础设施发展较快 2. 能源大市、农业大市，物流需求量巨大 3. 经济区域化合作潜力巨大 4. 拥有周边广阔的发展腹地	1. 地方教育资源相对有优势 2. 地域文化底蕴深厚，居民诚信指数较高 3. 发展意愿浓厚，创业精神成长迅速	1. 专业化人才增长较快；地方院校人才培养能力强 2. 周边省市科研机构多、本地科研投入不断加大 3. 信息通信网络基础已形成，支撑作用明显
	劣势 W	1. 革命老区地区间的战略性合作机制缺乏 2. 各项发展政策出台较晚，动员和贯彻实施略显滞后 3. 部分政策陈旧过时 4. 行政运行机制缺乏弹性 5. 地区间发展不平衡	1. 庆阳产业基础薄弱，辐射力较弱 2. 物流业等生产性服务业水平偏低，未形成产业体系 3. 企业竞争力不强	1. 价值观念较为保守、陈旧 2. 城市化水平相对较低，消费水平偏低	1. 新技术普及和转化度低 2. 自动化、信息化、专业化程度偏低 3. 高级专业技术人才缺乏

续表

SWOT		政治 P	经济 E	社会 S	技术 T
外在因素	机遇 O	1. 国家处于发展战略调整的机遇期 2. 国家和地区战略，空前支持区域整合和产业转型 3. 国家高度重视革命老区的振兴战略和能源发展战略	1. 全球经济一体化加深，区域经济一体化加快 2. 庆阳基础设施建设投入进一步加大 3. 庆阳建设区域中心城市的自觉性和自信心逐步增强	1. 西部地区快速发展 2. 与周边地区的合作也逐渐展开 3. 新型城市化和统筹城乡发展成为区域发展的重头戏	1. 先进技术扩散效应加大，产业效率提升 2. 国家和省就科技创新的建设和投入力度空前加大 3. 国际国内产业转移进程加快
	挑战 T	1. 区域竞争加剧，周边城市发展较快，形成强大竞争压力 2. 产业政策日趋规范，产业门槛不断加高 3. 西部大开发和中部崛起战略扎实推进 4. 民生水平和环境质量成为发展绩效评价的重要指标，对地区内涵式增长模式提出了更高的要求	1. 全球金融危机造成外需下降，波及中国经济 2. 金融环境改进不到位，发展资金短缺仍为瓶颈，特别是中小企业融资难问题仍旧突出 3. 生产要素成本仍在快速上升，特别是国家规范用工制度，劳动力成本优势下降	1. 城乡居民收入差距大，社会管理难度增加 2. 统筹城乡涉及社会改革深水区，改革风险增加	1. 竞争性地区的技术进步加快 2. 优秀人才移居大城市的趋势仍未根本扭转，高素质人才流失严重

　　根据 SWOT 方法的"发挥优势、克服劣势、利用机会、化解挑战，立足现实、放眼未来"的战略制定原则，结合庆阳发展的 SWOT – PEST 矩阵分析，可以初步总结出四组策略思维路向，即优势—机会（SO）策略、劣势—机会（WO）策略、优势—挑战（ST）策略和劣势—挑战（WT）策略。

优势—机会（SO）策略

　　即依靠并壮大内部优势，借此来抓住外部机遇，寻求快速发展的战略。当前，建设区域中心城市，建设国家能源化工基地的战略持续深化，使庆阳处于特殊有利的发展环境之中。庆阳可以依托自身区位和产业优势，率先打造物流中心与金融中心及其配套能力，充分发挥交通设施和区位优势，布局区域物流和金融战略，将物流和金融产业作为建设区域中心城市的战略突破点，从而扩大自身的经济辐射范围。

劣势—机会（WO）策略

　　即利用外部机遇来弥补内部劣势、提高综合实力的战略。庆阳应积极利用关中—天水经济区、西咸新区乃至京津冀的发展，打造新型城市体系，充分联动与周边城市的服务功能，发展具有差异化的产业优势。同时，通过强化蒙陕甘宁晋周边区域经济一体化，积极拓展区域乃至国际合作，以此来充分建立并夯实自身在经济、社会等各方面的优势，确立庆阳作为区域中心城市的服务枢纽的地位。

优势—挑战（ST）策略

即利用自身优势来避免或减弱外部的挑战和压力。庆阳文化底蕴深厚，旅游资源丰富，绿色农业基础较好，教育资源突出，同时是国家能源化工产业发展的战略基地；庆阳的产业发展和企业成长，应大力引入产学研相结合的模式，同时加大对物流人才、金融人才和其他现代服务业人才的培养，逐步建立人力资源优势，以抵御竞争地区的冲击。此外，高起点推进现代信息技术基础设施建设，增强庆阳现代制造业和服务业的竞争力。更重要的是，要积极营造庆阳宜居、宜业的城乡体系，塑造区域的良好形象和口碑，吸引更多的投资者、游客和人才。

劣势—挑战（WT）策略

即以克服内在弱点来避免或应对外部威胁的战略。庆阳属于以县域经济和村镇经济为主体的经济环境，产业基础薄弱，人居环境尚不理想。应通过城市功能优化、产业新城建设、环境美化和政策优化等措施，统筹城乡发展，通过打造田园城镇体系，促进区域协调发展，提升区域产业能级，实现人居和创业环境的根本改进。

总之，庆阳建设前景广阔，但问题与挑战也不容忽视。特别是由于受到体制、政策、技术、管理、人才、观念等因素的制约，庆阳现有产业竞争力基础、现代服务业发育水平和区域城市化水平都还不够高，高端制造业和服务业发展不足，除央企外，现有本地企业普遍存在"散、小、弱"等问题，相关设施的布局和建设距离形成现代产业体系有很大差距，需要从基础做起，可以说任重而道远。庆阳应抓住当前深化市场改革和法治建设的大好发展时机，依靠自身内部优势、抓住外部机遇、改进内部弱点、应对竞争挑战，从而寻求自身的跨越和突破，为打造国家级能源化工基地、构建现代化区域中心城市的宏伟蓝图，贡献力量。

第三章

可资借鉴的案例及初步启发和建议

作为中国西部的革命老区和新兴城市，庆阳正在凭借自身资源优势和科学发展的新观念，着力打造能源化工基地和区域中心城市。但由于受资源、环境等制约，城市发展受到各种不利因素的影响。在一个资源丰富的新兴城市中如何保持城市优势、提升城市品位、夯实可持续竞争力，是庆阳面对的重要挑战。因此，有必要学习和借鉴国内外资源型城市建设的成功经验，突破庆阳发展过程中资源和环境的"瓶颈"性的约束，推动城市品牌的形成和竞争力的提高。

第一节 国内外资源型城市经济转型成功经验及启示

资源型城市发展到一定阶段，就要及时调整产业政策、产业结构，大力发展新兴产业，促进本地区经济结构的多样化，实现本地区的可持续发展。本节选取德国鲁尔区和中国的辽宁阜新作为资源型城市转型发展的成功案例加以剖析，以期对庆阳的发展有所启发和帮助。

一 国外资源型城市经济转型成功经验

德国鲁尔区是指"鲁尔区城市联盟"，位于该国西部，在莱茵河及其支流利珀河、鲁尔河河畔。总面积 4435 平方公里，总人口 550 万。德国鲁尔区是德国最重要的煤炭和钢铁基地，为第二次世界大战后德国经济的恢复乃至"德国经济奇迹"发挥过重要作用。但到 20 世纪 60 年代后，连遭"煤炭危机"和"钢铁危机"，开始了近 10 年的衰退。鲁尔区及时调整发展战略，通过打造高新产业基础，发展多元产业，开发创意文化及旅游，优化区域空间，又重新崛起了；美国休斯敦曾是"能源之都"，但由于全美经济衰退而连续 7 年下滑。休斯敦主动调整产业结构，从单一的石油石化产业向多元化产业发展，逐步将矿业城市转为综合性城市，由单纯的油城发展为集资本、智力、技术于一体的综合区，各种产业齐头并进，重新获得了生机。

德国鲁尔区的成功转型经验主要有以下几个方面①：

第一，确定城市发展战略是转型的基础。如鲁尔区在遭遇困境时，就及时地调整发展战略，其主导思想是发展新兴工业，培育高新技术产业，改造传统产业，促进产业结构多样化以及改善环境、完善基础设施。

第二，产业结构转换是经济转型的核心。如鲁尔区在经济衰退时，培育和壮大接续替代产业，迅速发展起了新的主导产业（其中，工业旅游和文化产业发展良好，大企业利用自己的品牌效益吸引游客，参观游览传统工业建筑和生产线，同时也使自己的产品家喻户晓。在中国，也有可借鉴的范例，如青岛海尔、上海宝钢、广东美的等相继向游人开放，建立工业旅游产业，类似许多项目获得了中国各级政府的高度重视）。

第三，治理环境和加强基础设施建设是实现转型的必要条件。如鲁尔区花重金清理废弃矿坑，建立完善的供水系统及污水净化系统，并进行大规模的植树造林，昔日浓烟遮天蔽日、污水横流的鲁尔区变成了"欧洲花园"。

第四，解决就业问题是实现转型的归宿点。如鲁尔区特别注意在产业结构调整中对劳动大军的调整，政府、企业和社会组织分别建立培训中心，免费对转岗人员进行分门别类的培训，使之尽快掌握新知识、新技能，适应新岗位的需要。

第五，经济转型是一个发掘文化资源、重塑城市形象的过程。鲁尔区在转型过程中，就注重挖掘资源型城市的工业历史遗产，彰显文化旅游资源特色，提高文化品位，打造城市精神，实现了从传统煤钢工业基地向现代欧洲文化之都的转变。

二　国内资源型城市经济转型成功经验及启示

中国有许多能源型城市，在市场经济的推动下，经济社会得到快速发展，但在发展中同样会面对资源和环境制约问题，也需要转变经济发展方式，实现城市转型，如辽宁阜新、江西新余、黑龙江大庆、河南焦作等城

---

① 宋奇悟：《昔日"工业引擎"再次启动——德国鲁尔区成功转型的启示》，《中国能源报》2011年7月4日。

市的成功转型，其经验值得研究和借鉴。其中，辽宁阜新的经验尤其值得关注。

辽宁阜新位于内蒙古高原和东北辽河平原的中间过渡带，属辽宁西部的低山丘陵区，总面积 10445 平方公里，人口 192 万。辽宁阜新是一座因煤而立、因煤而兴的资源型城市，被誉为"煤电之城"和新中国的"发动机"。但 20 世纪 80 年代以来，城市陷入了"矿竭城衰"的困境。为此，阜新采取了以下措施：第一，以工业的方式发展农业，打造龙头＋基地＋农户的产业模式，形成产业链。第二，利用现有资源和基础进行三大基地建设，发展六大产业集群特别是现代旅游业。第三，坚持抓民生与抓产业同步进行，创造了稳定和谐的社会环境。第四，坚持统筹城乡协调发展，城市与乡村的差异、差距缩小。第五，突出抓好生态环境建设，晋升为省级"园林城市"。经过持续的努力，辽宁阜新实现了华丽转身，逐步摆脱了资源枯竭的影响，重新成为一个富有活力的城市。

阜新的成功转型经验，包括以下几个方面。

第一，从实际出发，确定科学发展、绿色发展理念。在深入调研和思考的基础上，阜新把绿色农产品精深加工业作为经济转型的接续替代产业，提出以畜牧业为突破口，以园区建设为起点，重点引进和培育龙头企业和品牌产品，拉长产业链，发展产业群，形成集团军，实现三次产业搭接和融合的发展思路。阜新坚持绿色发展理念，着力构建宜居的生态文明城，走出了一条重化工业城市转型的新路，先后荣获"国家新能源科技示范城"、"中国城市科学发展转变经济发展方式示范市"称号。阜新的成功，在于能够培育新能源产业，加快发展新材料产业，构建新兴工业体系，谋求城市战略转型，最终在世界产业体系分工中找到了自己的定位。

第二，坚持"工业兴市"的理念，加快支柱产业发展。多年来，阜新着眼于优化产业结构，发展和培育了一批支柱产业。阜矿集团在提升井工生产能力、稳定煤炭产量的同时，煤矸石发电、园区养殖等非煤产业项目取得重大进展。阜新发电厂二期、盛明热电和彰武风电等一批电力项目建成投产。嘉忆铜业等冶金工业、恒瑞玻璃等新型建材业、汽车动力转向泵、金昊空压机等装备制造业都得到快速发展。东新电容器、阜新晶体管等高新技术产业不断壮大。以珂曼等"北派女装"为代表的服装产业也渐成气候。

第三，开展大规模植树造林，生态环境进一步改善。阜新通过林业改革和借助"一退三还"政策,积极进行植树造林,其间,实现造林169.5万亩,在连续六年严重干旱的情况下,成活率达85%以上。完成了宽500米、闭合周长102公里的环城绿化带工程。进行矸石山治理、废弃地复垦,完成造林近万亩。启动全国生态示范市和节水示范市建设工程,开展封山育林和公路林网建设,进行小流域治理。

第四,以促进就业为重点,切实解决人民群众的生活困难问题。针对煤矿工人技能单一,再就业困难的实际,阜新市委、市政府坚持劳动者自主择业、市场调节就业、政府促进就业的方针,开辟了农业园区、街道社区、龙头企业、民营企业、劳务输出等多条就业渠道。

第五,完善社会保障体系,保持社会稳定。资源型城市是产业工人最为集中的地方。资源型城市的产业转型会造成大量工人下岗、转岗,社会出现不稳定因素,严重的还会影响整个城市经济的发展。阜新在社会保障和稳定方面,进行了多方面的探索和改进。也引入和借鉴了许多国际经验——比如德国政府制定了特殊的政策,在贷款等方面给予优惠,鼓励个人创业;在美国是由政府、公司、工会组织注入社区基金,作为危机时期的补救来源,同时建立社区委员会负责审查并发放资助等。可以说,建立和健全社会保障体系是保持资源型城市社会稳定的重要环节。①

第二节 初步启发与建议

资源型城市可持续发展是中国工业化进程中凸显的一个重大战略问题。庆阳作为新型能源城市,随着工业化进程的加快,资源环境的矛盾进一步凸显,转变发展方式、改善民生、维护稳定的任务更加艰巨。纵观国内外资源型城市发展转型的成功经验,我们提出以下启发和建议。

一 借助国家政策支持,精心谋划,确定多元发展和可持续发展战略

根据庆阳人口众多、资源紧缺、发展不平衡、财力有限等基本情况,实现城市化的战略取向应该是:多元发展战略和可持续发展战略。

多元发展战略是按照当地的自身条件和发展状态选择适合本地区发展

---

① 参见中共辽宁省委党史研究室编《中国共产党执政实践在辽宁》,辽宁大学出版社2005年版。

的城市化模式和道路。多元化要求我们要清楚地认识到，仅仅依靠石油和煤炭等资源的开发来发展地方经济是一种狭隘的发展思路，应该依托于本地区"红黑绿黄"四大资源，建立多元化产业体系，即：能源开发及加工产业、红色文化及红色旅游产业、绿色农产品生产及加工产业、黄土高原传统特色文化产业及其创新发展等，保证区域及城市发展的蓬勃生机。同时，多元化应该贯彻于三大产业内部，既要保持传统的经济增长优势，又要开拓新的经济增长领域，引进并适当发展高新技术产业。服务业发展的多元化表现在：服务种类的多样化、服务等级的层次化和服务品质的优良化，以提高区域和城市生产生活质量水平。

可持续发展战略就是保持城市同生态环境的协调发展，在谋求当代城市发展的同时不损害未来城市的发展，资源型城市更应该注重可持续发展的目标及途径。庆阳的可持续发展战略应该包括三个方面：第一，经济的可持续性。这意味着要追求经济增长的长期性，不能只顾眼前利益，损害城市未来的增长能力；第二，社会的可持续性。即在关注效率的同时也要关注公平，不断提高社会的稳定性、和谐程度和文明程度。第三，生态环境的可持续性。要重视生态环境因素对经济发展和社会进步的影响力，切实加强保护环境和维持生态平衡。

二　优化产业结构，促进产业升级，提高城市竞争力

调整和优化产业结构，是实现转型发展的核心路径。首先，要优化三产结构，改善庆阳当前二产独大、一产和三产发育不良的现状，明确能源产业的主导地位，重视农业的基础地位，并提高第三产业的辅助功能。其次，促进能源及其他工业产业的内部升级，以技术为依托，发展工业产品尤其是能源产品的深加工，延长产业链，提高产品附加值，带动相关产业的快速发展，激发地区经济增长活力。最后，要培育和壮大接续替代产业，为城市长远的发展打好基础，要发展文化创意产业（加大对于庆阳香包、环县皮影的技术开发力度，促进产学研一体化建设），发展旅游产业（努力开拓红色旅游和地方民俗旅游市场，积极开展旅游市场营销）等，大力发展高层次服务业，使第三产业成为重要的经济增长点。

三　提高城市化率，加快城乡一体化进程

中共中央十八大报告中提出了要"形成以工促农、以城带乡、工农

互惠、城乡一体的新型工农、城乡关系"。庆阳城市化率较全国平均水平偏低 20 个百分点，城市化进程缓慢，在城市化过程中存在的问题也较多。因此，加快城市化发展是促进地区经济社会进步的主要途径。要强化城市主体的辐射带动作用，促进城乡居民生产方式、生活方式和居住方式变化，加快农村剩余劳动力转移，使其参与到工业化和城市化的方方面面，使城乡人口、技术、资本、资源等要素相互融合，互为资源，互为市场，互相服务，逐步达到城乡之间在经济、社会、文化、生态上协调发展。

四　推行低碳发展模式，加快能源大市建设

资源、能源型城市推行低碳发展模式，更加具有现实的意义。

（一）转变经济增长方式，提高低碳经济在经济发展中的核心竞争力

大力推进产业结构的调整，转变传统的经济增长方式和贸易模式，着力发展低能耗、低排放的第三产业，尤其是高新技术产业，并对建筑、交通、电力、冶金和建材等一些重点行业进行技术的革新和调整。加快淘汰高能耗、高排放、高污染的落后产业，大力推广在低碳经济发展下的新型"竞争力"概念，建立包括经济、能源、环境三者协调发展的经济模式。把低损耗、高效益确立到低碳发展的核心竞争力当中。通过节约能源和优化能源配置，主力发展低碳技术，提高温室气体的排放指标控制力度，增强可持续发展的能力，在传统经济向低碳经济发展的同时，不断提高城市经济发展的核心竞争力。

（二）以节能减排为突破口，实施污染物与二氧化碳的协同控制

将节能减排作为控制温室气体排放的第一手段。结合资源节约型和环境友好型社会建设，统筹规划城市的低碳发展战略，积极建立城乡及各个企业的低碳示范点。大力提高对建筑、交通、电力、冶金和建材等高能耗、高排放、高污染行业的排放治理措施。对各个行业技术现状进行全面的审查，制定出能控制成本最小化、环境和经济效益最大化的节能减排与经济最优的技术战略。从资源开采、生产消耗、废弃物的再利用和城市的合理消费等相关环节出发，推进对资源的综合利用及循环利用。实施清洁生产，大大减少对能源的不合理消耗和对废弃物的排放，通过退耕还林还草，扩大森林保护区的数量和面积，增强碳汇功能，保护生物的多样性。

（三）综合运用多种手段，鼓励低碳经济技术的开发与利用

加强对经济、法律法规方面的规制和必要的行政手段，制定出一切有

利于低碳发展的政策措施。鼓励和倡导对低碳技术的开发和利用，推动全市人民积极参与到发展低碳经济的道路中来。以市场机制为基础，制定低碳技术发展的激励政策和措施，推动对可再生能源、新能源的高效利用。建立一个低碳能源系统、低碳产业结构和低碳技术三者之间协调推进的体系；加强与其他低碳城市的联合技术开发，以其丰富的经验带动庆阳走低碳化发展道路。

（四）加强宣传教育，倡导低碳生产生活方式

大力宣传低碳发展概念和气候变化知识，转变企业在生产过程中的高碳行为和城乡居民的消费观念。制定碳排放的红线指标，指导政府机构、相关企业和城乡居民的行动向低碳发展的方向转变。保证经济发展对能源消耗和温室气体排放量保持在可允许的范围内，并加强抑制奢侈消费。大力推动相应政府机关示范、企业低碳技术的创新和城乡地区的低碳建设。鼓励相关企业向低碳生产的方向转变，引导公众采取低碳的生活方式，为全面建设庆阳低碳发展道路做出贡献。

五　转变政府职能，提高城市管理水平

城市发展离不开地方政府的有效管理，尤其是地处西北欠发达区域的庆阳，由于市场机制不完善，政府对经济社会的影响力依然很大，因此，政府要更加注重职能的转变，不断提高服务意识和行政管理效率。首先，公民和社会处于主导地位，要实现由管理本位、政府本位向社会本位、公民本位转变，要根据公民社会发展的需要来提供公共服务；其次，以强化服务意识、增强服务效能、提高服务水平为中心，树立科学行政、民主行政、依法行政的理念；再次，加强基础设施建设、公益事业建设和公用事业建设，不断提高政府公共服务的质量和水平，建设真正的公共服务型政府；最后，加强城市规范化管理，建立一套有利于市场公平竞争、兼顾公众利益和私人利益、维护社会公平的经济活动法律规则。

六　加强文化宣传，发掘文化资源，彰显城市特色

庆阳传统文化积淀厚重，历史文化源远流长，红色文化影响深远，民俗文化丰富多彩。基于丰厚的文化资源优势，我们要充分挖掘、传承和弘扬当地特色文化，建立和打响文化"四大品牌"，建立四大文化产业，即打响"岐黄故里"品牌，发展中医药文化产业；打响"周祖圣地"品牌，

发展农耕文化旅游业；打响"红色南梁"品牌，发展红色旅游产业，建设全国重要的红色旅游圣地；打响"庆阳香包"品牌，建设全国民俗文化创意产业示范基地，带动地方经济发展，提高城市文化品位，打造城市精神，改善和重新塑造城市形象。

七 改善城市环境，打造新型"宜居"城市

城市发展和社会进步的"细胞"就是居住在城市中的居民，要保证城市发展不断地持续地拥有鲜活的"细胞"，就必须打造适宜人类生存和生活的环境。所谓"宜居城市"指的就是经济、社会、环境以及文化协调发展，人居环境良好，能够不断满足人们的物质以及精神生活的需要，能够适宜人类生活、工作以及居住的城市。庆阳在经济快速增长的同时，也应该将"宜居城市"的建造定为发展的目标之一，并且要做到以下几点：第一，控制城市膨胀和无序扩张，每一寸土地的利用都精心策划；第二，提高城市绿化覆盖率，加大生态景观的建设；第三，充分利用庆阳传统农业的优势，建立一批观赏农业、体验农业基地；第四，人工建筑要提倡设施完备、与自然和谐，有助于人们的日常工作与生活；第五，保护城市历史建筑与文化遗产，增强居民的归属感。

八 利用政策、区位和交通等优势，加快区域中心城市的建设

随着西部大开发的不断深化，在《陕甘宁革命老区振兴规划》和《国务院办公厅关于进一步支持甘肃经济社会发展的若干意见》的指导下，庆阳应该不断加强与周边城市和地区的合作，组团发展，共同进步。首先，依托福银高速、国道211线，庆阳与平凉共为发展龙头，加快建设陇东煤电化工基地；其次，加强与关中—天水经济区、与省会城市的联系，统筹咸阳彬长煤电、兰州石化深加工布局，将其培育成为新的经济增长点；最后，与鄂尔多斯盆地其他资源富集区形成技术联系，构建产业集群，发掘能源产业的规模效应，增强区域发展能力。

第二篇

庆阳城市竞争力分析

第四章

庆阳区域空间界定

　　未来的先进城市，必定有立足本地、服务跨区域乃至跨国际经济体系、与国际经济有较强的联系等特质。因此，城市组团发展或城市群是中国城市未来发展的一个趋势。结合城市群发展思路和国家相关战略规划，我们选取了蒙陕甘宁区域的13个地级市，包括鄂尔多斯、延安、庆阳、中卫、咸阳、榆林、平凉、天水、固原、宝鸡、铜川、汉中、吴忠，作为庆阳区域发展的基本竞争与合作的区域空间背景来展开综合分析。

第一节　共同的发展背景：西部再开发

一　第二个十年西部再开发战略

　　2010年1月，在中国实施西部大开发十周年之际，国家又提出了西部再开发战略，并制定了新的十年深入推进西部大开发的战略，为"十二五"规划奠立了基础。西部大开发的第一个十年，中央政府加大对西部地区的支持力度，基础设施建设取得了重大突破，生态环境保护明显加强，改善民生成效显著，特色优势产业快速发展，改革开放深入推进，进入了增长速度最快、发展质量最好、城乡面貌变化最大、人民群众受实惠最多的时期。"十二五"时期，中国将把全面提高西部地区开发开放水平摆在更加突出的战略地位，努力把西部地区建设成为现代产业发展的重要集聚区域、统筹城乡改革发展的示范区域、生态文明建设的先行区域，加快构建具有全局意义和战略意义的"经济增长极"。中国政府实施西部大开发战略的决心不仅不会动摇，而且政策将会更加放开，力度将会更加增大，资金将会更加倾斜。

　　东南沿海小商品工业经济三十年勃兴，主要倚重于对外开放的资金、技术与市场，虽然大多远离资源地，但却出现了奇异的"零资源、快发展"

现象。而西部地区资源得天独厚，一旦拥有了资本、技术这些关键要素，以及对外开放的口岸与市场，即可较持久地释放出巨大的经济发展潜能。

二　西部再开发的"四个深化"

围绕西部地区的再开发战略，中国政府"四个深化"的战略思路进入了人们的视野，并受到各界的重视。

（一）深化能源和交通合作

中国政府继续巩固、发展同周边国家能源资源合作成果，同时大力吸引国际能源企业参与中国西部地区提高能源利用效率、煤矿灾害防治、煤层气开发等能源项目建设。中国将积极构建西南、西北进出境国际交通大动脉，期待与相关国家就建设新亚欧大陆桥达成共识。

（二）深化经贸和投资合作

中国政府支持西部沿边地区与周边国家进一步扩大经贸往来和边民互市，引导外资投向西部地区高新技术产业、先进制造业、现代农业和现代服务业。

（三）深化节能和环保工作

中国政府积极支持西部地区同周边国家和其他国家开展节能环保领域的国际合作，支持联合开发利用新能源和可再生能源。

（四）深化区域国际合作

中国政府积极推进中国—东盟自由贸易区的建成，深入拓展与上海合作组织国家的经济贸易合作，积极推进"澜沧江—湄公河次区域合作"。继续加强和深化区域金融合作。在这些区域国际合作中，中国西部地区已经进入全面开放开发的新阶段。

西部地区不能简单效仿和机械复制东部沿海的劳动密集型小商品民营工业商品出口经济模式，而应充分探求与沿海差异化发展的具有自我开放特色的经济发展新路径。尤须注重的是，西部地区幅员比东部辽阔、资源比沿海富集，有了综合交通引擎的驱动和国际新口岸的开放，更要力避过去过度透支资源而致的"资源主动型"短期增长模式，而应兼重 GDP（国内生产总值）和 GNP（国民生产总值）双增长和良性比率增长，形成"多元产业主导型"和"投资、出口与内需多重驱动复合型"经济和谐增长新模式。西部经济的快速良性发展，亦必将发作用于东部，推动东部沿海地区产业向低碳、高效、优质、多元化转型。

三　新十年大西部直追沿海

改革开放的第二个三十年，西部开发的第二个十年，将是西部发展与沿海同步的改革新时代和城市化新阶段。

如果西部开发能够借重沿海投资转移之机遇，开放自己最近、最便捷的国际新口岸，筑起亚欧大陆桥国际经济新通道，保护与开发资源并举，发挥资源优势和资源潜力，必将能做到与沿海经济社会发展同步。

当前以出口为导向的中国经济过多地受到美国的牵制。中国向美国廉价出口以维系中国巨大贸易顺差，美国向中国借款以维系其巨额财政赤字，这种过度的双边依赖实际上潜藏着巨大的经济风险。而中欧贸易因亚欧国际交通格局变化而将更加勃兴。中国"西出战略"将强力刺激西部发展，使西部广大农村经济得以带动，可以解放西部生产力，明显增强农民收入，拉动农村消费，缩小西部城乡差别，降低中国产（商）品对出口的依赖程度，从而优化产业结构，转变增长方式，提高中国经济自我驱动发展的自信力的内生力。

中国经济可持续发展新格局形成的标志就是：中国经济由东部向西部完美转身，西部经济发展特色有别于东部，西部发展规模与水平直追沿海，西部内陆经济社会发展速度、效率与东南沿海同步，西部城乡经济品质、GDP（国内生产总值）质量和社会发展和谐度更为优异，中国由经济大国向经济强国的从容转变。

第二节　相同的政策机遇和相似的资源优势

一　政策机遇的同一性

（一）陕甘宁革命老区振兴规划的出台与落实

陕甘宁革命老区的前身是中国共产党在土地革命战争时期创建的红色革命根据地，既是中共中央和中国工农红军长征的落脚点，又是八路军奔赴抗日前线的出发点。这里曾是老一辈无产阶级革命家战斗和生活的地方，是爱国主义、革命传统和延安精神教育基地。革命老区人民为中华民族解放和新中国的建立做出了巨大牺牲和不可磨灭的贡献。为在新形势下加快革命老区振兴，推进经济社会又好又快发展，依据《中华人民共和国国民经济和社会发展第十二个五年规划纲要》和《中共中央国务院关

于深入实施西部大开发战略的若干意见》有关精神，有关单位编制了
《陕甘宁革命老区振兴规划》。

《陕甘宁革命老区振兴规划》以原西北革命根据地为核心，综合考虑
区域经济社会联系和协调发展要求，规划范围包括：陕西省延安、榆林、
铜川，甘肃省庆阳、平凉，宁夏回族自治区吴忠、固原、中卫等 8 个地级
市以及陕西省富平、旬邑、淳化、长武、彬县、三原、泾阳，甘肃省会
宁，宁夏回族自治区灵武等 9 个县（市），总面积 19.2 万平方公里，2010
年末总人口 1762 万人。规划期为 2012—2020 年。

在《陕甘宁革命老区振兴规划》的重点任务中，围绕着交通、水利、
生态环境、能源化工、特色产业、新农村建设和公共服务、改革开放等方
面，提出了上百个重点项目和一大批中小项目。这里既有关系全局的一些
重大工程，也有与人民群众息息相关的中小项目；既有铁路、高速公路这
些重大的公路项目，也有像乡村公路这样小的项目；既有产业发展的项
目，也有民生改善的项目。①

陕甘宁革命老区地位特殊，贡献卓越，但是发展相对滞后，也面临一
些特殊的困难和问题。国家给予特殊的政策支持。主要体现在以下几个
方面。

一是进一步加大投入。《陕甘宁革命老区振兴规划》在投入方面，明确
提出了几个"加大"。比如通过财政贴息、费用补贴等方式，鼓励和引导金
融机构加大对革命老区重点工程建设项目的信贷支持。中央和地方财政投资
优先向革命老区的民生工程、基础设施和生态环境等领域倾斜。中央安排的
水利建设投资，包括水库除险加固、农村饮水、生态建设等，这些公益性建
设投资，《陕甘宁革命老区振兴规划》里规定要取消县及县以下资金配套，
另外还要提高中央公路建设资金对革命老区公路建设的补助标准等等。

二是实行差别化产业政策和土地政策。产业政策里面明确提出要实行
资源转化战略。对符合国家产业政策的项目，在规划布局和项目核准方面
尽量给予革命老区优惠。能够在革命老区落地加工的，有市场、有潜力
的，就尽可能的布局建设在革命老区。

三是加大生态环境政策方面的支持力度。中央要加大一般性转移支

---

① 《发改委解读〈陕甘宁革命老区振兴规划〉》，中国网：http://fangtan.china.com.cn/
zhuanti/2012—04/17/content_ 25163203. htm。

付，提高国家重点生态功能区转移支付系数，还要加大对革命老区的重点生态功能区—包括像六盘山区——生态补偿的力度，国家生态建设和环境保护任务重点向革命老区倾斜。

四是鼓励央企支持革命老区经济社会发展和改善民生。另外，政策鼓励东部地区，包括一些发达的县市开展自愿帮扶，特别是在产业发展方面，通过东西共建产业园等方式，促进革命老区的特色产业集聚发展。

（二）蒙陕甘宁能源金三角地区共建发展城市群

城市群是区域经济活动的空间组织形式，是城市化的高级形态。中国共产党的十七大报告提出："以增强综合承载能力为重点，以形成特大城市为依托，形成辐射作用大的城市群，培育新的经济增长极。"区域城市的联动和一体化是培育经济增长极的战略选择。在蒙陕甘宁能源金三角地区建成具有战略意义的城市群，对于西部再开发和中国经济战略调整都有重大意义。

从能源金三角规划来看，金三角地区范围包括宁夏宁东地区、内蒙古鄂尔多斯地区、陕西榆林地区，以及与该地区资源开发相关性极强的陕西延安地区和甘肃陇东地区。

2009年，这一区域内原煤产量占全国的20%，天然气产量占全国的25%，油气当量占全国的近1/8。统计数据显示，能源化工金三角地区，是中国罕见的能源富集区，同时蕴含丰富的光能、风能资源。2010年前三季度，能源金三角地区原煤产量约为8.89亿吨，占中国当期产量的36.34%。

随着资源逐步减少，开采难度加大，中国能源重心西移趋势越来越明显，能源金三角地区已经具备条件建设一个内联度强、相对独立完整的国家能源经济区。目前，能源金三角地区已经拥有一大批煤化工产业项目。宁夏宁东85万吨煤制甲醇、52万吨煤制烯烃已经建成；鄂尔多斯108万吨煤炭直接液化已经投产，年转化煤炭能力超过6000万吨；榆林50万吨中温煤焦油轻质化项目也已经建成并投入运营。

从区位上看，能源金三角位于中国内陆，居于天津、青岛等港口与大西北、中亚之间新亚欧大陆桥的中枢位置。目前已建成包兰线、甘武线、宝中线等铁路干线，银川—西安快速铁路、银川—鄂尔多斯—北京快速通道等已被列入国家规划，部分线路已经破土动工。

综观全局，能源金三角地区资源富集、交通便利，综合开发优势明显。中华人民共和国国家能源局有关领导认为，金三角具备能源快速发展的潜力和条件，是中国未来能源供应增长的主力军。

二　相似的环境和资源优势

这一区域，还具有显著的环境与资源相似性，共同组成了区域的环境与资源优势。

第一，革命老区有丰富的能源矿产资源。陕甘宁革命老区位于鄂尔多斯盆地及边缘地区，是能源的集聚区，煤、石油、天然气的储量非常丰富，而且组合条件好，开发潜力很大。

第二，有丰富的土地资源，昼夜温差较大，发展特色农产品潜力非常大。

第三，交通区域条件很重要。革命老区位于陕甘宁三省区的交界处，是包头至西安铁路等铁路干线的必经之地，还有北京至西藏等几条高速公路从这里穿过，也是西煤东运、西气东输、西电东送的重要通道。

第四，生态地理位置重要。革命老区大部分属于典型的黄土高原丘陵沟壑区，有大片的原始次生林，还有丰富的生物资源。同时也是国家重要的生态安全屏障区。

第五，有独特的旅游资源。我们都知道，革命老区历史悠久，文化底蕴深厚，是我国早期农耕文化的重要发祥地之一，形成了包括农业文化、游牧文化、秦岭文化、黄河文明与黄土文明等多种文化。另外革命老区还有光耀千秋的红色文化，创造了富有西部特色的宝贵精神财富。

第三节　区域内主要城市的基本情况

如前所述，本章聚焦的 13 个地级市不仅地理接近，而且具有诸多共同的优势和挑战。本节概要介绍这些城市的基本情况，以便在接下来的章节中展开进一步的定量分析。

一　鄂尔多斯市

（一）城市简介

"鄂尔多斯"为蒙古语，汉语意为"众多的宫殿"，是成吉思汗守陵部落名称。清朝顺治六年（1649 年），鄂尔多斯各旗在达拉特旗会盟，形成了"伊克昭盟"（汉意为大庙），其行政建制一直延续到 21 世纪初。

2001 年经国务院批准撤消伊克昭盟，成立鄂尔多斯市。

鄂尔多斯位于内蒙古自治区西南部，与晋、陕、宁三省区毗邻，西、北、东三面黄河环绕，与呼和浩特市和包头市构成内蒙古最具活力的金三角。鄂尔多斯东部为丘陵山区，西部为波状高原，中部为毛乌素和库布其两大沙漠，北部为黄河冲积平原。鄂尔多斯平均海拔在 1000—1500 米间，年平均气温 5.3—8.7 摄氏度，年降水量小且集中，为 170—350 毫米，属典型的温带大陆性气候。

（二）交通状况

鄂尔多斯虽然地形起伏不平，地貌复杂多样，但是交通十分便捷，周边和境内有京包（北京—包头）、包兰（包头—兰州）、包西（包头—西安）三条铁路干线，109 国道、210 国道两条高速公路贯穿全市，鄂尔多斯机场与周边的五大民航机场形成了便捷的区域航空网络。全市总面积 8.7 万平方公里，总人口 154.8 万人，其中蒙古族 17 万人。全市下设七旗一区（伊金霍洛旗、达拉特旗、杭锦旗、准格尔旗、乌审旗、鄂托克旗、鄂托克前旗、东胜区），是一个以蒙古族为主体的地级市。市府所在地康巴什新区于 2004 年 5 月开始全面动工兴建，2006 年 7 月 31 日正式投入使用，是全市政治、文化、金融、科研教育的中心和技术产业基地。新城建成以来，因人口迁入不足备受舆论质疑。但其巨大的发展潜力也赢得众多的追捧。

（三）历史文化

鄂尔多斯历史悠久，是人类文明的发祥地之一。早在 3 万 7 千年前，"河套人"就在这块广袤的土地上繁衍生息，并创造了著名的"河套文化"。在 3500 年前的商代前期，中华游牧民族的曙光便在这里初现，形成了著名的"朱开沟文化"。它是北方游牧民族从蛮荒走向文明的重要标志。公元前 2800 年—公元前 2300 年，出现了以饰有各种动物图案的青铜器为代表的"鄂尔多斯青铜文化"。进入 15 世纪中叶，守护成吉思汗陵寝的鄂尔多斯部落从蒙古高原进驻鄂尔多斯地区。

悠久的历史、独特的区位，孕育了韵味独特、古朴典雅的民族文化。鄂尔多斯是歌的海洋，长调悠扬柔长、短调清新欢快。《森吉德玛》等脍炙人口的民歌名扬四海。特别是具有浓郁乡土气息的漫瀚调，在晋、陕、蒙地区广为流传，准格尔旗也因此被文化部命名为"全国漫瀚调艺术之乡"。鄂尔多斯是蒙古舞的故乡，著名的《筷子舞》、《盅碗舞》等成为中国民族艺术的瑰宝。鄂尔多斯是蒙古族传统礼仪保存最为完整的地区：成吉思汗祭祀、鄂尔多斯婚礼已被列入国家非物质文化遗产名录。《蒙古源流》、《蒙古黄金史》等一些极具文史价值的蒙古族古典史诗巨著也诞生在鄂尔多斯。鄂尔多斯地区具有光荣的革命历史传统。近代，声势浩大的"独贵龙"运动就在这里爆发，掀起了"鄂尔多斯风暴"。现在，具有深厚底蕴和地域特色的鄂尔多斯文化正誉满全国，走向世界。

（四）资源禀赋

鄂尔多斯，物华天宝、资源富集。如今已是"扬（羊）眉（煤）吐（高岭土）气（天然气）"。阿尔巴斯白山羊绒，以纤维长、细著称于世，享有"纤维钻石"、"软黄金"之称。全市年产阿尔巴斯白山羊绒70多万公斤，年产羊绒衫890多万件，产品远销世界各地。鄂尔多斯已探明煤炭储量1496亿吨，约占全国已探明储量的六分之一，占自治区总储量的二分之一，其优点是低灰、低硫、低磷、高发热量，被中外专家公认为世界罕见的"精煤"，现已开发的主要有准格尔、东胜、万利川、西桌子山等煤田，2007年该市煤炭总产量1.985亿吨。高岭土储量为65亿吨，在全国硬质高岭土中质量最优。鄂尔多斯天然气已探明储量为8788亿立方米，约占全国已探明储量的三分之一。举世闻名的世界级整装大气田——苏里格气田就位于该市乌审旗境内，现探明储量为5336亿立方米。此外，天然碱、食盐、芒硝、石膏、石灰石、紫砂陶土等储量巨大。富集的资源使鄂尔多斯正在成为国家重要的能源生产基地。

除能源外，鄂尔多斯市几经沧桑，留下了许多珍贵的、具有鲜明地区民族特色的旅游资源。有一代天骄长眠地——成吉思汗陵，大漠神韵——"银肯"响沙，风光无限——世珍园，沙海绿洲——恩格贝旅游区等著名旅游景区，此外，还有准格尔召、七星湖、古长城、秦直道、草原敦煌阿尔寨石窟、黄河大峡谷、草原旅游区等，全市现有各类景区（点）35处，4A级景区5处，3A级景区6处。

总之，鄂尔多斯市在本区域内是举足轻重的城市。在城市规划建设、资源和能源转化、旅游文化发展等方面，有诸多成功的探索和经验。

二　咸阳市

（一）城市简介

咸阳市位于关中平原的中部，既在九竣诸山以南，又在渭水以北，山南叫阳，水北也叫阳，山水俱阳，故名咸阳。咸阳是中国历史上第一个统一中国的封建王朝——秦王朝建都之地。其南北长145公里，东西最宽106公里，面积10246平方公里。辖兴平市一市，秦都、渭城两个区，武功、泾阳、三原、礼泉、乾县、永寿、彬县、长武、旬邑、淳化十个县，共有人口500万。

（二）交通状况

1. 公路

全市境内公路总里程4297.399公里，公路密度为42.1公里/百平方公里，按养管单位分：陕西省高速集团养管公路里程129.74公里（不包括绕城高速及机场中线），咸阳公路管理局养管的国省道里程为780.73公里（国道423.663公里，省道486.807公里）；市地道处养管的农村公路3386.929公里。全市拥有农村公路3386.929公里，其中县道1590.999公里，乡道1662.57公里，专用公路133.36公里。全市13个县区市中有12个实现了用二级以上公路相连接，173个乡镇全部实现了柏油路化，3776个行政村全部通上了公路。

2. 民航

西安咸阳国际机场是中国重要的国内干线机场，也是国际定期航班机场和区域性中心机场。目前，该机场与国内外26家航空公司建立了业务往来，国内通航城市68个，国际通航城市11个，并有通往中国香港、澳门的地区航线以及通往日本、韩国、泰国等国的国际航线和新加坡、阿塞拜疆的包机航线。2013年机场旅客吞吐量达2604.5万人次，货邮吞吐量达17.89万吨。

（三）历史文化

咸阳是中国著名的古都，至今已有两千多年历史，素以"秦都"、"帝陵"闻名于世。咸阳地处渭河、泾河流域，这里是中华民族的发祥地之一。农业始祖后稷，就曾在此教民稼穑，"务耕农种、行地宜"，至今武功县仍有"教稼台"遗址。

自秦孝公（公元前350年）迁都于此，咸阳因"地处九峻山之南、渭水之北，山水俱阳"而得名。中间经五代秦王，至公元前221年秦始皇统一中国后至秦灭亡，咸阳作为战国秦和秦王朝的都城达144年。当时其管辖范围非常广大，几乎囊括今日的整个关中乃至陇东等地。

封建制度确立后，咸阳一度是全国政治、经济、文化的中心，秦始皇以咸阳为中心，修筑了通往全国各地的道路网——直道和驰道，同时统一了文字、度量衡、车轨,推动了中国社会的进步。从西汉、新莽、西晋、前赵、前秦、后秦、西魏、北周到隋、唐,咸阳一直为长安门户、京畿要地,为丝绸之路西行第一站。到明清时期,这里都是西北地区重要的商品集散地之一。

(四)资源概况

1. 名胜古迹

全市文物景点 5000 多处,国家级文物 12 处,省级 73 处。乾陵举世闻名,是中国历史上第一座夫妇皇帝唐高宗李治和女皇武则天的合葬墓。昭陵(唐太宗墓)、茂陵(汉武帝墓)、阳陵(汉景帝墓)等 27 座帝王陵墓和 256 座陪葬墓,形成绵延百里、蔚为壮观的帝王陵墓群。还有郑国渠渠首遗址、彬县大佛寺、唐昭仁寺大殿、杨贵妃墓等。咸阳市是全国历史文化名城。

2. 能源禀赋

咸阳有煤炭、石灰石、铁矿石、大理石、油页岩、石油等多种矿产资源。咸阳是陕西第二大煤田所在地,煤炭储量达 100 亿吨以上,已成为国内外煤电开发者蜂拥而至的一个热点地区。咸阳中部地带石灰石储量达 400 亿吨,是发展水泥产业的优质原料。南部地热储量 300 亿吨,分布面积达 800 平方公里。

总之,随着第四个国家级新区——西咸新区的战略规划出台,西安—咸阳国际化大都市一体化战略体系正在成为西部大开发、大发展的新的战略支点。其中,西咸新区 73% 的面积都在咸阳境内,其未来的发展不可限量。

三　铜川市

(一)城市简介

铜川位于陕西省中部,是关中经济带的重要组成部分,介于东经 108°34′—109°29′、北纬 34°50′—35°34′之间,是陕西省省辖市。

铜川于 1958 年建市,经过 40 多年特别是改革开放以来的快速发展,已经成为一个工业门类比较齐全、农业基础条件优越、城市基础设施功能完善、经济实力日益增强,各项社会事业全面进步的综合性工业城市。

铜川位于陕西省会西安的北部,是通往人文初祖黄帝陵及革命圣地延安的必经之地,距西安市区 68 公里、距西安咸阳国际机场 72 公里。

（二）交通状况

铜川市公路现有：铜黄高速公路（包茂高速）、210 国道和 305 省道，经过多年的建设发展，现已形成一定的格局。就国省道网来说，铜黄高速公路和 210 国道纵贯陕西南北，也是铜川市的交通脊梁，是关中通往陕北、内蒙古、宁夏等省区的最重要通道；305 省道是陕西省公路的重要路段，横穿铜川市。上述通道构成铜川市干线公路网的"十"字主骨架，在主骨架上分布着铜川市绝大部分生产力，是铜川市经济、文化最发达的地区。根据社会、经济、政治、军事及路网布局等方面发展需要，全市公路网可概括为"四纵四横一环线"，同时，在路网中间还有数条"连接线"。

"一纵"指店头（黄陵）—腰坪（黄陵）—财神梁（黄宜界）—太安镇—崂岘—背塔—石柱—耀州；"二纵"指铜黄高速公路；"三纵"指 210 国道；"四纵"指黄陵县城—五交地（黄宜界）—五里镇—棋盘镇—云梦乡—周陵—尖山—半坡（富铜界）；"一横"指范家塬（黄陵）—白沟（黄宜界）—五里镇—榆舍—八里店—太安镇—玉华宫—画眉梁；"二横"指雁门山—雷塬镇—棋盘镇—哭泉—金锁关—崂岘—画眉梁；"三横"指孙家河（白水铜川界）—红土—铜川老城区—川口—王家河—石柱—庙咀—照金—湾里；"四横"指耀州—铜川新区—坡头镇—小丘镇—照金镇—暗门（耀旬界）；"一环线"指铜川新区—关庄镇—柳林镇—瑶曲镇—背塔—金锁关—云梦乡—肖家堡—红土镇—尖山—孙塬镇—铜川新区。"连接线"指五里镇—雷塬；崂岘—崔家沟—瑶曲；背塔—王家河；中原—太阳庙（耀淳界）；坡头—马额（耀三界）；川口—陈炉镇—尖山。

（三）历史文化

铜川市文物古迹及旅游资源丰富，现有历史文化遗迹和名胜古迹 600 余处，其中市级以上的名胜古迹 28 处。

著名的"两址两山"即玉华宫遗址、耀州窑遗址和香山、药王山已成为陕西北线旅游的重要组成部分。玉华山中的玉华宫遗址是唐高祖李渊和唐太宗李世民的行宫及高僧玄奘译经、圆寂之处。号称"十里窑场"的耀州窑遗址，是迄今中国发现的保存最为完好的一座集唐、五代、宋、金、元各个时期窑炉之精华于一地的古遗址，堪称当代中国最大的地下陶瓷博物馆。它兴于唐，盛于宋，曾与汝、定、官、钧、哥并称中国六大窑系。香山曾与普陀、五台、九华、峨眉五大佛教名山并称天下，寺院始于符秦，盛于姚秦，曾迎龟兹高僧鸠摩罗什译梵经于此。药王山因唐代医学家孙思邈被御封"药王"而名传天下。山上庙宇宏伟，古柏参天，碑石林立，风景幽雅秀丽。郊区北部的金锁关，"三山天作堑，两峡石为关"，为历代兵家必争之地。另外，还有烈女孟姜女的遗迹姜女祠、柳范书画的墨宝和照金薛家寨的奇峰等等。铜川人杰地灵，有西晋著名哲学家傅玄、唐代大书法家柳公权、史学家令狐德棻和北宋著名画家范宽等古代先贤。

耀县照金地区当时是陕甘边照金革命根据地的中心，刘志丹、谢子长、贺龙等老一辈无产阶级革命家都先后在这里从事过革命活动。

铜川现有涉外旅游宾馆（饭店）4 所。专项旅游线路有"耀瓷文化游"、"医药保健游"、"佛教寻踪游"、"休闲避暑游"、"孟姜女传说系列游"和"柳范书画游"，每年都吸引着众多的国内外游客观光旅游。

（四）资源概况

铜川市土地资源比较丰富，有利于农、林、牧综合发展。现拥有林地面积 244.45 万亩，牧草地 152.07 万亩。铜川已查明矿产 9 种，其中非金属矿产资源 5 种、金属矿产 2 种、能源矿产 2 种。煤炭储量 30 多亿吨，油页岩储量 5 亿多吨。

铜川属暖温带大陆性气候，境内现有野生动物 68 种（其中被列为国家二类保护动物有金钱豹、麝和水獭 3 种），有野生种子植物 645 种。

铜川拥有以煤炭、建材、陶瓷、铝冶炼、纺织、机电、医药、食品、化工等为骨干的 30 多个工业门类。全市年产原煤 1100 万吨，占陕西全省原煤总产量的 30%。

铜川是本区域对接关中—天水经济区的重要纽带城市。作为关中—天水经济区次核心城市，铜川正在积极融入西安大都市圈，主动接受西安的辐射带动，以经济转型为统领，以项目建设为抓手，以城乡一体化发展为目标，以培育煤电、铝业、水泥、新兴产业四个百亿元产业集群为重点，努力使之成为西北建材能源之都、渭北果业之央。

四　汉中市

（一）城市简介

汉中市，简称"汉"，古称南郑、梁州、兴元，是华夏九州之一，又是汉江之源，享有"汉家发祥地，中华聚宝盆"之美誉。它位于陕西省西南部，汉江上游，北倚秦岭、南屏大巴山，地势南北高，中间低，中部是汉中盆地。辖汉台区和镇巴、留坝、勉县、西乡、南郑、城固、宁强、洋县、佛坪、略阳 10 个县，总面积 27246 平方公里，人口 380 万。汉中是国家历史文化名城、中国优秀旅游城市、国家生态示范区建设试点地区、全国双拥模范城。

（二）交通概况

境内交通方便，有宝成、襄渝、阳安三条铁路过境；公路四通八达，连接陕、甘、川、鄂的 108 国道、316 国道、210 国道过境段的拓宽改造已经完成，已形成连接各区县的公路运输网络。成（都）勉（县）高速公路的建设与开通将为汉中市的经济发展带来新的机遇。城乡公路迅速发展，村村通汽车。新建汉中火车站第二货场已经竣工。另外还有飞往西安等地的民航班机。

（三）历史文化

汉中市历史悠久。汉中古称梁州，为九州之一。自公元前 312 年秦惠文王首置汉中郡，为秦 36 郡之一，迄今已有 2300 多年的历史。公元前 206 年，汉王刘邦以汉中为根据地，筑坛拜韩信为大将，明修栈道，暗度陈仓，逐鹿中原，统一天下，成就了汉室天下 400 多年，自此，汉朝、汉人、汉族、汉语、汉文化等称谓就一脉相承至今。三国时期，汉中是魏蜀两国兵戎相见的主战场，老将黄忠在汉中定军山下刀劈夏侯渊、骁将赵云汉水之滨大败曹军、刘备自立为汉中王；一代名相诸葛亮在汉中屯兵 8 年，度过了他一生中最为呕心沥血的岁月，六出祁山，北伐曹魏，鞠躬尽瘁，最终归葬定军山下。此外这里还是丝绸之路开拓者张骞的故里、四大发明造纸术发明家蔡伦的封地和葬地、三国大将魏延葬地。韩信、诸葛亮、曹操等帝王将相曾在这里建功立业，李白、杜甫、陆游、苏轼等伟大诗人曾探访或生活在这片土地上，并留下了瑰丽的墨迹诗章。

（四）资源禀赋

1. 矿藏资源

汉中已探明矿藏 59 种，矿点 786 处，主要金属矿有铁、锰、铅、锌、金、镍、铜等；非金属矿有磷、石棉、石膏、石灰石、大理石、膨润土等。宁强、略阳、勉县金三角，被列为全国黄金生产基地之一。铁、镍、磷、石膏、石英石、石灰石储量居全省之首，石棉储量居全国前列。

2. 旅游资源

汉中比较著名的景点有古汉台、拜将坛、张良庙、武侯祠、武侯墓、张骞墓、蔡伦墓、古褒斜栈道、汉魏十三品、灵崖寺石碑等摩崖石刻。1993 年汉中被国务院批准为历史文化名城。汉中历史、文物沉积很厚，自然景观独具魅力。当地政府积极挖掘和宣传以"两汉"、"三国"为主的名胜古迹，开发南湖、东湖（饮马池）、南沙河、定军山等自然风景名胜区，以吸引国内外游客。

汉中是本区域重要的城市。其经济很有特色，生态和宜居优势相对突出。在国务院印发的《关于丹江口库区及上游地区经济社会发展规划的批复》中，提出汉中市不仅要建成重要的装备制造业基地、循环经济产业集聚区和重要的物流中心，还要建成生态宜居城市。

五 榆林市

（一）城市简介

榆林地处陕西省最北部，在地理上，位于黄土高原北端，毛乌素沙漠南部边缘，黄河以东。面积 43578 平方公里。辖 1 区 11 县，分别为榆阳区、神木县、府谷县、横山县、靖边县、定边县、绥德县、米脂县、佳县、子洲县、吴堡县、清涧县，共有人口 320 万。

（二）交通情况

榆林市境内有 2 条国道（210 国道、307 国道），还有榆府（谷）公路、榆佳（县）公路、榆靖（边）公路等 7 条省道，北通内蒙，西达宁夏，越过黄河即可到达山西境内。神延铁路和神骅铁路的建成通车为榆林的经济发展带来很大的推动作用。

（三）历史文化

榆林雅号驼城，地处陕甘宁蒙晋五省（区）交界接壤地带，依大漠，踞高原，北瞰河套，南蔽三秦，自古就是兵家必争之地。优越的地理位置和丰富的自然景观，使榆林成为多种文化的交汇地带，并衍生出一种独特的人文现象，堪称中国文化名城中的一朵奇葩。

据史料载，榆林商时为鬼方，西周为猃狁所据。战国初属魏地，置上郡。归秦后，设上郡制所肤施县于榆林城南米家园子沙滩山。汉因秦制，仍置上郡，并设龟兹属国城于榆林城北古城滩。明洪武二年建榆林寨，成化七年升为榆林卫，筑卫城。成化九年，延绥镇由绥德迁于榆林，成为九边重镇之一，直至清代。此地先后有商武丁、秦始皇、汉武帝、明武宗正德皇帝、清圣祖康熙皇帝等亲临征战，其中明武宗正德皇帝在榆居住达 3个月之久。榆林古城悠久的历史，留下了一处处文明的遗迹，也积淀了邑境深厚的民族争战文化、军事戍边文化和蒙汉民族相融互通的边商文化。

"南塔北台中古城，六楼骑街天下名"，这是对榆林城区传统建筑布局的形象描述。其街道两侧明清四合院是古城的重要组成部分，是最能代表榆林民俗文化和反映塞上古老文化生活的历史产物。榆林之所以被誉为"小北京"，与这些星罗棋布、鳞次栉比的四合院密不可分，它们是"主角"，是这座古城的"魂"。当你走在长街短巷、高墙低檐的四合院中，看着宽阔的庭院、逼真的石鼓石狮、雕花的抱柱和典雅的屋檐，内心会被深深地陶醉。另外，这里还散落着大量独具特色的古代建筑，如保存完好的古城、戴兴寺、香炉寺等，它们古色古香，让人久久不能忘返。

榆林是革命老区，大革命时期建立了陕西第一个中共党组织；1927年10月，清涧起义打响了西北武装革命第一枪；1928年4月，陕北第一次党代会在子洲南丰寨召开；解放战争时期，毛主席转战陕北，曾历时1年零6天在榆林的8县34个村战斗生活过……榆林作为陕北革命的发源地，为中国革命做出了巨大贡献，在中国革命史上享有特殊的地位。

（四）资源禀赋

1. 能源资源

矿藏主要包括煤炭、天然气、石油、岩盐、高岭土、铝土、石灰岩、石英砂等。全区自然资源十分丰富，已探明的8大类48种矿产资源潜在价值6万亿元以上。特别是煤炭、天然气、石油、岩盐储量大，质量好，开发前景远大。

榆林是世界七大煤田之一。天然气预测储量5万亿立方米，探明储量5000亿立方米，是目前中国陆上最大的整装气田。石油预测储量5—6亿吨，探明1.9亿吨。截至目前，国家和地方已投入资金200亿元，能源重化工基地已具雏形。全市有企业7000多家，大中型企业15个，重点为纺织、煤炭、石化、轻工、电力、化工等。

2. 旅游资源

榆林人杰地灵，文物古迹和自然景观居多，属旅游宝地。历史上出现有秦始皇长子扶苏、秦大将蒙恬和汉朝名将李广，大夏王赫连勃勃曾在此兴国建都，此外，还出现过杨家将父子杨继业、杨延昭，抗金名将韩世忠，农民起义领袖李自成等著名人物。红石峡是陕西最大的摩崖石刻群。名胜古迹还有镇北台、青云寺、易马城、星明楼、沙地植物园、统万城、红碱淖、二郎山，七星庙、古长城、白云山庙群、李自成行宫、万佛洞等。

榆林是新崛起的资源型城市，近年来颇受舆论关注。同时，榆林的基本定位是呼包银榆经济区中的"国家重要的能源、煤化工基地"，与庆阳的同质化竞争性很强。对此，如何实现经济联动、错位发展，是未来区域合作中的重要课题。

六　延安市

（一）城市简介

延安位于陕北南半部。"延安"以境内延水及安宁之意得名。从1937年1月至1947年3月，这里曾是中共中央所在地。1996年底国家撤销延安地区，设立地级延安市。延安面积36712平方公里。辖1区12县，即宝塔区和吴旗县、志丹县、安塞县、子长县、延川县、延长县、宜川县、甘泉县、富县、黄龙县、洛川县、黄陵县，有人口206万。

延安是中华民族重要的发祥地，相传人类始祖黄帝曾居住在这一带，"三黄一圣"（黄帝陵庙、黄河壶口瀑布、黄土风情文化、革命圣地）享誉中外。延安更是中国革命圣地，毛主席等老一辈革命家在这里生活战斗了13个春秋，领导了抗日战争和解放战争，培育了著名的延安精神。延安是全国爱国主义、革命传统和延安精神三大教育基地，是"双拥运动"的发祥地，曾被民政部、解放军总政治部命名为全国"双拥"模范城市。延安是中国优秀旅游城市之一，有着"中国革命博物馆城"的美誉。2011年，延安全年经济总量达到1113.35亿元，位列陕西省第五位。

（二）交通状况

1. 航空

延安机场始建于1936年1月，由原国民党东北军张学良、17路军杨虎城所部修建，西安事变后被红军接管。延安机场是中国共产党整修和使用管理的第一个红色机场。1958年10月1日，中国民用航空延安航空站在原东关机场成立并正式开通延安—西安航班，延安机场是陕西省内继西安之后第二个建站并开通民用航班的机场。

2009年，国务院、中央军委批复迁建工程立项，8月28日机场迁建工程试验段开工建设。新机场按照军用二级、民航4C级标准建设，修建一条长2800米、宽45米的跑道以及相关设施，以满足波音737、空中客车A320系列飞机全载使用要求。

延安机场现已开通延安至北京、广州、上海等地的航线，使延安机场成为西北地区唯一与三大枢纽机场通航的支线机场。

2. 铁路

延安火车站始建于 1992 年，是包西铁路上的重要车站之一，也是由西安铁路局管辖的二等车站。延安站现已有发往西安、神木、宝鸡、榆林、太原、石家庄、上海、天津、北京、齐齐哈尔、成都等方向的近 30 趟列车。2012 年，延安至西安北动车开通，成为陕北地区首列动车组列车，延安至西安动车只需 2 小时 15 分即可到达。

延安北站隶属于西安铁路局，原有既有线 9 股道，机务段 1 处，货物线 2 条，粮库专用线、卸油线、延长油库专用线、长庆油田专用线、救援列车停留线各 1 条。目前正在随包西铁路建设进行站改工程，正线增建二线，站线股道有效长度由 850 米延长至 1050 米，换装信号联锁设备。

3. 公路

延安公路交通十分便利，市区内有延安汽车站、延安汽车南站两个客运车站。可以到达延安各县以及西安、榆林、平凉、临汾、兰州、吴忠、西峰、石家庄、洛阳、乌海、北京、银川、太原、包头等地。包茂高速北通榆林、包头，南至铜川、西安；青兰高速公路东起宜川、经黄龙、洛川、富县，至雷家角，进入甘肃境内；青银高速公路东起吴堡、经绥德、子洲、靖边、至定边，进入宁夏境内；延吴高速公路（延安至志丹至吴起、延安至延川至延水关高速公路）正在修建；延安市内有 210 国道通过，北可以到榆林，南可以至西安，十分方便。

（三）历史文化

考古发现，距今 3 万年左右，延安已有晚期智人"黄龙人"生息。约在公元前 13 世纪，延安属独立的方国鬼方之域。商王武丁曾发动大规模的讨伐鬼方的战争。《周易·既济》载："高宗伐鬼方，三年克之。"这是迄今所知延安有文字可考的最早的文字记载。

1926 年初，李象九、谢子长等创建中共宜川驻军第一、第二特别支部；同年春夏，陕西省立第四中学建立中共延安特别支部。20 世纪 30 年代，刘志丹、谢子长等在延安境内开展武装斗争。1935 年 10 月，中共中央长征到达吴起镇。1937 年 9 月，陕甘宁边区成立，10 月，成立延安市政府，直隶于边区政府。1942 年始置吴旗县，属三边分区。同年 11 月，设延属分区，1 月成立行政督察专员公署，辖延安市及延安、富县、甘泉、志丹、安塞、子长、延川、延长、固临 10 县（市）。1948 年 1 月，陕甘宁边区设黄龙分区，辖洛川、黄陵、宜君、宜川、黄龙等 10 县；次年 2 月，增辖富县。1949 年 5 月，撤延属分区，设陕北行政区，卫北行政公署驻延安，辖榆林、三边、绥德、黄龙 4 个分区及延安、延长、延川、子长、安塞、志丹、甘泉 7 个直属县。

延安以"两圣两黄"（中国革命圣地、中华民族圣地、黄河壶口瀑布、黄土风情文化）为主体的历史遗迹多处，古遗址千处，数量居全国各地市前列。在延安的革命旧址有 150 余处，被列入国家重点保护的有凤凰山、杨家岭、枣园、王家坪及南泥湾等旧址 16 处。

（四）资源禀赋

1. 能源资源

延安能源资源储量丰富，主要有煤炭、石油，天然气等。已探明石油储量 4.3 亿吨，储油面积 1325.5 平方公里；天然气储量 33 亿立方米；煤炭储量 71 亿吨；紫砂陶土储量 5000 多万吨，主要分布在宝塔区、甘泉县、富县一带。

2. 旅游资源

近年来，延安着力建设中国红色旅游首选地、全球炎黄子孙朝圣地、黄河自然遗产观光地、黄土风情文化开发传播地等特色旅游项目，深入挖掘旅游文化内涵，全面加强旅游景区开发和配套设施建设，加大旅游宣传促销力度，旅游产业规模和效益不断提升：2012 年，共接待中外游客 2190 万人次，实现旅游综合收入 118 亿元。

延安在本区域中具有突出的文化和政治意义，发展速度快，综合实力较强。未来在区域整合、协同中能发挥更大的作用。

七 宝鸡市

（一）城市简介

宝鸡位于"八百里秦川"西部，是关中西端的门户。宝鸡古称陈仓，以境内陈仓山得名，唐至德二年，以陈仓山（今鸡峰山）石鸡啼鸣之瑞更名宝鸡。该市东西长 156.6 公里，南北宽 160.6 公里。面积 18172 平方公里。辖金台、渭滨两个区和宝鸡、凤翔、岐山、扶风、眉县、陇县、千阳、凤县、太白、麟游 10 个县，共有人口 367 万。

（二）交通状况

宝鸡地处陕、甘、川、宁四省交界，是陕甘川毗邻地区区域性物资流、资金流、信息流的中心城市，是陇海铁路、宝成铁路和中卫铁路的交汇地，是欧亚大陆桥上第四大铁路枢纽。宝鸡公路交通发达，川陕路、310国道、宝平路、西宝高速、宝天高速以及多条支干线公路网连接东西南北，"三纵五横"公路网基本形成。宝平高速、合凤高速宝鸡段、宝汉高速以及西宝高速改扩建等重大项目的实施，将使干支结合、布局合理、安全顺畅的公路网进一步完善。西宝客运专线、宝兰客运专线和宝鸡铁路枢纽工程的开工建设，将使宝鸡的客货运能力得到极大提升。宝鸡强有力的区位优势必将为能源化工产业迅速发展提供支撑。

（三）历史文化

远古时期，宝鸡地区就已经有人类活动，比之闻名遐迩的西安半坡人遗址还要早。明《一统志》记："宝鸡县南七里，有姜氏城，南有姜水，炎帝长于姜水即此"，这表明炎帝是发祥于渭水中游、姜水流域一支较大的氏族部落。后来，姜姓部落在宝鸡地区慢慢地发展壮大起来，并开始向黄河流域下游发展，其后与轩辕黄帝部落会合联盟，逐渐形成了中华民族的主体。

今天宝鸡的岐山、扶风一代就是西周先祖有邰部落的活动地区。他们也是炎帝与轩辕帝联合部落的一个分支。后来有邰部落为了躲避戎狄的侵扰，翻越梁山，躲至周原，修宫筑墙，建都岐邑。

（四）资源禀赋

宝鸡煤炭资源丰富，主要分布在麟游北部及千阳、陇县地区。已获国家发改委批复的麟游区，位于永陇矿区东部，矿区东西长68公里，南北宽30公里，面积约2000平方公里。麟游区总体规划修编后，规划五处井田，三处勘查区，矿井生产能力合计为2080万吨/年，宝鸡在本区域中工业基础相对较好，同时也是关中城市群中的重要城市。

八　庆阳市

（一）城市简介

庆阳位于甘肃省东部、鄂尔多斯盆地西南，素称"陇东"。南部和平凉相邻，东部与陕西毗邻，西部、北部与宁夏接壤。全市辖7县1区，总面积2.7万平方公里，总人口260.04万。庆阳地域辽阔，历史悠久，文化厚重，具有丰富的石油、煤炭、天然气等资源，红色旅游资源特色鲜明。随着庆阳石油、煤炭、天然气、煤层气等资源储量的探明，庆阳被甘肃省委、省政府确定为大型能源化工基地和全省新的经济增长极，庆阳被称为"能源新界"。

（二）交通状况

建于 1977 年的庆阳机场经过大规模整修后在 2005 年恢复通航，能够起降各类中型以下的支线飞机；为适应庆阳经济快速发展需要，2011 年 3 月庆阳机场开始 4C 级扩建改造；2012 年 11 月 21 日，又重新复航，现开通有西安、兰州、北京航线。

公路方面，国道 211、省道 202 两条主干线纵贯南北，国道 309、省道 303 线横穿东西，构成"两纵两横"公路主骨架。西峰经长庆桥至凤翔路口高速公路已竣工通车，雷家角（陕甘界）至西峰高速公路已于2012 年 10 月份建成通车，它是青兰高速的组成路段，已把甘肃省的陇东和陕西延安市连成一体。至此，西峰—西安实现了全程高速，行车路程缩短至 3 小时左右，距兰州 6 小时左右。

西平铁路是西安至平凉铁路的简称，全长 263.1 公里，是国家"十一五"期间重点建设的项目。西平铁路为国家一级电气化单线铁路，设计时速 120 公里，已于 2013 年通车。在庆阳宁县长庆桥工业区设站。银川至西安铁路全长 626.6 公里，总投资估算 570 亿元，线路设计自银川站引出，经灵武、吴忠、太阳山、甜水堡进入庆阳境内，经环县、庆城、庆阳市区、和盛与西平铁路相伴而行，进入陕西后在乾县与西平铁路合并设站，客车由茂陵站进入西安枢纽，货车外绕西安市区新建线路至新丰编组站。其中庆阳境内正线长度 259 公里，投资估算 270 亿元，纵贯庆阳南北，沿线辐射 5 县（区）及甜水堡、沙井子、合水、宁正、罗川等大型煤炭矿区，该项目的实施将从根本上改善庆阳交通落后状况，对推动庆阳煤炭资源开发和大型能源化工基地建设具有十分重要的支撑保障作用。线路建成使用后，将进一步缩短庆阳与银川、西安、成都、重庆等中心城市的距离，开辟银川、蒙西地区前往西南、华中、华南的快速运输通道，对加快宁夏、甘肃、陕西三省发展具有十分重要的意义。

（三）历史文化

庆阳各个历史时期的文化遗存十分丰富。发掘于庆阳县三十里铺侏罗纪晚期岩层中的环江翼龙化石、合水板桥第四纪早期的黄河古象化石，使世界为之瞩目。

中国出土最早的第一块旧石器，就发掘于庆阳华池县的赵家岔。迄今为止，区内已发现仰韶、齐家等古文化遗址几百处。秦长城、秦直道各跨越境内200多公里。北魏永平二年的北石窟寺，规模宏大，造型精美，是全国石窟艺术中的珍品。庆阳还是轩辕黄帝活动过的区域，为中华民族的发祥地之一。周先祖曾在此兴业，开辟了农耕文化的历史先河。

庆阳又是我国西北最早创建的一块革命根据地。1934年刘志丹、习仲勋等在华池南梁创建了陕甘边苏维埃政府。

（四）资源禀赋

1. 能源资源

庆阳已探明油气总储量40亿吨，占鄂尔多斯盆地总资源量的41%。天然气（主要为煤层气）预测资源量达1.36万亿立方米，占鄂尔多斯盆地中生界煤层气总资源量的30%；石油总资源量32.74亿吨，占鄂尔多盆地总资源量的33%。石油三级储量16.2亿吨，探明地质储量5.16亿吨，2001年新探明的西峰油田，三级储量达4.25亿吨，是国内近10年来发现的最大陆上油田之一。

2. 旅游资源

庆阳是"人文始祖"轩辕黄帝的活动区域，也是周人的发祥地。区内的历史遗存十分丰富。举世瞩目的黄河古象化石、环江翼龙化石和中国出土最早的打制石器就在这里。周祖陵殿、公刘殿、秦直道、秦长城、北石窟寺、古墓葬、古城堡、烽燧、陕甘宁边区政府旧址、抗大七分校、南梁苏维埃政府旧址等文化遗产，是前辈遗留下来的重要的人文旅游资源。被专家称之为"华夏文化的缩影，民族文化的结晶，起源最早的造型艺术"的农耕文化、民俗文化、黄土文化遗产，是祖先遗留下来的另一种重要的旅游资源。

与上述其他城市相比，庆阳有优势，也有劣势。然而，建设国家能源化工基地、打造区域中心城市，是国家对庆阳的期待，是庆阳人的雄心壮志，同时也是庆阳面临的重大发展机遇。

第五章

庆阳城市竞争力的数量分析

城市竞争力的衡量是一项艰难的任务。本章在借鉴国内外同类研究的基础之上,结合庆阳经济和社会发展的实际情况,通过比较分析,利用发展经济学理论、国民经济统计学理论设计出了综合经济实力评价指标体系,利用权数理论、层次分析法等理论及方法建立了综合评价指数。

第一节 城市竞争力研究方法

本章采用比较分析与归纳分析相结合、理论分析与实证分析相结合、常规研究与创新研究相结合的研究方法对庆阳城市竞争力进行深入的数量分析与评述。评价指标理论及权数理论具有很长的发展历史,已经有很多前人对该问题进行了探讨,我们是在前人研究的基础上,在归纳、总结、分析前人成果的前提下,利用比较分析的方法,找出其共性和个性。此外,我们利用发展经济学理论、国民经济统计学理论、指标理论来指导综合经济实力评价指标体系的建立;利用权数理论、层次分析法等理论及方法建立综合评价指数。在建立蒙陕甘宁能源金三角地区(该区域也基本覆盖了陕甘宁革命老区,本研究也统称为蒙陕甘宁经济区)综合经济实力评价指标体系和综合指数后,将理论研究应用到实证分析上,利用各地统计局公布的数据进行实证分析,将该指标体系应用到本地区综合经济实力的评价中,得到该地区的综合经济实力排序。

为了更好地对评价指标体系的效果进行测评,我们选择的是城市间横向综合比较评价。另外考虑到统计资料的缺乏且收集困难,我们选择一种较为简便易行又切合实际的综合评价方法——标准化评分法作为城市综合环境的评价方法。其操作方法步骤如下:

一　收集评价指标的准确数据

根据城市综合环境评价指标体系，把纳入评价范围的城市所涉及的所有指标收集整理出来。由于设计指标体系时考虑了可操作性，这些指标大部分可从统计部门现有的统计资料中收集，一些统计部门没有的指标资料可以从其他部门收集。如社会保障方面的资料可从劳动部门收集，人口素质方面的资料可以从教育部门获得。收集资料一要准确可靠，二要注意统计期的一致性，据此得出的评价结果才具有实际价值。

二　数据标准化

由于指标体系中的各个指标统计单位不一样，这样直接进行评价就没有可比性，因此需要把统计到的各类计量单位的不相同的指标，运用一定的计算公式转化为可直接进行运算和比较的标准化指标值，这个过程就称为数据标准化。一般采用以下公式进行计算：

$$ZX = \frac{X - \bar{X}}{SD} \qquad\qquad 5-1$$

ZX ——标准指标值；X ——评价对象城市的原始指标值；
SD ——标准差（方差）；$\bar{X}$ ——同一类原始指标的平均值

考虑到上述计算可能出现的负数（如 $X < \bar{X}$），不符合人们的心理习惯，不便于比较也不易理解，在上述标准指标基础上进一步计算，变为：

$$TX = 50 \pm 10 \times ZX \qquad\qquad 5-2$$

当 X 为正指标时取正，当 X 为逆指标时取负。使数值在 0—100 间变化，且不论 X 为正指标还是逆指标，TX 的计量分值越高表明其表征的目标发展水平越高，反之越低。

三　合理确定指标权重

权重是表示指标对评价目标重要程度的系数，一般采用实际经验与专家意见相结合的方法获得。按照城市综合竞争力评价体系的层次划分，分作 5 个主题，分别是：基础性的综合经济实力；营造竞争优势条件的城市综合服务能力；城市开放度；基础设施竞争力；保障城市竞争力可持续发展的城市创新研发能力，由 17 个指标构成。每一个主题层下的指标权重之和为 1。除了总体目标层权重为 1 之外，其余各层次的具体权重确定需要通过建立判断矩阵，经过反复计算比较才能得出。

四 计算综合分值

1. 求出各个主题层标准化评分值

计算综合分值的基本思路是：将各主题层下每一指标的标准化分值乘以相应的权重相加后即可得出该主题层标准评分值，计算公式为：

$$Y = TX_i \times W_i \qquad (i = 1, 2, \cdots n) \qquad \qquad 5-3$$

Y ——标准评分位；TX_i ——指标标准化值；Wi ——指标权重；n ——各主题层指标个数。

2. 计算各子系统标准化评分值

通过上述办法求出各个主题层标准化评分值之后，再将各个子系统内的主题层的标准化评分值乘以其在子系统内的权重，就可得出每个子系统的评分值，计算公式同 5-3 式，计算时 5-3 式中 TX_i 为各个主题层的标准化评分值，Wi 由前面计算得出；取各主题层在其隶属的各子系统内的权重。

3. 计算总目标综合评价值

将各个子系统得出的标准化评分值乘以各自的权重，即可得出城市综合竞争力的最终综合评价值。计算公式同样是 5-3 式，计算时 5-3 的 TX_i 为各个子系统的标准化评分值，由前面计算得出，Wi 为各个子系统的权重。

五 权重的确定

（一）确定权重的方法

权重是表示指标重要程度的系数。确定权重常用的方法有层次分析法、主观赋权法、客观赋权法等等。层次分析法是运用美国著名运筹学家塞迪给出的 1—9 标度法，根据各测评指标的相对重要性来确定权重。层次分析法可以通过测评指标两两比较，使复杂的无序的定性问题能够进行量化处理。

层次分析法确定权重具有如下特点：

第一，方法简便，容易理解，便于掌握。不需要高深的数学知识和繁杂的推导，计算简单、便于操作；

第二，有条理、逻辑性强。通过构造递阶层次结构，使问题本身及分析过程层次分明、条理清楚；

第三，可信度强。层次分析法确定权重，避免了主观臆断，得出的结论更易被人接受，进一步提高了可信度。

基于上述考虑，本章所有的评价指标体系的权重都采用层次分析法确定。

（二）层次分析法的基本原理及操作方法

复杂的决策问题往往涉及许多因素，如社会、政治、经济、科技乃至自然环境等，因此要认识一个复杂的系统就比较困难。层次分析法正是处理此类问题的有效方法。它首先提出了递阶层次结构理论，然后给这种递阶层次结构作定量描述，通过排序理论得出满足系统总目标要求的各个方案（或措施）的优先次序。因此，层次分析法的基本原理可归纳为层次的数学原理——特征分析法、向里方法、递阶层次结构原理、两两比较标度与判断原理。

层次分析法确定权重的基本步骤如下：

第一，建立树状层次结构模型。在本书的研究中，该模型是各个评价指标体系。

第二，确立定量化的标度。在两个因素互相比较时，需要有定量的标度，以确定每一个指标的重要程度。标度方法一般采用重要程度 1—9 标度表，其含义如表 5 - 1 所示。

表 5 - 1　　　　　　　　　　**指标重要程度 1—9 标度表**

相对重要程度	得分	说明
同等重要	1	两者对目标贡献相同
略为重要	3	·重要
基本重要	5	确认重要
确实重要	7	程度明显
绝对重要	9	程度非常明显
相邻两程度之中间	2、4、6、8	需要折中时使用

第三，构造判断矩阵。运用两两比较方法，对各相关元素进行两两比较评分，根据中间层的若干指标，可得到若干两两比较判断矩阵 B。

判断矩阵的构成是：先给出递阶层次中的某一层因素，比如第 i 层，以及相邻上一层（i—1）层次中的一个因素 AK，两两比较第 i 层的所有因亲对 AK 因素的影响程度，将比较的结果以数字的形式写入一个矩阵表，即构成判断矩阵。如，设 B_1，B_2，… B_n 为 i 层的因素，则有判断矩阵如表 5 - 2。其中，b_{ij} 表示对 AK 而言，Bi 对 Bj 相对重要性的数值表现形式。

表 5 - 2   判断矩阵

AK	B_1，B_2 … B_i … B_n
B_1	b_{11}，b_{12} … b_{1i} … b_{1n}
B_2	b_{21}，b_{22} … b_{2i} … b_{2n}
…	…
B_i	b_{i1}，b_{i2} … b_{ii} … b_{in}
…	…
B_n	b_{n1}，b_{n2} … b_{ni} … b_{nn}

任何一个递阶层次结构，均可以建立若干个判断矩阵，判断矩阵数目是该递阶层次结构图中，除最低一层以外的所有各层次的因素之和。对于两两比较的比率采用的标度是 1—9 标度法，即表 5 - 1 所示。该表反映了两个测评指标相对重要程度的得分，设测评指标 i 相对测评指标 j 的比较得分为 b_{ij}。则指标 j 相对 i 的比较得分为 $b_{ji} = 1/b_{ij}$。如一个测评指标 A 相对另一个测评指标 B 确实重要，则测评指标 A 相对测评指标 B 的比较得分为 7，测评指标 B 相对测评指标 A 的比较得分为 1/7。

第四，权重计算。建立判断矩阵之后，即对判断矩阵 B，计算满足 $BW = \lambda \max \overline{\omega}$ 的特征根与特征向量，式中 λmax 为 B 的最大特征根，$\overline{\omega}$ 为对应的正规化特征向量，$\overline{\omega}$ 的分量，即相应指标的单排序权重。为了便于计算，在没有显著性差异的情况下，我们可以用层次分析法近似求解的方法求得权重。实际运算可采用和积法或方根法，我们选取的是方根法，计算步骤如表 5 - 3。

表 5 - 3 层次分析法的权重运算

指标测评	相乘	乘方	权重
B1	$b_{11} \times b_{12} \times \cdots \times b_{1n}$	$\overline{W_1} = \sqrt[n]{b_{11} \times b_{12} \times \cdots \times b_{1n}}$	$W_1 = \dfrac{\overline{W_1}}{W_P}$
B2	$b_{21} \times b_{22} \times \cdots b_{2n}$	$\overline{W_2} = \sqrt[n]{b_{21} \times b_{22} \times \cdots \times b_{2n}}$	$W_2 = \dfrac{\overline{W_2}}{W_P}$
…	…	…	
Bn	$b_{n1} \times b_{n2} \times \cdots b_{nn}$	$\overline{W_n} = \sqrt[n]{b_{n1} \times b_{n1} \times \cdots \times b_{nn}}$	$W_n = \dfrac{\overline{W_n}}{W_P}$
合计		$W_P = \sum\limits_{i=1}^{n} \overline{W_i}$	$\sum\limits_{i=1}^{n} \overline{W_i} = 1$

第五，进行一致性检验。由于在对多个元素进行比较时，人们的判断难以保持完全一致性，因而需要进行一致性检验。为了检验判断矩阵一致性，需要计算其一致性指标 CI。CI 的计算公式为：

$$CI = (\lambda_{max} - n) / (n-1) \qquad\qquad 5-4$$

式中的 λ_{max} 为判断矩阵的最大特征根，计算公式为：

$$\lambda_{max} = \sum_{i=1}^{n} \frac{(BW)^i}{nW_i} i \qquad\qquad 5-5$$

通过计算一致性比例 CR 而进行检验，为此，将 CI 与平均随机一致性指标 RI 进行比较，CR 的计算公式为：

$$CR = CI/RI \qquad\qquad 5-6$$

RI 为平均随机一致性指标，由多次重复进行随机判断矩阵特征值的计算后取算术平均值而得。各阶 RI 值如表 5 - 4 所示。

表 5 - 4

阶数	1	2	3	4	5	6	7	8	9
RI	0.00	0.00	0.58	0.90	1.12	1.24	1.32	1.41	1.45

在这里，对于 1、2 阶判断矩阵，RI 只是形式上的，因为 1、2 阶判断矩阵总具有完全一致性，当阶数大于 2 时，判断矩阵的一致性指标 CI 与同阶平均随机一致性指标 RI 之比称为随机一致性比率，记为 CR。当

CR＜0.1 时可以判断矩阵具有满意的一致性，表明在构造比较判断矩阵时的思维是一致的，否则就需要对判断矩阵进行调整。

第二节　城市竞争力评价指标体系的构建

一　构建评价指标体系的逻辑框架和指标确定的原则

（一）构建城市竞争力评价体系的逻辑框架

城市竞争力是指在社会和经济结构、文化、制度政策等多个因素综合作用下创造和维持的，一个城市为其自身发展在一定区域内进行资源优化配置的能力，是城市经济、社会、科技、环境等综合发展能力的集中体现，表现在与区域内其他城市相比能够吸引更多的人流、物流和辐射更大的市场空间。城市竞争力涉及的内容十分广泛，各个城市都有自己的特色——即差异性竞争优势，这使得构建一个具有广泛普遍性和适应性的城市竞争力评价指标体系看上去更为困难。然而对城市竞争力进行深入地剖析后可以发现，城市竞争力比较研究应主要从集聚和扩散功能的比较上着手，综合竞争力实质上是指城市在一定区域范围内集聚资源，提供产品和服务的能力。这种能力的资料可以通过多种渠道和方式获取，但是对于具有城市个性化的竞争力，这些方面不便于从现行国民经济领域的统计资料中获取，因此不把这类指标纳入评价体系。根据上述分析，构建城市竞争力评价体系的逻辑框架式：

强大的综合经济实力支撑→营造城市综合服务能力和条件→吸引和聚集大量的人流、物流、资金流→增加城市的综合创新能力→提高城市经济效益→更进一步增强城市的综合服务能力。

通过这样一个良性循环系统，城市的综合竞争力就会不断得到提升，其竞争优势将更为持久和明显。由此我们可以构建城市竞争力评价指标体系。评价体系采用主题综合型方法确定为三个层次，即目标层、主题层和指标层。

（二）指标确定原则

第一，目的性。指标的选择要围绕反映城市竞争力这个核心，着重突出城市的聚集和辐射能力，指标要能够明确指向人流、物流、资金流、信息流的交换能力。诸如经济实力、城市基础设施、人力资源等指标都能够从不同侧面表现城市竞争力，但依照前面构建的逻辑框架，从集中体现城市集聚资源、提供产品和服务的综合能力这一目的出发，指标的设计要有别于城市的其他指标。

第二，便于获取。指标的选取要能够容易获取，虽然政府政策透明度、政策贯彻的有效性、城市居民的精神风貌、道德水平等指标对于衡量城市竞争力十分重要，但是难以获取，因此不得不放弃，而选取那些能从现行统计资料中获取的指标。

第三，可测性。指标要能在不同城市间进行比较分析才有意义，因此要尽量选取人均值、相对值作为构建评价体系的指标。

二　城市竞争力评价指标体系结构及指标选择

通过以上分析，普遍性的城市竞争力应该集中体现在以下五个方面。

（一）城市综合经济实力

经济是城市建设与发展的基础性条件，只有以强大的经济基础为后盾，才有足够的能力搞好城市的基础设施、社会事业、文化教育和科技的发展建设。这实际上反映的是城市参与竞争的经济实力，是城市竞争力的重要基础。经济综合实力主要体现在城市的经济总量、发展速度、人均水平、经济结构等方面。我们选取人均国内生产总值、国内生产总值增长速度、职工平均工资、第三产业产值占国内生产总值比重等指标，分别反映城市经济总量、发展速度和经济质量。之所以选取平均工资，是为了与人均国内生产总值指标相配套。人均国内生产总值仅衡量经济活动的直接成果，体现为可比较的地区间经济实力状况和资源投入的绩效，是从生产角度考察城市经济实力；在某些情况下，人均国内生产总值的提高并不等于给城市居民带来直接利益，人均可支配收入是居民个人消费和储蓄的直接来源，是从分配角度考察城市经济实力。

（二）城市综合服务能力

指城市交通运输、通信、商品流通等方面的服务能力。综合服务能力的强弱是决定城市集聚能力的重要因素。我们主要选取了以下几个方面：这里选取了货物周转量、旅客周转量指标，分别反映城市的物流、人流的交通运输吞吐能力；人均电信业务量从一个侧面反映了信息流量和城市信息化程度；人均社会消费品零售额体现了市场流通状况的一个侧面。城市政府的运行效率也是反映城市综合服务水平十分重要的一个方面。

（三）城市开放度

当今世界，经济全球化、一体化进程不断加快，一个封闭的城市肯定是没有发展前途的，更谈不上竞争力。城市的开放与否，反映了城市参与国际、国内竞争的程度，体现了城市在外界市场中的"份额"和城市的招商引资能力，这些都是现代城市提高竞争力的基础条件。对外开放程度体现在多方面，如开放政策、开放意识等，但这些指标都难以做客观测定，因此我们选取了资金外向度、企业外向度作为衡量城市开放度的两个指标。人均国际旅游业收入对于我们所选区域城市来讲，由于数据搜集困难而不做分析。资金外向度是指实际利用外资额与国内生产总值比重，反映了城市吸引外资能力；企业外向度是指外资企业产值与国内生产总值比重，这反映出城市技术、管理、知识等方面与国际交流程度，也是城市对外开放的重要体现。

（四）基础设施竞争力

城市的基础设施在很大程度上影响着城市的发展和竞争。城市的发展水平和居民生活水平也可以在一定程度上反映在人均用水量、人均用电量、医生数、国际互联网用户数这些指标上。水是工业生产能力和居民生活水平的重要决定因素，我们选取人均用水量这一指标来分析城市的发展程度。电是工业发展和居民生活水平的重要能源保障，选取人均用电量指标来反映城市基础设施竞争力具有很好的代表性。医生数和国际互联网用户数能够反映出城市居民的基本生活层次，从很大程度上反映出城市的吸引力和发展潜力。

（五）创新研发能力

城市竞争力具有动态特性，因此城市的创新研发能力更显得重要，这是城市竞争优势持久性和发展潜力的重要保证。城市竞争力也要讲可持续发展，尤其是在高新科技迅猛发展的今天，城市的竞争力受科技革命的影响很大，优势可能因技术落后而丧失，也可能因技术进步、不断创新而获得。引申来看，城市在体制上、机制上、技术上、管理上的不断创新将是城市充满生机的不竭动力。另一方面，城市传统产业的升级换代，城市功能的提升无不与城市的创新研发能力相关。由于条件限制，我们仅选取了每万名职工中科技人员数、R&D（研究与开发）经费投入占国内生产总值比重、科技贡献率和高科技企业产值占国内生产总值比重等几个指标。每万名职工中科技人员数是从人力资源素质角度考察城市进行科技创新的能力；R&D 经费投入占国内生产总值比重是世界广泛采用的、衡量经济发展与技术进步相关性的指标。增加科技投入，推动经济发展、社会进步是增强城市竞争力的重要手段。增强技术进步的一个重要方面是增加研发投入的比重。科技贡献率和高科技企业产值比重则从经济效益角度和产业结构等不同角度反映了城市的创新研发能力。

　　综上所述，城市竞争力评价指标体系主要包括三个层次，即目标层、主题层和指标层，五个主题，分别是基础性的综合经济实力、营造竞争优势条件的城市综合服务能力、城市开发度、基本设施竞争力、保障城市竞争力可持续发展的城市创新研发能力。具体见表 5 - 5。

表 5 - 5　　　　　　　　　　　城市竞争力评价指标体系

目标层	主题层	指标层
城市竞争力总体评价	城市综合竞争实力	人均国内生产总值、国内生产总值增速、职工平均工资、第三产业产值、国内生产总值总量
	城市综合服务能力	货物周转量、旅客周转量、人均电信业务量、人均社会消费品零售额
	城市开发度	实际利用外资额、外资企业产值
	基础设施竞争力	人均生活用水量、人均生活用电量、拥有医师执照人数、国际互联网用户数
	城市创新研发能力	科技人员数、科学支出、非农业人数

第三节　城市竞争力评价指标体系的权重

　　赋予适合权重进行计量非常重要。权重的确定也同样采用层次分析法。经过计算得出城市竞争力评价指标体系的权重如表 5 - 6 到 5 - 11 所示。

一　主题层权重

表 5 - 6　　　　　　城市竞争力评价指标体系主题层权重表

隶属目标	城市竞争力总体评价　（$A0 = C1 + C2 + C3 + C4 + C5 = 1$）				
主题目标层	综合经济实力	综合服务能力	城市开发度	基础设施竞争力	创新研发能力
编号	C1	C2	C3	C4	C5
权重	0.25	0.18	0.15	0.17	0.25

二　主题层下指标权重

表 5 - 7　　　　　　　　综合经济实力主题层指标权重表

隶属目标	经济实力（C1 = D1 + D2 + D3 + D4 = 1）			
指标名称	人均 GDP	GDP 增速	职工平均工资	第三产业产值占 GDP 比重
编号	D1	D2	D3	D4
权重	0.28	0.26	0.22	0.24

表 5 - 8　　　　　　　　综合服务能力主题层指标权重表

隶属指标	综合服务能力 =（C2 = D5 + D6 + D7 + D8 = 1）			
指标名称	货物周转量	旅客周转量	人均电信业务量	人均消费品零售额
编号	D5	D6	D7	D8
权重	0.25	0.25	0.24	0.26

表 5 - 9　　　　　　　　城市开放度主题层指标权重表

隶属目标	城市开发度（C3 = D9 + D10 = 1）	
指标名称	企业外向度（外资企业产值/GDP）	资金外向度（利用外资额/GDP）
编号	D9	D10
权重	0.45	0.55

表 5 - 10　　　　　　　基础设施竞争力主题层指标权重表

隶属目标	生产生活成本（C4 = D11 + D12 + D13 + D14 = 1）			
指标名称	人均用水量指数	人均用电量指数	医生数指数	国际互联网用户数指数
编号	D11	D12	D13	D14
权重	0.27	0.26	0.23	0.24

表 5 - 11　　　　　　　创新研发能力主题层权重表

隶属目标	创新研发能力（C5 = D15 + D16 + D17 = 1）		
指标名称	万名职工中科技人员数	R&D 投入经费占 GDP（国内生产总值）比重	非农业人数比重
编号	D15	D16	D17
权重	0.34	0.31	0.35

以上各主题层权重和各主题层指标权重均经过一致性检验，说明权重的确定均获得满意的一致性。

第六章

庆阳及周边城市竞争力排名与述评

　　城市竞争力数量分析能够让城市竞争力由定性分析转变成定量分析，方便城市管理者和决策者找出城市发展中存在的问题，制定切合实际的政策和发展规划。本章的城市竞争力排名和述评正是在竞争力数量分析的基础上对于庆阳及周边城市的竞争力特点与城市发展中存在的问题做了全面的分析和总结。

第一节　区域城市综合竞争力排名

一　综合竞争力比较

　　依据前述的指标体系和计算方法，我们用 2012 年的统计数据，获得了庆阳及其周边 12 个城市（共 13 个城市）的综合竞争力指数排名，详见表 6 - 1。

表 6 - 1　　　　　2012 年蒙陕甘宁经济区城市竞争力排名

城市	2012 年综合竞争力指数	2012 年排名
鄂尔多斯	0.79007	1
咸阳	0.7298	2
延安	0.69292	5
宝鸡	0.723055	3
榆林	0.705845	4
庆阳	0.65266	7
铜川	0.645825	9
汉中	0.66872	6
天水	0.652305	8

城市	2012 年综合竞争力指数	2012 年排名
中卫	0.621065	10
吴忠	0.593585	13
平凉	0.600505	12
固原	0.603965	11

注：本表计算所用的数据来源于《中国城市统计年鉴》。

二　结论

在本区域中，鄂尔多斯作为内蒙古的经济新兴城市，凭借其显著的资源优势获得城市综合竞争力的第一名，具有明显高于其他城市的综合竞争力指数 0.79007。同时，咸阳在区位优势、交通优势和文化资源优势的支撑下，位列第二，宝鸡、榆林和延安紧随其后。城市综合竞争力指数不相上下，呈现出城市发展的良好势头。庆阳城市综合竞争力指数为 0.65266，位于第七，在所测算城市中接近于中等水平，这说明城市竞争力有了一定的积累，且存在很大的提升空间，鉴于此，如何利用优势，加快庆阳城市发展成为当前和今后我们需要努力的重要目标。位于后三位的城市分别为固原、平凉和吴忠，城市综合竞争力指数均低于 0.61，城市竞争力水平偏低，主要原因包括资源优势、产业优势不明显，发展思路不开阔和定位不准等。

第二节　分项竞争力排名

一　分项竞争力比较

依据前述的指标体系和计算方法，我们用 2012 年的统计数据，获得了庆阳及其周边 12 个城市（共 13 个城市）竞争力分项指数排名，详见表 6 - 2。

表 6 - 2　　　　　2012 年蒙陕甘宁经济区城市竞争力分项排名

城市	综合经济实力指数	排名	综合服务能力指数	排名	城市开发度指数	排名	基础设施竞争力指数	排名	创新研发能力指数	排名
鄂尔多斯	1.000	1	0.148	1	0.467	1	0.718	2	0.458	1
咸阳	0.784	6	0.109	3	0.273	2	0.791	1	0.294	9

续表

城市	综合经济实力指数	排名	综合服务能力指数	排名	城市开发度指数	排名	基础设施竞争力指数	排名	创新研发能力指数	排名
延安	0.735	8	0.051	7	0.215	4	0.654	4	0.356	4
宝鸡	0.859	5	0.141	2	0.232	3	0.316	11	0.252	12
榆林	0.962	2	0.059	5	0.173	5	0.492	7	0.365	3
庆阳	0.769	7	0.029	9	0.171	6	0.710	3	0.293	10
铜川	0.868	3	0.059	6	0.155	7	0.323	10	0.269	11
汉中	0.721	10	0.037	8	0.142	8	0.432	8	0.378	2
天水	0.673	12	0.061	4	0.109	10	0.564	5	0.308	8
平凉	0.663	13	0.025	11	0.072	11	0.366	9	0.336	6
固原	0.711	11	0.007	13	0.028	12	0.503	6	0.338	5
中卫	0.827	4	0.027	10	0.112	9	0.298	12	0.321	7
吴忠	0.731	9	0.023	12	0.109	10	0.203	13	0.239	13

二　结论

通过计算，得出庆阳及周边 12 个城市（共 13 个城市）的城市竞争力分项得分和排名。其中，鄂尔多斯除基础设施竞争力指数排名第二以外，其他分项包括综合经济实力指数、综合服务能力指数、城市开发度指数以及创新研发能力指数均占据第一位，城市竞争力不容小觑。其他城市在不同的分项指标上均表现出不同实力。如综合经济实力方面，表现较好的有榆林、咸阳、中卫等；综合服务能力方面，榆林、铜川等较强；咸阳、宝鸡等城市开发度较高；基础设施竞争力方面，咸阳表现突出，位列第一；最后在创新研发能力方面，除鄂尔多斯外，表现较好的有汉中、榆林、延安等城市。庆阳的各个分项指标的得分显示，城市基础设施竞争力较强，城市开发度处于中等水平，但其他方面还差强人意，排名靠后。这也为我们研究如何提高庆阳的城市竞争力指明了重点。

第三节　蒙陕甘宁地区城市竞争力述评

近年来，陕甘宁交界地区的社会经济取得了巨大发展。特别是西部大开发战略的实施，为该地区的发展提供了良好的机遇，省级中心城市在工业化、城镇化、市场化和信息化等方面的建设步伐不断加快，经济总体实力和社会事业进一步增强。目前，甘肃省共有 4 个市（庆阳、平凉、天水、陇南）与陕西省的 4 个市（延安、咸阳、宝鸡、汉中）相毗邻，其人口占甘肃省的 41.3%，但经济发展水平却仅占全省的 24.5%①，区际竞争力明显动力不足。随着第二轮西部大开发战略的深入实施，它们的社会经济发展状况和竞争力水平将会对甘肃省未来的发展产生重要影响。

一　蒙陕甘宁经济区城市发展的特点

（一）革命老区，区位政治优势大

《陕甘宁革命老区振兴规划》是中国第一部专门针对革命老区"量身定做"的有关经济、社会、生态建设等八方面可持续协调发展的规划。该规划涉及陕西、甘肃、宁夏三省（区）的延安、榆林、铜川、庆阳、平凉、吴忠、固原、中卫等 8 个地级市，以及陕西富平、旬邑，甘肃会宁，宁夏灵武等 9 个县（市），总面积 19.2 万平方公里，人口 1700 多万，规划期为 2012 年至 2020 年。

陕西的延安、榆林、铜川，甘肃的庆阳、平凉，以及宁夏的吴忠、固原、中卫等地，山水相接，同属陕甘宁革命老区。1934 年，刘志丹、谢子长、习仲勋等人在庆阳华池县创建了西北第一个苏维埃政权——南梁苏维埃政府。以南梁为中心的陕甘边革命根据地，是土地革命战争后期中国硕果仅存的革命根据地，也成为了中央红军长征的落脚点。从这里发展开去，延安成为了中国革命的圣地。

（二）资源充裕，发展潜力大

这里处于鄂尔多斯盆地能源资源富集区。自 20 世纪 80 年代发现煤炭、石油、天然气储备以来，陕北地区开采量逐渐增大，部分县市财政收入日增。2000 年榆林的国内生产总值排陕西全省第七位，现在则排第二位，仅次于省会西安。目前，作为陕甘宁革命老区城市的甘肃庆阳已经被列为该区域发展核心城市。统计数据显示，庆阳境内油气总资源量 40 亿吨，占鄂尔多斯盆地总资源量的 41%；境内煤炭资源预测储量 1342 亿吨，占甘肃全省预测储量的 97% 以上；在石油开发方面，长庆油田在庆阳启动实施了年产 800 万吨原油生产能力的石油开发规划。因为庆阳未来主要发展定位是甘肃石油天然气化工基地。

---

① 参见甘肃省地方史志办公室编《甘肃年鉴》（2011），甘肃文化出版社 2011 年版。

二　蒙陕甘宁地区城市发展中的问题

（一）内部发展不平衡，总体经济水平低

甘肃省靠近陕甘边界地区的中心城市，由于距甘肃省内政治、经济中心较远，再加上地形因素的限制，受一级中心城市的辐射少，发展趋于边缘化，故社会经济发展相对落后。在该区域中，陕北的城市由于资源和旅游等方面的优势，其经济总量和均量较高，而甘肃和宁夏的城市则相对较低，详见表6-3。

表6-3　　　　　　　蒙陕甘宁地区城市人均国内生产总值排名

城市	2012年完成GDP（亿元）	2012年排名	2012年人均GDP（万元）	人均GDP排名
鄂尔多斯	32185	1	163012	1
咸阳	16162.1	3	32847	6
延安	12710.2	5	57876	3
宝鸡	14098.7	4	37778	4
榆林	27692.2	2	82549	2
庆阳	5302.9	7	23904	8
铜川	2829.2	11	33701	5
汉中	7722.6	6	22602	10
天水	3576	8	8375	13
中卫	2504.1	12	22763	9
吴忠	3120.5	10	24344.67	7
平凉	3253.6	9	15648	12
固原	678.7	13	16103	11

（二）城乡二元结构特征突出

二元社会结构最早是由荷兰经济学家博克在观察荷兰殖民地印度尼西亚的社会经济时提出的一个概念，指的是一国内存在着两个在生活条件、生活方式、生活观念等方面完全不同质的相互独立运行的社会子系统。

蒙陕甘宁经济区的城乡经济是典型的二元经济结构，这主要体现在两个方面：一是农业人口所占的比例高。比如区域中甘肃省三市（庆阳、平凉、天水）城镇人口比重平均值为27%左右，远低于同期全国城镇人口比重平均值52.6%。二是城乡之间的收入差距大。2012年该区域城市

居民可支配收入平均为 21130.8 元，而农民人均可支配收入仅为 4876.25 元，仅为前者的 1/4（根据 2012 年该区域各城市政府统计公报数据计算所得）。

三　蒙陕甘宁经济区城市竞争策略

协调发展是动态过程，其间必然伴随着激烈竞争和不协调行为，协调的短暂实现之后又会产生新的不协调。区域协调的主要标志，在市场经济和统一市场条件下绝不会是传统的静态表现出来的产业"合理分工"，而是混合分工和相互渗透（一体化）格局形成、差距缩小的动态过程。

中国共产党第十七届六中全会确立文化产业为国民经济支柱产业，明确提出要"建设一批具有专业知识的思想库"。在区域协调发展中，综合竞争力是一个地区参与区域竞争、区域分工的关键和核心，而软实力和硬实力构成了一个地区的综合竞争力。软实力与硬实力是相互影响、相互促进的，但硬实力容易被模仿、复制，往往出现同质化和快速超越，难以持续。当前，中国区域经济"多轮驱动"的新格局正在形成，城市群成为区域发展的核心引擎，如何更好地应对新时期全球政治经济治理、产业结构调整转型、区域协作与资源共享、城镇化战略实施等重大挑战，是摆在我们面前的重要问题。以智库前瞻性政策储备为核心，以知识创新为源动力的智库产业极有可能代替传统工业成为未来发展的新亮点与重要方向。智库产业将是新时期区域协调发展和改革创新的核心主题。

（一）转变发展方式

以往国家推动革命老区发展的方式一直是财政转移支付这样的"输血"式支持，但这只能解决温饱，实现脱贫，不具持续性。山东省的刘继双先生曾向《中国联合商报》表示，革命老区发展要跟上全国工业化发展步伐，必须要有新规划，需要变"输血"为"造血"的扶植发展方式。

对于革命老区往往连片分布，涉及诸多省市的问题，跨省区的区域合作应打破行政区划的利益壁垒。革命老区在共同的历史和现实背景下，应该找到共同的特点以及各自所面临的不同问题，对症下药。国家要制定一个系统的加快革命老区发展的战略规划，建立国家政策保障的长效机制。同时，应按照"分类指导、区别对待"的原则，对不同类型革命老区的特点和所面临的问题，实行差别化的扶持。革命老区不是所有地区自然条件都不好，近些年延安凭借自身丰富的资源就发展得很快。发展该地区的经济，对外要加强资金引入，注重市场化合作和人才引进；对内要加强分工。发展革命老区一是要继续使这些地区脱贫，二是要依托资源，实现可持续发展。

（二）红色旅游加生态环保"护卫"陕甘宁革命老区

2012年3月初获批的《陕甘宁革命老区振兴规划》是中国第一部专门针对革命老区"量身定做"的有关经济、生态建设等八个方面可持续协调发展规划。其中提出，到2015年，该地区除了国家能源工业基地初步建成外，还要重点发展红色文化产业、旅游业等特色产业，使其初具规模。

大力弘扬红色革命文化，深入挖掘历史文化，是《陕甘宁革命老区振兴规划》中必不可少的一部分。建设红色文化产业基地将是《陕甘宁革命老区振兴规划》的一大亮点，相关旅游业、文化产业、影视制作业等都将得到极大的发展。

《陕甘宁革命老区振兴规划》立足革命老区的政治优势，立足历史文化的特色优势，这是非常明智的选择，但关键是在今后建设和政策执行当中，要利用好历史文化资源，打响红色旅游的招牌。这些历史文化资源不仅能弘扬我党的光辉历史，而且还能促进该区域招商引资、发展地方经济。陕甘宁革命老区是陕甘宁边区政府的所在地，宝塔山、南泥湾、南梁苏维埃政府旧址、军民大生产基地旧址等都是该区域独一无二的精神财富。

另外，环境保护也将是《陕甘宁革命老区振兴规划》中着墨较多的部分。《陕甘宁革命老区振兴规划》还提出了在该区域设立现代旱作农业发展示范区、黄土高原生态文明试验区、统筹城乡综合配套改革试点区等。

陕甘宁革命老区虽然有着宝贵的红色旅游资源，但这一区域地处黄土高原和毛乌素沙漠边缘地带，生态环境异常脆弱，再加上自然环境、区位基础等因素制约，使得经济社会发展相对滞后，当然也有巨大的开发潜力和广阔的发展前景。

"加快建立陕甘宁革命老区国家级生态能源经济示范区，是加快区域发展、改变革命老区落后面貌的迫切需要；更是改善区域生态条件、促进可持续发展的迫切需要。"国务院发展研究中心宏观部主任余斌曾在陕甘宁革命老区第一次联席会议上指出：要坚持科学发展观，加快生态能源经济示范区建设，推进陕甘宁革命老区的经济社会快速发展。

北京大学中国区域经济研究中心研究员陆德教授在接受《中国联合商报》记者采访时指出：西部生态环境脆弱，在西部大开发推进的过程中，必须把资源开发和生态保护结合起来，打破传统的以牺牲环境来换取经济发展的模式，否则西部的发展后劲将会严重不足。

第七章

庆阳区县竞争力排名及述评

为了进一步探究市情，我们对于庆阳各区县的竞争力也进行了数量分析。鉴于庆阳经济欠发达，各县区农业人口多、城镇规模小的现实情况，及《庆阳统计年鉴》对各县区具体数据的统计口径一致，我们对于指标的设计做了简化，具体设计如下：

综合竞争力指标体系由综合经济实力指数、交通发展指数和教育发展指数构成。综合经济实力指数取生产总值指数、第三产业指数、财政收入指数；交通发展指数取客运总量指数、货运总量指数和公路里程指数；教育发展指数取师生比指数和每100人拥有学校数指数。

第一节　庆阳区县竞争力排名

一　庆阳综合竞争力排名

2011年庆阳西峰区综合竞争力为全市第一名，在2012年是第二名，虽然略有下降，但还是呈现出了较强的竞争力。各县区综合竞争力变化较大，如合水县在2011年是第八名，但在2012年就上升为第三名，庆城县则由2011年的第二名下降为2012年的第六名。出现这一情况的原因在于各县的经济和交通各方面发展指数受到具体项目影响较大，在某一方面有一个大项目上马就会导致下　年的发展指数出现较大增幅。当然这里的结果还会受到我们选取指标过少的因素影响，还有选取的指标时间跨度较小的影响。详见表7－1、表7－2。

表 7-1　　　　　　　　2011 年庆阳各县区竞争力排名

庆阳各区县	2011 年综合竞争力指数	2011 年排名
西峰	222.15	1
庆城	152.485	2
环县	140.955	3
华池	128.41	6
合水	112.88	8
正宁	116.675	7
宁县	137.725	5
镇原	139.49	4

表 7-2　　　　　　　　2012 年庆阳各县区竞争力排名

庆阳各区县	2012 年综合竞争力指数	2012 年排名
西峰	108.492	2
庆城	102.812	6
环县	109.626	1
华池	103.108	5
合水	105.928	3
正宁	101.524	8
宁县	101.5596	7
镇原	105.566	4

二　庆阳区县分项竞争力排名

通过指标测算，西峰区在综合经济实力和财政收入方面处于全市第一，而在交通发展和教育发展方面则比较落后。这主要是因为我们选取的是发展指标，而非绝对值。另外一个现象是个别县区分项指标方面变化快，如环县在综合经济实力和财政收入两个指标方面的变化——从 2011 年的第二名下降为 2012 年的第七名，西峰区在教育发展指数方面的变化——由 2011 年的第二名下降为 2012 年的第八名。详见表 7-3、表7-4。

表 7-3　　　　　　　　　庆阳 2012 年竞争力分项排名

庆阳各区县	综合经济实力指数	排名	财政收入指数	排名	交通发展指数	排名	教育发展指数	排名
西峰	327.55	1	802.3	1	114.1	5	119.4	2
环县	191.07	2	372.3	2	114.2	4	113.6	4
庆城	173.76	3	297.5	3	107.5	7	108.8	7
华池	146.52	5	228.5	5	110.1	6	110.5	6
宁县	117.56	7	116.6	7	105.1	8	111.3	5
镇原	108.45	8	100	8	133.9	2	115.9	3
合水	164.35	4	270.6	4	115.4	3	106.8	8
正宁	141.53	6	173.6	6	137.4	1	137.5	1

表 7-4　　　　　　　　　庆阳 2012 年竞争力分项排名

庆阳各区县	综合经济实力指数	排名	财政收入指数	排名	交通发展指数	排名	教育发展指数	排名
西峰	96.88	1	67.7	1	112.9	7	104.9	8
环县	87.98	7	24.9	7	116.9	2	108.5	4
庆城	95.49	3	36.8	4	116.1	5	122	1
华池	90.97	5	33.8	5	116.9	2	105.5	6
宁县	93.82	4	37.3	3	118.6	1	109.4	3
镇原	88.21	6	25.7	6	115	6	105.8	5
合水	87.249	8	16.33	8	116.9	2	105.3	7
正宁	95.69	2	43.2	2	110.7	8	113.6	2

　　注：综合经济实力指数计算方法是：生产总值指数 ×40% + 第三产业指数 ×30% + 财政收入指数 ×30%。

第二节　庆阳城市竞争力述评

　　"十二五"期间，庆阳经济社会发展面临着难得的历史机遇，进一步解放思想，抓住机遇，用好机遇，用足用活国家和甘肃省一系列扶持政策，注重科学发展，争取早日实现区域中心城市的目标，成为庆阳迫在眉睫的任务。目前，庆阳发展呈现出以下特征。

一 综合经济实力明显增强

"十二五"规划实施以来，庆阳围绕建设大型能源化工基地和全省新的经济增长极的目标，在经济社会发展等方面取得了重大历史性成就。2012年全市实现生产总值530.29亿元，按可比价计算（下同），比上年增长16.1%。其中，第一产业增加值73.93亿元，增长9.2%；第二产业增加值329.50亿元，增长18.2%；第三产业增加值126.87亿元，增长14.5%。全市大口径财政收入完成129.96亿元，比上年增长23%；一般预算收入完成53.11亿元，增长19.8%。各项税收完成113.48亿元，增长31.1%，占财政收入的87.3%。其中国税收入完成80.66亿元，增长34.7%；地税收入完成32.82亿元，增长22.9%。全年财政支出158.79亿元，比上年增长17.5%。城镇居民人均可支配收入16662元，比上年增加2274元，增长15.8%；农村居民人均纯收入4262元，比上年增加589元，增长16%。居民家庭恩格尔系数城镇为28.25%，比上年降低0.71个百分点；农村为30%，比上年降低2.4个百分点。全市外贸出口创汇7327万美元，比上年增长15.3%；实现出口供货总值15亿元，增长11.3%。[①]

二 基础条件明显改善

庆阳努力解决经济社会发展的"瓶颈"问题，不断加强基础设施建设，取得了新的突破。首先，改善了交通运输条件。庆阳的机场改扩建完成且复航，西长凤高速公路已通车，西平铁路、西雷高速公路建设顺利完成，仅2012年就建成通乡通村柏油路570公里，全市98%的乡镇和50%的行政村通了柏油路。其次，加强水利基础建设。扬黄人饮工程续建、巴家咀水库除险加固、环县北部人畜饮水等重点工程全面建设或部分建成，兴建各类水利工程4.65万处，城乡安全饮水保障能力进一步提高，农业灌溉能力进一步提升，2012年新增灌溉面积2.5万亩。复次，城乡电网改造全面完成。实现了户户通电，提高了城乡居民生活便利程度。再次，城镇化步伐明显加快。县城新区开发、旧区改造和重点小城镇建设力度加大，城镇建成区面积增加到105平方公里，2012年庆阳城镇化率达到

---

① 《庆阳市国民经济和社会发展统计公报》（2012）。

32%。最后，退耕还林、荒山造林等生态建设力度加大，森林覆盖率达到25%。

三 社会事业发展成效显著

庆阳优先发展教育事业，不断改善办学条件，推进教育布局结构调整，优化整合资源，提高人们的文化素质。2012年，适龄儿童入学率为99.75%，初等教育普及率大于99.38%，大专以上高考录取率达到87.7%。大力发展城乡卫生事业，改善医疗卫生条件，提高医疗服务水平。2012年末，全市医疗卫生机构达到1841个。着力培育特色文化产业集群，彰显文化产业优势。2012年，西峰民俗文化产业园创建工作启动实施，周祖农耕文化产业园和南梁红色小镇建设顺利推进。社会保障体系进一步完善，就业工作成效显著。全市累计招考安置高校毕业生2.16万人，新增城镇就业14.6万人，输转城乡富余劳动力210万人（次）。加大农村危窑（房）改造和城镇保障性住房建设力度，群众居住条件进一步改善。科技、广播电视、人口与计划生育、妇女儿童、残疾人及老龄人等各项事业都有了长足发展，人民生活条件明显改善。

四 以服务业为主的第三产业明显增强

服务业发展程度是衡量区域综合竞争力和现代化水平的重要标志。为了进一步挖掘庆阳服务业发展潜力，不断完善服务业和第三产业发展规划，庆阳制定出台了财税、金融、土地、工商、人才等方面的政策措施，推动服务业大发展、快发展。一是要大力发展现代物流、科技服务、信息服务、金融服务等生产性服务业。二是要全面提升文化服务、商贸服务、家庭服务、房地产业等生活性服务业。建设新型城市商业综合体，发展精品购物、大型超市，建成一批专业市场、综合市场和社区便民市场，完善多层次的商贸流通体系。推进大众化、特色化、连锁型餐饮及酒店服务业发展，建设商业广场、特色商业街和商贸聚集区。发展家政服务、养老服务、社区照料服务和病患陪护等业态，培育家庭服务市场。三是要积极发展创意服务、健康服务、节能环保、会展经济、保健服务等新兴服务业。

五 城市知名度和影响力明显提升

随着庆阳建设大型能源化工基地和甘肃省新的增长极的步伐加快，随着国内生产总值的增长，庆阳的城市地位和核心竞争力得到提升。我们要依托丰富的文化资源，加快建设特色文化大市的步伐，打响"红色南梁"、"岐黄故里"、"周祖圣地"、"庆阳香包"四大品牌，使庆阳的知名度有更大的提升。

第三篇

庆阳战略定位与战略思维

第八章

审视、定位与战略建构

城市战略体系的创新与确立是一个有机整体，既要体现理论与逻辑的自洽，更要符合城市与区域之发展实际。庆阳要打造蒙陕甘宁经济区的中心城市，既有条件和优势，也有难度和挑战。在前述的环境分析和竞争力分析的基础上，我们有必要对庆阳的发展条件与问题，进行进一步的总结，进而有助于形成庆阳未来发展的基本战略思路。这包括庆阳的城市功能与发展定位，以及与城市定位相匹配的发展原则、发展目标及阶段性的战略规划等。

第一节 庆阳城市发展条件与问题再反思

一 良好的发展基础与宝贵的发展机遇

庆阳境内蕴藏丰富的石油、煤炭、天然气等战略资源，使庆阳经济发展拥有广阔的前景。大型能源化工基地的全面建设，为地区经济发展增添了无限活力。各项民生、民利工程的实施，以及在城市建设上取得的显著成绩，为庆阳经济社会发展奠定了厚实的基础。庆阳已具备构建区域中心城市所必要的一切自然条件和基础条件。

（一）不可替代的区位优势

蒙陕甘宁能源金三角规划核心区，包括宁夏宁东能源化工基地、内蒙古鄂尔多斯、陕西榆林、甘肃陇东地区，区域面积 13.38 万平方公里。据初步规划，将通过 10 年努力，把该地区建设成为中国重要的能源综合生产供应基地、能源高密集产业聚集区、循环经济示范区、西部开发战略高地和国家西部重要的生态屏障。①

---

① 《关于应对金融危机保持西部地区经济平稳较快发展的意见》，国办发〔2009〕55 号。

　　庆阳在蒙陕甘宁经济区中处于地理上的几何中心位置，具有不可替代的区位优势。目前，已基本实现了同西安、咸阳、延安的高速公路连接，能源化工基地建设已经初具规模，使蒙陕甘宁能源金三角中又形成了一个核心能源金三角。

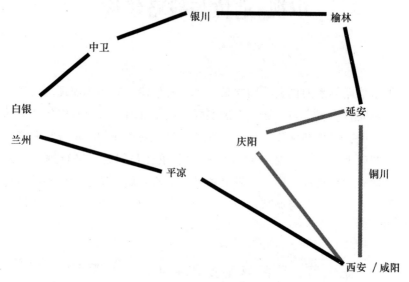

图 8 - 1　核心能源金三角城市示意图①

（二）政治与经济地位不断提升

1. 陕甘边革命根据地理论研究有了新突破

　　近年来，关于陕甘边革命根据地的理论研究有了较大的突破，出现了一批具有较高知名度的学者和数量较多的理论研究成果。由陇东学院曲涛教授主编的《习仲勋在陕甘宁边区》，延安大学任学岭教授主持完成的国家社科基金项目《陕甘边、陕北根据地史研究》，最终成果为专著《陕甘边、陕北根据地史》和《陕甘边、陕北根据地史大事记》，这些理论成果进一步明晰了南梁革命根据地的历史地位，提升了庆阳的政治影响力。

2. 大型能源基地建设得到国务院认可

　　2011 年 3 月，民盟中央向全国政协第十一届四次会议提交了《关于加快庆阳大型能源化工基地建设的提案》。民盟中央认为，甘肃省庆阳资源富集，

---

　　①　赵铁军：《能源金三角——同构西北经济增长极》，光明日报出版社 2012 年版。

已探明油气总资源量 40 亿吨、石油地质储量 16.2 亿吨，煤炭预测储量 1342 亿吨，三类资源折合成油当量约 1230 亿吨，仅次于中国第一大资源城市榆林市，具备建设千万吨级大油田、亿吨级大煤田和千万千瓦装机容量煤电基地的资源条件。截至目前，已有中石油长庆油田、中石化华北油田、延长油矿集团等 3 家企业在庆阳投资开发石油天然气资源，日产原油已达 1 万吨。华能、中铝、甘电投等企业集团也先后入驻庆阳并投资煤炭资源开发。

2010 年 5 月，《国务院办公厅关于进一步支持甘肃经济社会发展的若干意见》做出把庆阳建成"全国大型煤炭生产基地"、"战略性石化工业基地"、"传统能源综合利用示范区"的战略定位。①

（三）宏观经济形势和第二轮西部大开发所带来的竞争优势

近几年，国际经济形势动荡不安，2008 年在美国爆发的国际金融危机还没有过去，又爆发了美国的国债和欧元区主权债务危机，接着，欧债问题愈演愈烈，有进一步蔓延之势。2013 年，世界经济延续低速增长态势，但对刺激政策的依赖程度降低，复苏基础趋于稳固。2013 年美国经济增速略高于 2012 年，欧元区仍难摆脱负增长，日本继续维持低速增长态势，主要新兴经济体增速放缓态势正在扭转。全球金融形势有所好转，但仍出现动荡。国际大宗商品价格仍在高位震荡，未见大幅上涨。主要发达国家财政政策仍然趋紧，货币政策有望继续宽松。中国仍面临外需不足、贸易摩擦增多、输入性通胀压力增大，以及热钱冲击等严峻挑战。2009 年以来，中国政府在全面应对国际金融危机的一揽子计划中，提出坚定不移地深入推进西部大开发战略。2009 年 9 月底，中共中央出台了《关于应对金融危机保持西部地区经济平稳较快发展的意见》，就是要进一步加大对西部开发的支持力度，充分发挥西部回旋余地大、增长潜力大的优势，为巩固全国经济全面稳定持续发展做出更大贡献。② 2013 年 8 月 19 日，李克强总理在兰州主持召开促进西部发展和扶贫工作座谈会，李克强表示，中国经济发展的最大回旋余地在中西部。重点基础设施建设要更多地向西部倾斜。此外要在继续实行现有优惠政策的基础上研究制定新的措施。

国家产业布局的调整也为西部地区的发展带来新的机遇。中国"西出战略"将强力刺激西部发展，使西部广大农村经济得以带动，这将解

---

① 中国经济网：http://www.ce.cn/xwzx/gnsz/zg/201103/04/t20110304_22266697.shtml。
② 《关于应对金融危机保持西部地区经济平稳较快发展的意见》，国办发〔2009〕55 号。

放西部生产力，明显增强农民收入，拉动农村消费，缩小西部城乡差别，以降低中国产（商）品对出口的依赖程度，从而优化产业结构，转变增长方式，提高中国经济自我驱动发展的自信力和内生力。

二　庆阳打造区域中心城市的制约因素

庆阳虽然具备了甘肃东部区域中心城市的基本条件，但是，目前还有诸多因素制约和影响着区域中心城市的建设，还没有形成一个具有较强带动力的区域经济中心，仍然处于内陆经济的"欠发达地区"。

（一）交通不发达依然是庆阳发展的主要制约因素

过去，由于交通不畅，不仅制约了庆阳优势资源的开发，也制约了庆阳与周边城市的交流合作，使得这一地区成为能源金三角上的"死角"。随着西长凤和西雷高速公路的建成通车，庆阳建立了与延安和西安的"三小时经济圈"。但是在能源小金三角城市当中比较，庆阳的交通状况最不发达。高速公路发展缓慢，铁路尚未完全贯通，市内各县区之间的公路交通状况较差。低层次交通状况成了影响庆阳参与城市群建设与竞争的瓶颈。

（二）经济社会发展的资本制约

要实现庆阳经济的科学发展，必须避免由于传统能源产业迅速繁荣而带来的一系列问题，比如贸易条件恶化、"反工业化"、收入差距扩大、区域发展非持续性等被称为"荷兰病"的社会问题。① 要实现产业可持续发展，必须坚持产业共兴，大力发展农产品深加工、红色旅游、民俗产品开发和服务业。这些产业的发展路径有两条：或者招商引资，或者建设科学完善的投融资体系。目前，入驻庆阳的以中石油、华能等为代表的企业都是能源化工行业，要发展其他产业，还需要大量资金的支持，这对于招商引资工作提出了很大的挑战，也形成了现实的资本制约。

（三）快速城市化所带来的问题

快速城市化推动了经济社会发展，但同时也带来诸多的问题和弊端，这需要引起高度重视。

一是城市规划方面的问题。中国的城市化发展正在对经济全球化时代的中国与世界产生深远的影响。美国经济学家、诺贝尔经济学奖获得

----

① 张复明：《资源型经济：理论解释内在机制与应用研究》，中国社会科学出版社 2007 年版，第6—8 页。

者斯蒂格利茨早在 2000 年就指出："影响 21 世纪人类社会进程的两件最深刻的事情，第一是以美国为首的新技术革命，第二是中国的城市化。"可见，城市化的健康发展是中国现代化建设中的历史性战略任务，也是和谐社会建设的重要保证。[①] 庆阳南区开发区正处于城市化的关键时期，城市规划的作用至关重要。如果城市规划继续传统思维模式，可能导致将来的城市发展陷入无序蔓延、交通拥挤等一系列的问题当中。[②]

二是就业问题。在快速城市化的过程中，有大量的失地农民面临着就业方面的压力。虽然在城市化的过程中能够创造新的就业岗位，但是农民由于职业技能和文化素质的局限，仍然面临着结构性失业的问题。在服务业中的从业农民，也会由于素质低下而影响到产业结构的优化。因此，坚持以人为本的城市化道路，大力发展民生产业和包容性产业，是庆阳未来发展的重中之重。

三是城市治理问题。庆阳城市发展的特征有两个：一是传统农业经济基础，二是新型产业极速拉动。随着城市规模和城市人口的激增，各种矛盾会集中凸显，文化观念的、经济利益的、公共意识的以及传统嬗变的，等等，直接考量政府城市治理水平。治理得好，将为城市发展提供巨大的环境支撑，治理不好，一个文明程度低下、公共秩序混乱、各种矛盾交织的城市状况，将给中心城市建设带来极大的负能量。

第二节 庆阳城市发展战略嬗变的方向

一 从"小三角"到"大三角"：渐次融入城市群

在全球化深入发展的今天，城市竞争日益表现为城市群的竞争。只有在区域经济板块中找准位置，切入区域价值网络，才能发展并发挥更为持久的竞争优势。庆阳应审时度势，超前规划，积极、主动地与周边区域城市群建立产业、环境和制度方面的有机联结，有效实现城市功能价值的最大化。

（一）三角经济带城市群具有不可比拟的优势

三角经济带城市群是比较突出的一类城市组团发展模式。比如长江、

---

① 仇保兴：《我国城镇化高速发展期面临的若干挑战》，《城市发展研究》2003 年第 6 期。

② 参见李廉水、Roger R. Stough《都市圈发展——理论演化·国际经验·中国特色》，科学出版社 2007 年版。

黄河下游和东部海岸线的长三角、珠三角、京三角已经形成的三大城市群，以及山东半岛齐鲁双三角、辽东半岛辽三角等正在形成的几个中型城市组团，皆是以大中心城市或经济强市为支点构成的城市群及三角板状经济发展区，形成了省际、城际、区际间的比较稳固、优势互补、合力与张力巨大的天然伙伴关系。京三角的京津冀、京津唐和京津石，长三角的江浙沪及沪宁杭，珠三角的惠深港澳等城市群和以城市为支点的金三角经济区，都是这种模块和紧密关系。西部借鉴东部发展城市群与金三角经济，加强城际、区际和省际经济合作，势在必行，时不我待。

（二）从"小三角"到"大三角"：潜力和条件

延安与庆阳山水相连，两地民众自古以来就交往不断，具有厚重的历史人文情感。革命时期两地又同属陕甘宁革命根据地的重要组成部分，有着共同的红色印记。两地人民相互支持，相互协作，共同促进了革命事业的成功。两地在资源禀赋方面具有很大的共生性，在产业方面具有很大的相似性。两地都以西安为依托发展。目前西安、延安和庆阳基本上已经实现了高速公路连接。"西安—延安—庆阳"的经济"小三角"正在浮出水面。庆阳在战略上应主动融入和对接西咸经济区，主动以"小三角"之一极，联动西安和延安。在此互动基础上，进一步拓展庆阳在能源金三角（"大三角"）体系中的价值和地位。随着整个蒙陕甘宁经济区在政策、交通等基础设施建设的过程中不断取得突破，区域协同发展，庆阳应能谋求更高的起点和更广阔的未来。

二　从地理几何中心向服务中心迈进

区域竞争力，实质是指都市圈内各主体在市场竞争过程中形成并表现出来的争夺资源或市场的能力。都市圈经济发展的关键在于培育和发展能在未来市场上形成区域竞争优势的区域核心竞争力。区域竞争力主要是通过给该区域内经济主体提供良好的政策环境、科技环境、法制环境、生态环境等，从而使经济主体均衡地生产出比其竞争对手更多财富来得以体现，它包括该区域发展的整体状况与水平、拥有的实力和增长的潜力。[1] 在能源金三角城市中，庆阳正好处于该经济区的几何中心，但是，若要提升区域

---

[1]　王瑾：《个性化与影响力——关于中国城市节庆的思考》，《人民日报》（海外版）2003 年 11 月 12 日。

中心城市的竞争力，就要求城市必须从地理几何中心转向服务中心，提高包括信息、金融、物流等区域治理或产业发展方面的服务职能。尤其是在城市群形成的初期，地方政府应该有更积极的作为，在和中央政府沟通中获得更多政策层面的优势。这些政策性的优势具有强烈的战略性和排他性，所以必须抢抓时机，早做规划。对此我们将在庆阳城市定位思考中详加论述。

三　进一步强化交通基础与服务建设

交通发达程度直接关系到庆阳区域中心城市建设的成败。目前，庆阳已经基本实现了和西安、延安的高速公路连接，庆阳机场扩建工程已经竣工。为了实现快速发展，保证庆阳在金三角区域的优势地位，还应该在交通方面大力加强与周边城市的合作，实现"共建互联"的局面。同时，还要推进市内各县区之间的一级公路和二级公路的建设。具体包括加快宁长二级公路建设进度；把西峰至合水二级公路建设项目列入全省统贷统还的项目计划之中，争取早日开工建设，尽早实现合水县城直通二级公路。此外，也要大力推进以"通乡、通村、通畅"为重点的农村公路建设。

四　创造性开展城市营销

城市营销对于发展城市的旅游事业和基础设施建设，起着重要的作用。城市营销能够很好地满足城市客户的需求，能够给城市客户安排一些资源配置。城市营销在新媒体和移动互联网时代，正在朝着细分化、精细化的方向发展，对市场经济时代的城市管理发挥着越来越重要的作用。受到经济、文化与社会融合的影响，各个城市在自然资源、企业布局、外国投资、游客群体等方面的竞争日趋显著。[①] 庆阳同周边城市在共建能源金三角的过程中既有合作，也有竞争，区域营销、城市营销就被提上了议事日程。

城市营销的一个很重要的成果，就是会形成一个鲜明的城市发展战略。千里之行，始于足下，通过分析国内外城市管理的趋势、相邻城市和本地区城市发展的特色，可以确定自己的发展战略；通过满足客户需要来实现自己长远的发展，可以为城市发展提供坚实的基础。未来庆阳的城市营销战略，一是要积极营销陕甘宁革命老区概念和蒙陕甘宁能源金三角的概念，

---

① 菲利普·科特勒、洪瑞云、梁绍明等：《市场营销管理》，梅清豪译，中国人民大学出版社2001年版，第716页。

积极以中心城市自命和担当，提升城市的价值形象；二是要建设和彰显城市特色和魅力，提升城市的投资、旅游、文化和人居吸引力，打造城市品牌。

第三节　庆阳城市发展的战略定位

城市定位是指在社会经济发展的坐标系中综合地确定城市坐标的过程。城市是区域的核心，城市定位对于城市竞争力的形成和提高、对于区域的整体发展具有重要的意义。

一　庆阳发展战略的基本脉络和背景

近年来，庆阳逐步形成了城市发展的战略体系和战略部署，在推动全市经济社会协调发展方面，发挥了重要的引领作用。具体就是：以科学发展观为指导，按照科学发展、转型跨越、民族团结、富民兴陇和更加注重开放开发、更加注重转型转移、更加注重创新创业、更加注重民族民生、更加注重安全安定的要求，紧盯一个目标（建设国家级大型能源化工基地和甘肃省重要的经济增长极），突出三大战略（工业强市、产业富民、科教兴市），强化四大支撑（交通、水利、生态、人才），开发四大资源（红——革命老区、黑——石油煤炭、绿——绿色农产品和生态旅游资源、黄——黄土地域文化），建设四大基地（国家级传统能源综合利用示范基地、全国绿色农产品生产加工示范基地、全国重要的红色旅游胜地、全国民俗文化创意产业示范基地），大力发展循环经济，努力转变经济发展方式，实施"十大惠民工程"（增收富民、科技利民、教育慧民、卫生健民、文化育民、基础益民、就业安民、保障亲民、宜居乐民、安全保民）。全面加强政治、经济、文化、社会和生态文明建设，推动经济转型跨越发展、社会和谐稳定发展、民族共同繁荣发展，努力使革命老区走出一条生态环境良好、能源资源集约开发、人民生活富裕的科学发展之路。

二　庆阳城市发展战略定位

《陕甘宁革命老区振兴规划》从顶层设计的高度勾勒出了陕甘宁革命老区和庆阳发展的宏伟蓝图。该规划立足革命老区发展实际，着眼资源禀赋和特色优势，从国家战略的高度，运用系统、综合、全面的视角，审视革命老区发展中各个方面、各个层次和要素之间的关系，确立了建设"黄土高原生态文明示范区、国家重要能源化工基地、现代旱作农业示范区、国家重点红色旅游区、基本公共服务均等化试点区"的战略定位，赋予了庆阳革命老区维护国家能源安全、构建生态安全屏障、弘扬红色革命文化、引领西北农业发展的重要使命，确立了庆阳跨越崛起的新坐标。该规划明确要将庆阳建设成能源化工基地和区域性中心城市、人文魅力城市、生态示范城市、西部油城，要重点发展煤电、化工、商贸、特色农产品加工、文化等产业。

（一）战略定位体系

结合相关的政策、规划与探索背景，我们认为庆阳的总体战略定位就是"国家能源化工基地、区域中心城市"。为丰富、夯实这一总体定位，课题组进一步提出未来庆阳城市战略定位的支撑体系，即构建并夯实两个"基地"，率先打造三个"中心"，努力发展四个"示范区"。从而形成庆阳城市功能与发展战略的"2234"战略定位体系。详见图8-2。

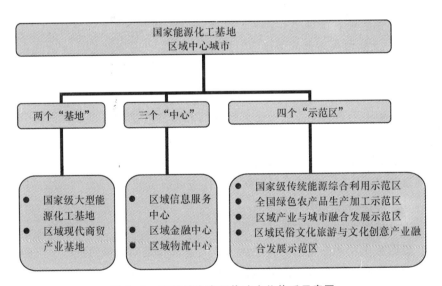

图8-2　庆阳城市发展战略定位体系示意图

（二）战略定位支撑体系

在城市战略定位体系中，支撑体系既是总体定位的延伸，也是总体定位的支点，支撑体系的构建与落实非常关键，往往决定着定位的成败。为此，我们将庆阳定位支撑体系扼要阐述如下。

1. 定位支撑：构建、夯实两个"基地"

（1）国家级大型能源化工基地

能源化工产业是庆阳经济腾飞最重要的基石。其中，石油资源是庆阳最大的优势，石化产业是庆阳的支柱产业。全市油气总资源量40亿吨，已探明石油地质储量16.2亿吨。随着中石油长庆油田、中石化华北油田在庆阳石油勘探开发步伐的加快，庆阳石化600万吨炼油升级改造项目的开工建设，采、炼双千万吨开发的大幕已经拉开。同时，煤炭资源也是庆阳建设能源化工基地的重要支撑，煤炭开发转化是亟待培育壮大的主导产业。庆阳煤炭预测储量1342亿吨，已探明达百亿吨。目前有13家大型企业参与开发。9个区块勘探、总产能3860万吨的8个矿井建设全面实施，正宁2×66万千瓦电厂等煤转电、煤化工项目正在积极推进。此外，天然气、煤层气是庆阳最具开发潜力的新兴产业。天然气预测储量非常大，仅煤层气预测储量就为1.36万亿立方米，极具工业价值。在新形势下，应通过绿色循环、环保生态的产业发展模式，进一步发挥庆阳作为国家级能源化工基地的独有优势。

（2）区域现代商贸产业基地

区域中心城市，往往也是商贸业的集聚地。庆阳应大力发展现代商贸流通产业，为增强城市活力，提升城市的集聚和辐射功能奠定基础。

一是通过引进大型商贸业态，形成新的特色商业区。一方面，要引进大型商贸企业，打造商业区、购物区和住宅区。另一方面，要结合各地方特色资源的产业组合，建设特色商贸服务产业区。同时积极引进游乐设施等项目，实现休闲与购物的深度融合，打造城市游憩商业区（Tourism business district，简称 TBD）。

二是集聚发展专业市场，形成区域专业市场集群。专业市场是未来庆阳商贸服务业发展的重点。一般认为，专业市场是以城镇为基础、空间上集聚的、以经营某类专业产品为特色的专门市场。这类市场区别于一般的集贸市场、百货市场、超市或大卖场等形态，以特定类型的专业产品为主要经营贸易对象，具有跨区域专业产品集散的功能。因此，专业市场是提升一个城市经济辐射力的重要途径。我们通过集聚发展专业市场，引入生产资料电子交易与实物交易相结合的方式，建设大宗商品交易平台，推进批发市场群的园区化升级改造，拓展电子交易和结算功能，力争某些特定产品在庆阳形成对于全国具有影响力的价格调控中心。更重要的是，要围绕现代商贸核心产业来构筑一个相互联动的现代产业体系，同时形成产业与城市空间、产业与城市功能的有机融合和匹配。详见图 8-3。

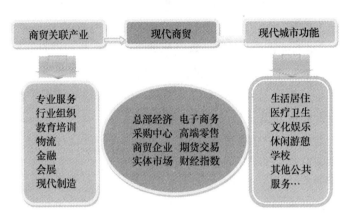

图 8-3　现代商贸产业体系及其与城市功能的融合

2. 定位支撑：率先打造三个"中心"

（1）区域信息服务中心

信息是经济活动中重要的决策依据和重要的管理工具。努力把庆阳建成蒙陕甘宁区域性的信息交流中心，对于充分利用国内国际市场资源，促进庆阳经济发展，推进能源金三角地区经济合作意义重大。

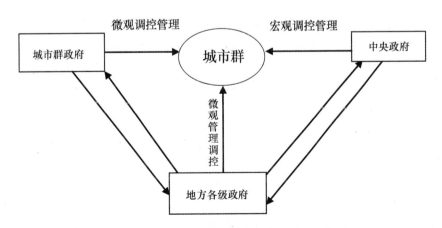

图 8-4　城市群中三级政府管理的权力架构模型

信息交流平台是区域信息服务中心的基本载体，在规划上，要突出信息基础设施、信息资源和信息交流机制这三维架构，通过政务信息、公益信息、商务信息实现信息资源共建共享。

首先，要建立区域合作的信息沟通与交流平台。建议由庆阳发起、建立区域合作发展的创新机制（比如可以叫"蒙陕甘宁能源金三角经济区合作论坛"，秘书处设在庆阳）。建立年度论坛等日常沟通的机制与载体，从此作为本区域内中央与地方、地区与地区、政府与企业、政府与社会的沟通联系枢纽。要建立公共资源信息平台、信息交换和管理平台，促进信息共享，完善相应政策法规支撑及市场标准体系。要积极发挥新华社多媒体数据库、人民网、中国政府网以及省市其他媒体的优势作用。目前，中国移动、中国电信、中国联通等重要运营商，在甘肃都有垂直的派出机构；各省区政府及企业都与庆阳有着千丝万缕的信息关联，因此，要发扬首创精神，从横向与纵向结合层面整合庆阳内部以及庆阳与金三角区域的信息资源与协调功能。

其次，建议建立蒙陕甘宁能源金三角经济区劳动力市场服务中心。要实现区域经济的跨越式发展，必须要有专业人才和熟练劳动力作支撑。要重视和加强人才队伍合理流动和职业培训，利用陇东学院等教育资源，促进本区域人才和劳动力的集聚和流动新格局。要积极实施人才引进战略，通过优惠薪资报酬等待遇鼓励人才进入新兴产业。与此同时，为适应日益激烈的城市竞争对高层次、复合型人才的需求，还要加快建立本区域特别是庆阳本市的人力资源储备。为此，建议庆阳发起、组建区域劳动力市场服务中心。该机构应组织城市群中各地企业和各个城市劳务部门及劳动者，共同建立一个劳务信息平台。同时还应该根据区域企业实际劳动力需求情况提供培训等服务。

（2）区域金融中心

要依托庆阳雄厚的能源化工产业基础、丰富优质的旅游文化资源以及独具特色的农产品和工业产品，充分利用蒙陕甘宁经济区域较好的资金优势，通过多种渠道，建立服务庆阳金融业发展以及服务本区域投融资合作的新格局。为此，要积极探索引进、创立风险投资基金、创业投资基金、私募股权投资基金等基金公司，吸引金融机构在庆阳设立蒙陕甘宁能源经济区的营运总部、管理总部、后台基地，集中开展金融决策、资金调度、授信管理、集团服务等业务。此外，大力发展信贷市场，鼓励银行业利用多种信贷工具加大对区域内的先进制造业、现代服务业、战略性新兴产业、城市基础设施项目和重点国有企业的信贷投放。支持设立中小企业信贷专营机构，积极创新金融产品，完善担保机制，加大对中小企业、"三农"和城镇居民的信贷投放力度。鼓励金融机构开展贷款和信托资产出售转让等业务，增强信贷、信托资产的流动性，形成更加市场化的金融风险分担机制。通过上述努力，不断增强庆阳的金融业集聚力和辐射力，打造区域金融服务中心。

（3）区域物流中心

利用庆阳在能源金三角区域中处于地理几何中心的优势，以现有产业和特色产业为基础，以空间规划为引导，以新城建设和新农村建设为载体，以宜居环境为特色，以大物流产业链为动力，打造庆阳物流产业体系，构建区域物流中心。这对于促进庆阳经济发展、产业结构升级有非常重要的意义。在目前已经处于规划筹建之中的宁县长庆桥物流中心①基础上，进一步扩大规模，拓展体系，优化基础设施，继续在各区县和乡镇开发覆盖庆阳全境、辐射周边区域的物流仓储、物流加工、电子商务等物流多元业态，进而服务于区域经济发展、推进区域经济的一体化进程。

为此，要积极促进物流业发展与能源化工产业、商贸业、制造业的融合互动。整合物流资源，积极发展为专业市场配套的专业物流配送服务，缓解城市交通压力，降低企业运营成本。同时，专业市场、电子交易、商品集散等功能应与物流园区或物流中心建设相配合。此外，还应积极在本区域推行统一的物流软件和物流服务标准，加强硬件标准的兼容性。在运输、配送、包装、装卸、保管、流通、加工、资源回收及信息管理等环节中，达到协调统一，以提高物流服务业的规范化和效率，进一步提升庆阳物流服务的低成本竞争优势。

3. 定位支撑：努力发展四个"示范区"

（1）国家级传统能源综合利用示范区

在庆阳建设国家级传统能源综合利用示范区是庆阳的既定发展战略，同时，建设陇上煤都、西部油城、煤电基地、21世纪全国重要的战略能

---

① 长庆桥位于陕西咸阳与甘肃庆阳、平凉两省三市交界处，素有庆阳"南大门"之称，"十二五"期间，将建成南部重要的能源化工基地、交通枢纽、物流中心，依托宁正煤田开发、西长凤高速公路、西平铁路等大型建设项目而建造。

源开发接替地之一，也是庆阳"十二五"时期发展的重要战略目标之一。面对当前世界经济的新形势和能源市场的新变化，如何做到依靠资源而不依赖资源，开发资源而不变卖资源，实现优势资源由单一开发模式向循环利用转变，是庆阳急需着力破解的重大课题。为此，庆阳应按照"资源开发市场化、资源应用产业化、资源效益最大化、资源利用永续化"的要求和"建设大基地、构筑大产业、实现大循环"的原则，秉持绿色、循环、低碳、高效开发这一理念，紧盯石油、煤炭、天然气、煤层气四种资源，采取绿色开发、深度转化、延伸增值、循环利用四种方式，全力打造千亿元石油石化、千亿元煤转化、十亿立方米煤层气开发、百亿立方米天然气综合利用和能源转化、废弃物循环再利用等五大产业集群，努力建设能源新都。

（2）全国绿色农产品生产加工示范区

2014年4月，《庆阳市创建全国绿色农产品生产加工示范区规划》已获得甘肃省农牧厅批准，庆阳市政府印发了《关于创建全国绿色农产品生产加工示范区的实施意见》，市政府办公室印发了《关于做好2014年创建全国绿色农产品生产加工示范区的意见》，各县（区）目前正在按市政府的安排要求和规划的具体内容进行实施，这标志着全市创建全国绿色农产品生产加工示范区工作全面启动。创建全国绿色农产品生产加工示范区，是庆阳市委、市政府立足全市农业资源优势做出的重大决策，是做大、做强"黑、绿、红、黄"四大产业和建设"一线八域"、打造"一区四园"的一项重要内容。这项工作从2014年全面启动实施，预计到2016年底结束。工作重点及主要目标是：建成绿色优质苹果、绿色瓜菜、绿色保健粮油、绿色标准化畜禽养殖等四大生产基地面积270万亩，养殖规模为490万头（只、羽）；建设庆城驿马绿色农产品、镇原金龙绿色果蔬、西峰绿色食品、宁县和盛绿色农产品、环县绿色小杂粮等五大加工区，发展绿色农产品加工龙头企业达到100户以上；认证绿色食品及有机农产品品牌100个，发展绿色生产营销农民专业合作社1000个。此项工作的实施，对于庆阳发展集约化、规模化、标准化、产业化的现代农业，提高农产品质量水平，增强农产品市场竞争力，促进农业增效、农民增收和农村发展有着十分重要的意义。

（3）区域产业与城市融合发展示范区

结合理论研究与庆阳的实际情况，我们认为庆阳的城市化与城乡统筹应选择"产城融合模式"。产城融合模式强调产业协调、功能融合、城乡统筹、生态平衡的城市发展形态，是产业复合、功能复合、城乡复合、生态复合有机结合的区域发展战略模式。庆阳致力于打造国家能源化工基地、区域中心城市与甘肃省发展的增长极，在路径选择上就应综合考虑经济、社会、生态、资源等要素协调发展，采取产业与城市功能协调共生、齐头并进的发展模式，使经济发展、城市化、公共服务与民生更好地协调统一。

庆阳是城市化的落后地区，农业现代化与新型工业化的任务也很艰巨。要敢于突破行政区划藩篱、强化产业主导、强化央地合作、实现产城融合、打造产业集群。要大力推动先进制造业、现代服务业和现代农业的发展，同时以产业为支撑进一步推进庆阳的城市化进程，从而实现产业转型、工业化发展与城市化进程的良性互动与交融发展，探索一条民生导向的区域一体化发展、城乡统筹发展以及环境优先发展的新型发展道路。

（4）区域民俗文化旅游与文化创意产业融合发展示范区

产业融合是现代产业发展的重要特征。事实证明，凡是农业发达、农民收入较高的地区都是把传统农业与现代服务业有机结合起来的典范。庆阳要在民俗文化、旅游资源与文化创意产业方面融合发展，就必定内含着农业与二、三产业融合发展的战略要求。这就要求庆阳要不断拓宽产业融合的视野。

庆阳民俗文化旅游资源丰富。文化创意产业具有知识密集、高度融合、低资源耗费和低环境破坏的特点，是符合科学发展原则的产业，也是庆阳实现旅游业跨越的重要突破口。从国内外经验看，文化创意产业具有显著的创造就业效应，文化创意产业正逐步成为吸纳就业的"蓄水池"。作为增长迅速的新兴领域，文化创意产业不仅提供了大量新增就业岗位，而且对调整社会劳动力结构具有非常重要的作用。另一方面，发展文化创意产业有助于增进服务型消费，对于启动内需具有不可替代的作用。因此，要把握文化创意环节和生产制造环节，促进庆阳民俗文化旅游与文化创意产业的融合发展。民俗文化旅游与文化创意产业融合的价值链包括五个环节，即内容创意、生产制造、营销推广、传播渠道和消费者。庆阳应在文化旅游产业链上，嵌入文化创意产业园区，重点做大内容创意环节与生产制造环节，并注重产业关联发展，深度挖掘关联点，实现产业之间的协同发展。详见图8-5。

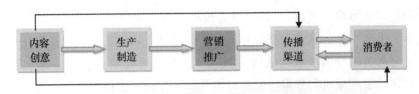

图 8 - 5　文化旅游与文化创意产业融合的基本价值链

此外，要依托香包文化节等大型文化艺术基地项目，打造文化创意品牌的赢利模式，发展更具综合价值的旅游景点。要积极进行文化与旅游、商业的融合创新，以文化为灵魂，以商业和旅游为载体，将庆阳打造为区域内民俗文化旅游与文化创意产业融合发展的示范区。

第四节　庆阳未来发展的原则、目标与核心路径

一　发展原则

要实现城市定位的超越与升级，就必须有明确的指导思想与发展原则。

（一）坚持解决当前问题与着眼长远发展相结合

庆阳应针对现实存在的问题，从解决基础设施薄弱、社会事业发展滞后、生态脆弱、贫困人口多等主要矛盾入手，处理好人民群众当前最紧迫、最突出的问题。同时，要着眼长远发展，把资源开发与生态环境保护结合起来，调整优化产业结构，大力发展循环经济，增强可持续发展能力。

（二）坚持资源开发与利民富民相结合

庆阳要充分发挥资源优势，积极发展特色优势产业，提升地区整体经济实力。同时要在资源开发中坚持富民优先，通过资源开发带动当地经济社会发展和农民增收，让人民群众实实在在得到实惠、共享发展成果。

（三）坚持加快经济发展与推动社会进步相结合

要夯实庆阳发展基础，加快资源就地转化加工，增强科技创新能力，努力实现跨越式发展。同时要着力保障和改善民生，加强社会事业建设，推进基本公共服务均等化，促进经济和社会协调发展。

（四）坚持发挥比较优势与促进区域合作相结合

在充分发挥各地比较优势的同时，要切实加强区内合作，扬长避短，

优势互补。在此基础上，应积极参与国内外分工，提高合作水平和质量，形成整体优势，实现互利共赢。庆阳的发展定位不仅要立足自身的区位优势、资源要素优势，自下而上地寻找突破，更要审时度势、从国家和区域发展的更高使命和更大责任出发，在自上而下的功能体系中寻找定位坐标和发展契机。

（五）找准战略的关键"基石"

目前，庆阳以县域经济、镇村经济为主体，现有基础尚不能直接支持庆阳建设区域中心城市的相关战略实施。因此，其全面发展，应当有理性的决策和合理的开发时序规划。在庆阳的战略发展中，城市化与产业转型发展应融合并行，这是庆阳发展战略的关键所在。

首先，加快城市化进程。庆阳城市化的重点是老城建设与更新、新城规划建设和城镇体系重构等，主要任务为基础设施建设、产业集聚发展、宜居环境建设和农村劳动力转化，目的是为整个庆阳的发展打造坚实的城市功能基础。

其次，产业扩张与转型战略的实施。主要任务为金融、信息、物流、先进制造业、文化旅游和文化创意产业基础设施与载体的建设、相关企业集聚和战略集成等，这是庆阳实现产业链延伸、产业带动（现代农业、现代制造业和高端服务业等）、经济增长和区域一体化发展的强大引擎。

要坚持发挥城市化和产业发展的核心作用，通过产业布局和城市建设的融合并进，为开创庆阳全面、协调发展的良好局面奠定基础，同时为形成优越的政策环境和发展空间创造条件。

（六）坚持自力更生与国家支持相结合

在充分发挥地方的主动性、积极性和创造性，深化体制机制改革，鼓励和吸引民间投资，提高经济活力和市场竞争力的同时，国家要加大资金、项目和政策支持力度，推动革命老区经济社会全面发展。

二　庆阳发展的阶段性目标

（一）深入贯彻落实《陕甘宁革命老区振兴规划》

根据中共庆阳市委、庆阳市人民政府关于贯彻落实《陕甘宁革命老区振兴规划》的实施意见，我们确定了庆阳发展的战略节点及相应目标。即到 2016 年，"四大"基地初步建成，农产品加工业、红色文化产业、旅游业等特色产业初具规模，基础设施建设、生态建设和环境保护取得重大进展，节能减排和资源综合利用水平不断提高，节水型社会建设迈出实质性步伐，就业持续增加和人均基本公共服务能力增强，主要经济指标居全省前列，力争达到规划区内中上游水平。生产总值突破 1000 亿元，年均增长 22.8%；规模以上工业增加值达到 600 亿元，年均增长 26.9%；大、小口径财政收入分别达到 200 亿元和 110 亿元，年均分别增长 27.8%和 26.1%；城镇居民人均可支配收入达到 23980 元，年均增长 14%；农民人均纯收入达到 6150 元，年均增长 14.3%。城市化进程显著加快，城镇化率达到 40%以上。到 2020 年，经济实力显著增强，"四大"基地全面建成，现代能源产业体系基本完备，生态环境全面恢复，可持续发展能力增强，单位产值能耗及污染物排放达标，基本公共服务和社会保障体系健全完善，人民生活水平和质量不断提高，经济实力达到全省领先、位居规划区内上游，实现全面小康社会目标。生产总值达到 2500 亿元，年均增长 15.8%；规模以上工业增加值达到 1300 亿元，年均增长 13.2%；大、小口径财政收入分别达到 550 亿元和 300 亿元，分别增长 22.4%和22.2%；城镇居民人均可支配收入达到 48230 元，年均增长 15%；农民人均纯收入达到 12370 元，年均增长 15%。

（二）深化阶段性战略任务观

1. 起步阶段（2015—2016 年）：品牌规划，战略布局

目标：初步完成城市品牌营销规划，形成新的城市功能与战略的布局。

主要任务：制定庆阳城市品牌规划，推动庆阳转型发展的体制机制改革，提升庆阳基础设施，推出庆阳"2234 战略定位"概念；同时，围绕城市定位体系，推出若干战略概念，展开城市建设和营销，推动区域合作平台建设，推动物流、金融、现代农业、现代商贸及新型资源与能源产业等产业与事业的发展，初步构建出庆阳的战略优势、体制机制优势及中心城市话语优势。

2. 发展阶段（2017—2020 年）：内引外联、产业集聚

目标：奠定区域中心城市的基础性架构。

主要任务：通过内部资源与管理整合、系统化规划和建设，争取国家和甘肃省的政策支持，搞好区域的经济合作，初步建成区域中心城市的基础性体制机制架构和产业经济基础；初步建立庆阳的城市品牌形象，并能

有效统领和带动庆阳"2234"战略概念的实施。

3. 成熟阶段（2021—2025年）：功能完善、品牌彰显

目标：区域中心城市功能得以实现，城市品牌得到强化。

主要任务：全面推进并实现"2234"定位体系建设，成为革命老区及能源金三角地区的重要中心城市，并成为本区域实现城市转型发展的标杆城市。其中，服务业增加值占比超过45%，城镇化加速发展，达到50%。其中，西峰区发展为人口超过40万的城市中心区。新兴能源化工产业、现代服务业及旅游文化产业带动庆阳全面转型基本完成。

三 核心战略路径

坚持上述发展原则、实现既定的战略目标并非易事。为此，本研究提出庆阳发展的如下战略路径。

（一）聚焦功能定位，力促转型升级

庆阳现有产业层次不高、资源性产业比重过大，这是推进科学发展的主要制约因素。未来产业的发展，不仅要破除这一制约因素，更要实现庆阳低碳转型与科学发展。我们要立足自身优势和现实基础，重点发展金融、物流、商贸、旅游、文化创意、现代农业等新兴产业；同时，立足于自身区位优势，结合国家及甘肃省内的政策支持，大力发展与能源化工、现代农业与文化旅游等产业相配套的高端服务业，为庆阳以及蒙陕甘宁能源金三角区域的转型发展提供专业咨询、生产资料供给、金融及技术服务以及高端消费服务等方面的支持。

（二）推动产城融合，打造城镇网络

工业化和城镇化"双轮驱动"是中国当前区域经济发展的最大亮点。然而，在各地的发展实践中，却大多忽视了"产城融合"的理念，要么偏重于单一生产型园区经济，缺乏城市的依托；要么偏重于土地的城市化，缺乏产业和人口的支撑。总之，这种"产城脱节"的现象，已经造成了诸多负面的后果。特别是在"新城"热期间，"空城"、"堵城"、"睡城"等城市或园区功能失衡的现象比较严重。产业是城市发展的基础，城市是产业发展的载体。城市与产业应该是相伴而生、共同发展的。因此，城市化与产业化要有机匹配，宜居与宜业应相得益彰，这才是空间效益最大化的合理路径。

其中，转换城市规划理念是关键。中国传统城市规划给城市化带来的

问题日渐凸显：从目标趋同到功能重复，从产业同构到形象单一，从千城一面到特色危机，从盲目扩张到摊大饼式发展，从空气污染到交通拥堵，从人文精神失落到城市文化贬值，从城市功能紊乱到城市定位模糊。造成这些城市规划问题的"原罪"，都是传统城市规划专家没有创新造成的。[①]庆阳也面临着城市快速发展的诸多问题，这给城市规划提出了新的、更高的要求。作为一个新兴的城市，庆阳应该用新的理念来主导城市规划工作。

庆阳市委、市政府在开发南部新区的同时已经搬迁到了新城区，市法院、西峰区公安局等机关单位也落户南区，经过近十年的建设，南区从市政公路、广场等基础公共设施到居民小区都有了很大的发展，对经济发展和改善民生都有很大的积极意义。面对传统的城市规划所带来的市民失业、交通堵塞等难题，城市规划工作应该转换理念。庆阳应该一改过去的工业区、商务区和居民区这种按功能分块的老思路，把庆阳南部新区规划成一个生态化、田园化的城市。具体来讲就是各种功能区相互和谐分布，工业园区周围有居民区和商业区，让工业和服务业结合起来，让市民在家门口就可以从事服务业，实现促进就业，缓解上下班所导致的交通拥挤等问题。可以说，庆阳的"产城融合"发展的策略，能够使城市化、产业化和城乡统筹沿着健康的道路演进。为此，应依托庆阳现有的城市布局和小城镇分布，将产业集聚区建设成为兼有生产、服务和消费等城市功能的城镇功能区，最终形成人口适度聚集、产业特色鲜明、社会活力充沛、功能错位合作的一体化城镇网络。这一城镇网络，同时也是庆阳产业体系的"龙脉"所在。

（三）加强城乡统筹，确保协调发展

根据庆阳的现实情况，统筹城乡、协调发展，是推进科学发展的主要任务之一。要把统筹城乡发展作为实现全面建设小康社会目标的根本要求，把改善庆阳城乡居民生活水平作为调整国民收入分配格局、拉动内需的重要策略，把发展区域性、集群化的能源化工、物流、旅游观光、文化创意及其配套产业以及现代农业等作为转变经济发展方式的重要环节，把建设社会主义新农村和推动田园式城镇化作为保持协调发展的主要途径，把区县之间的资源整合、基础设施对接作为巩固区域协调发展的主要任

---

① 肖志营：《营销大策划》，天津人民出版社 2004 年版，第 253 页。

务。统筹经济社会发展是实现公共服务均等化、构建和谐社会的根本途径，加快经济发展方式转变是促进经济社会全面发展的内在动力。同时，要把完善居住、就业、教育、养老、医疗卫生和社会公正等社会事业作为抓手，在经济发展的基础上实现社会全面进步，在城乡居民共享发展成果的基础上，实现庆阳的特色城镇化。

（四）增强创新驱动，加快转变方式

庆阳要围绕特色产业自主创新，提升技术层次，促进产业集聚，打造品牌经济。

一是要培育企业创新意识，促进产业技术平台建设，加快构建三个"中心"与四个"示范区"的基础产业链。

二是要着力培育大型企业集团。采取更加有力措施，促进各类生产要素向优秀企业集中。

三是要加快城镇网络化建设步伐。突破行政区划，科学规划，推动产业向产业集聚区集中、人口向城镇集中、居住向社区集中，提高土地资源利用效率，实现基础设施共建共享，提高产业支撑和人口聚集能力，推动城乡统筹、产城一体，实现功能、产业、生态、空间以及体制复合，形成促进城乡一体化发展的复合共赢的城乡体系。

四是要实现向以高素质人才队伍为支撑的经济发展方式转变。教育是基础，培训是助力，研发是动力，引进是催化剂。加快产学研一体化的衔接渠道建设，推动区域创新。

（五）保护自然环境，追求天人和谐

推进本地区黄土高原的生态化与旱作传统农耕地区的田园式城市化模式，需要坚持人与自然、人与社会、人文和生态和谐共生，走自然和谐发展之路。工业化、城市化的推进，会不可避免地带来些负面影响，我们必须树立环境优先、生态发展的理念，处理好工业发展、城市化建设与生态建设的关系。构建资源节约型和环境友好型社会，实现经济低碳化、环境宜居化、发展可持续化。

（六）发展普惠民生，营造社会和谐

庆阳的战略发展，牵涉面广、转型力度大。需要扩大社会保障覆盖面、加大城乡基本公共服务均等化力度，在基本养老保险、医疗保险、子女入学保障方面给予大力扶持。尽可能地提高征地补偿标准，保障城乡居民的各项权利特别是农民工的合法权益，加大工伤保险方面的投入。此外，还要着力加强城市社区及农村基层政权的治理改革，促进社会管理创新，营造人民安居乐业、社会稳定和谐的良好局面。

　　总之，对于一个正在兴起的城市来说，政府在政策层面的作为对未来的城市发展状况和城市在本区域中所扮演的角色具有决定意义。庆阳市政府应该抓住机遇，积极争取政策层面的优势资源，力争在先行先试中获得竞争优势。

第九章

构建区域中心城市的突破点：
抢占金融与物流高地

经济全球化和区域经济一体化已经是世界经济发展的一大趋势。在推进一体化过程中，中心城市应通过集聚与扩散两种机能的交互耦合，借助政治、经济、文化、社会等方面的力量，辐射、带动周边地区，进而促进整个区域经济社会稳步向前发展。中心城市已经成为区域经济增长的引擎，决定着区域经济社会发展的整体水平，而区域之间的竞争也更多地表现为中心城市之间的竞争。

庆阳提出了"率先发展、创新发展、绿色发展、和谐发展"的经济社会发展总纲领，同时，甘肃省委、省政府也提出要将庆阳打造为经济增长极。"核心—边缘理论"认为，在若干个区域之间会因为多种原因，使得个别区域率先发展成为核心，其他地区则因发展缓慢而成为外围。而增长极理论认为，要想使一个地区经济加快发展，在资源有限的情况下，应该将具有增长极条件的或相对于其他区域具有比较优势的区域中心城市首先发展起来，从而促进整个省市经济的发展；应该通过区域中心城市产生的扩散效应，带动周边地区的发展。由此可见，无论是甘肃省委、省政府，还是庆阳当地政府的发展战略，都是把庆阳的发展目标指向区域中心城市的。

第一节　率先打造区域金融中心

一　金融中心的内涵

国内外不同学者对金融中心的定义不同。美国金融学家金德伯格（Kinderberg）从金融中心的功能角度给出的定义是：金融中心聚集着银行、证券发行者和交易商，是承担资金交易中介和跨地区价值储藏功能的中心区。它不仅对个人和企业的储蓄及投资进行跨时结算，将资金从储蓄者手中转移到投资者手中，还会影响不同地区间的资金交付和转移[1]；中国台湾学者李芝兰（1995 年）指出：所谓金融中心，系指全球许多国际金融机构借款者及投资者聚集并进行国际资金借贷的城市或地区。很明显，她所给的定义强调了金融中心的国际金融交易集中地的特点，但这一定义显然不适用于某一国的全国金融中心和国内的地区金融中心；中国香港学者饶余庆对金融中心的定义是：金融中心是银行与其他金融机构高度集中，各类金融市场能够自由生存和发展，金融活动与交易较其他地方更有效率地进行的都市[2]；中国内地学者刘文朝认为：金融组织、金融市场集中，在金融的筹集、分配、流动方面起着枢纽作用的中心城市被称为金融中心。[3] 从理论上讲，金融中心是一个相对的概念，从其影响力和作用度来看，金融中心大体可分为国际金融中心、国际区域性金融中心、国内金融中心和国内区域性金融中心四大类。本书关注的是国内区域性金融中心，即以某一中心城市为依托，在经济迅速发展的同时，迅速集聚金融资源并辐射周边城市。为了实现庆阳中心城市的战略地位，我们必须提升庆阳金融业的整体竞争力，打造区域性金融中心，这将是庆阳金融业的一次战略选择。

金融是经济活动的核心，也是发达经济体和发展中经济体的最重要组成部分。金融产业是高科技、高管理、高增值、高环保的产业；金融产业能吸引高级人才，创造更多的就业机会；金融中心能吸引腹地巨额的资金流动，刺激多种商务的扩张和多样化。建设金融中心，是构建以金融服务业为核心的现代服务产业集群，带动庆阳、蒙陕甘宁能源金三角乃至西北经济区快速发展的重要途径。庆阳建设金融中心的发展目标是，将庆阳建设成一个聚集各类金融机构和配套商业服务机构，拥有独具特色、较强资金融通和金融服务能力的金融功能区。

二　庆阳建设区域金融中心的优势

区域性金融中心的理论源自法国经济学家佩鲁克斯提出的区域经济发

---

[1]　Kindleberg, *The Formation of Financial Centers: A Study of Comparative Economic History*, Princeton, 1974.

[2]　饶余庆：《香港国际金融中心》，商务印书馆 1997 年版。

[3]　王可：《建立东北区域金融中心问题初探》，《黑龙江对外经贸》2005 年第 2 期。

展的增长极模式。增长极理论认为在区域经济运行中，增长极具有两种效应：极化效应和扩散效应。前者指在增长极形成时，对周边地区的资金、人才、技术等生产要素的向心吸引力；后者是指增长极形成与发展壮大后，资金、人才、技术等生产要素逐渐向周边地区渗透流动，从而将经济动力和创新成果传导到广大腹地地区，促进整体区域经济的发展。作为区域金融增长极，随着金融中心的发展，不仅会产生极化效应从而使原有金融组织实现规模经济，而且还会产生辐射效应进而带动周边地区的经济发展。

一个城市能否成为金融中心，关键是要看其是否具备建立金融中心的一系列软、硬条件，只有基本条件具备了，才有实现的可能。

（一）打造区域金融中心的区位优势

庆阳位于甘肃东部，陕甘宁三省区的交会处。庆阳东接陕西的宜君、黄陵、富县、甘泉、志丹等县；北邻陕西吴旗、定边及宁夏的盐池；西与宁夏的同心、固原接壤；南与本省的泾川及陕西的长武、彬县、旬邑相连。国道、省道纵贯南北，横穿东西，构成"两纵两横"公路主骨架，庆阳机场开辟了至兰州、西安、北京、上海的航线，是连接兰州、西安等地的交通枢纽。因此，将庆阳建设成为区域金融中心，必将对本地、蒙陕甘宁能源金三角乃至西北地区带来金融资源的极化效应和扩散效应，辐射周边地区，推动整个区域经济发展。

（二）经济增长潜力巨大，为打造区域金融中心提供了坚实的物质基础

中国共产党的十八大报告提出，到 2020 年，我国要"实现整体经济规模和城乡居民人均收入比 2010 年翻一番"、"全面建成小康社会"。根据甘肃省"跟全国同步进入小康"的战略目标预计，未来 5—10 年甘肃经济将处于快速发展的状态。庆阳作为甘肃"中心带动、两翼齐飞"战略东翼的核心，其发展的潜力更是值得关注。根据中国社会科学院《2011 年中国城市竞争力蓝皮书：中国城市竞争力报告》研究，庆阳位居甘肃综合竞争力增长前十名城市第一名。同时，在"十二五"期间，庆阳将实施一系列重大项目，预计总投资额将超过 4000 亿元。这些都为金融业提供了难得的发展机遇。

（三）金融业助推经济社会发展的作用日益凸显

庆阳金融机构人民币存贷款量保持了较快发展速度，在全市经济转型

跨越发展中发挥了积极作用。截至 2012 年末，全市人民币各项存款 506.07 亿元，同比增加 95.19 亿元，增长 23.18%；各项贷款余额 243.67 亿元，同比增加 67.07 亿元，增长 37.98%；各项存、贷款较 2012 年初分别新增 94.75 亿元、67.08 亿元，增长 23.04%、37.9%，新增存款运用率达到 70.8%。金融支持"三农"和小微企业发展作用日益显现，到 2012 年末，全市银行业金融机构涉农贷款余额 163.24 亿元，较 2012 年初增加 37.72 亿元，增长 30.05%；农村合作金融机构与 33.7 万农户建立了信贷关系，贷款覆盖面达到 68%，农户小额信用贷款评级授信面达到 81%，授信总额达到 84 亿元。累计发放小微企业贷款 34.62 亿元，余额达到 55.5 亿元，较 2012 年初增加 11.18 亿元，增长 25.37%。①

（四）金融机构体系较为完备，为金融中心集聚功能的建立奠定了较好的基础

金融机构的集聚是金融业和金融中心发展水平的重要标志。庆阳共有银行业金融机构 5 类 388 个，从业人员 3545 人。其中政策性银行 1 家，分支机构 4 个，从业人员 107 人；国有商业银行 4 家，分支机构 87 个，从业人员 1646 人；城市商业银行 2 家，从业人员 104 人；农村中小金融机构 12 家，分支机构 185 个，从业人员 1400 人（农村信用合作机构 8 家，营业网点 177 个，从业人员 1306 人；村镇银行 3 家，营业网点 6 个，从业人员 134 人；农村资金互助社 1 家，从业人员 7 人）；邮政储蓄银行 1 家，分支机构 54 个，从业人员 228 人。准金融机构 104 个，其中小额贷款公司 43 个、融资性担保公司 36 个、典当行 25 个，从业人员约 460 人。已经形成以银行和保险为主，证券和其他金融机构为补充，其他多种类型金融机构并存，结构基本合理、功能较为完备的现代金融体系，基本形成了以人民银行、国有商业银行和其他商业银行为主导，政策性银行、非银行金融机构并存的较为完整的金融组织体系。此外，还有多家会计师事务所、律师事务所等中介服务机构，健全的金融机构体系奠定了庆阳建立区域金融中心的基础。

（五）多种政策叠加，为金融中心的建立提供了难得的机遇

国家及省市相关政策助推区域金融中心的建立。一是国家深入实施西部大开发战略，强化对西部地区财政、投资、金融的政策扶持，在基础设

---

① 《庆阳市金融业创新发展规划》（2013—2015 年）。

施、能源基地和生态环境建设等方面给予项目倾斜；二是《国务院办公厅关于进一步支持甘肃经济社会发展的若干意见》，把庆阳能源化工基地建设提升到国家战略层面，对能源资源开发和革命老区扶贫开发给予大力支持；三是关于"要把革命老区庆阳作为扶贫开发的重点地区"及《甘肃省六盘山片区区域发展与扶贫攻坚实施规划》的出台，对于加快庆阳扶贫开发、统筹推进城乡发展提供了强大动力；四是《关中—天水经济区发展规划》和《陕甘宁革命老区振兴规划》的实施，将使庆阳的资源、区域优势得到进一步发挥，有利于庆阳形成区域经济发展的增长极。这些都为庆阳构建区域性金融中心提供了重要的历史机遇。

三　庆阳建设区域金融中心的制约因素

（一）经济总量不够大，金融业发展水平不高

庆阳金融业增加值占第三产业增加值和地区生产总值比重较低。现代社会发展表明，第三产业发展水平是衡量城市现代化水平的重要标志。在中国，越来越多的城市认识到，金融业不仅通过资本集聚和配置促进地方经济增长，还作为一个高增长、高附加值的产业，在产值、税收、就业等方面为地方经济增长做出直接贡献。因此，国内许多城市都在构建国际性、全国性以及区域性的金融中心，都是为了确立金融业这一重要产业的地位，通过加快金融产业化进程，充分发挥金融业的促进城市经济发展和优化城市中心功能的核心作用。

近年来，庆阳金融业虽然发展较快，但其自身作为一个产业，对庆阳经济发展的贡献度较低。金融保险业增加值为 3.53 亿元，对三产贡献率为 7.9%，拉动第三产业增长 1.11 个百分点。

（二）金融集聚程度低，创新能力不足，市场辐射能力弱

尽管近年来，庆阳金融机构无论在种类还是数量方面都在不断增加，但是总体来说，庆阳不仅缺乏实力强、辐射能力广的大型金融机构——如全国性股份制商业银行、证券公司和保险公司，而且还缺乏专业的机构投资者以及资产管理公司、金融公司、财务公司、基金公司等。银行业务主要集中在资产负债业务，高附加值的中间业务所占比重较小，银行新业务、新品种开发和推广赶不上国内其他金融集聚程度较高的城市。证券业仅有两家证券公司在庆阳设立了营业部，债券市场局限于国债，货币和同业拆借市场不够发达；保险产品较单一，主要集中在寿险和普通财产险

上，风险过于集中，信用保险、保证保险、责任保险等相关险种有待拓展。部分金融机构盈利能力和竞争能力不强，对外辐射功能有限。

（三）金融产业存在结构性问题，存贷款结构有待优化

2008 年，全市各项存款余额为 220.46 亿元，各项贷款余额 71.94 亿元，存贷差额 148.52 亿元，存贷比为 32.63%。2011 年，各项存款余额411.32 亿元，各项贷款余额 176.59 亿元，存贷款差额 234.73 亿元，存贷款比为 42.93%。2012 年，各项存款 506.07 亿元，各项贷款余额 243.67亿元，存贷比为 48.15%。由此可见，存贷款差额进一步扩大，说明存贷款结构严重不合理，资金运用严重不足，存贷款结构有待进一步优化。

尽管庆阳金融机构种类不断增加，但在服务结构方面仍存在一定问题。主要体现在国有商业银行贷款门槛高，再加上庆阳大型企业少，导致商业银行存贷款差额不断扩大，而中小企业又难以获得贷款，缺乏为中小企业融资提供服务的机构和机制。庆阳目前还没有一家上市公司，对中小企业而言，上市融资及发行债券存在诸多障碍。在金融产业链方面，对全市金融业发展缺乏统一规划、扶持和整合，金融产业链不够完整，尤其是信用担保体系、产权交易体系和金融法制建设相对滞后。因此，金融对企业中长期的发展支持较弱，使企业难以抓住实现跨越式发展的机会，难以形成企业发展与金融发展互相促进的良性循环。

（四）金融人才资源匮乏，制约区域金融中心的建设

金融业是现代经济的核心，在经济和社会发展中具有十分重要的作用。金融业是知识和智力密集型产业，也是科技含量高、创新步伐快的产业，这就需要更加重视人力资源开发，提高从业人员素质。而在庆阳极其缺少善经营、会管理、具有国际视野和宏观思维的金融人才，在金融创新日新月异，金融市场瞬息万变，国际金融运行不确定性和风险增加的形势下，人才匮乏对于建立区域金融中心是一个严重的制约因素。

四　庆阳建设区域金融中心的对策

（一）重视金融生态环境建设，创造金融业发展的良好空间环境

建设适应各类金融机构集聚和发展的优越金融生态环境是庆阳建设区域性金融中心的基础，为此应该从以下几个方面努力。

第一，加强社会诚信体系建设。必须出台相关法规规范个人征信机构、政府、企业征信机构等三个主体的行为，使征信活动有法可依，重点

抓住信用信息记录、信用产品使用以及失信惩戒三个关键环节，改善金融业生存发展的外部环境，逐步建立起个人和企业信用信息标准，使庆阳成为蒙陕甘宁能源金三角的信用信息中心。

第二，优化金融法制环境，规范金融市场秩序。切实保障和维护金融机构的经营自主权，吸引金融机构进驻庆阳，加大对金融机构和区域性银行总部的引进，力争尽快成为地区性银行与非银行金融机构集聚中心。

第三，加强金融基础设施建设，创造良好的空间环境。完善城市金融中心区域规划，营造金融机构集聚的市场环境，出台优惠政策，为金融中心诞生创造有利条件，促进金融业的现代化建设，特别是要推进金融信息化建设，提高金融业务处理的效率和质量，加速资金周转，节约交易费用，从而提高庆阳金融服务业的质量和竞争力。

（二）加快金融产业发展，充分发挥金融对经济的支持作用

庆阳要构建区域性金融中心，应把金融业纳入国民经济整体规划，确立金融业作为重要产业的地位，明确金融产业发展的具体目标，优化金融产业发展的环境，制定促进金融产业发展的产业政策和人才政策，充分发挥金融对经济的支持作用，提高金融业对整体经济发展的直接贡献度，吸引国内金融机构和外资金融机构来庆阳发展，培育各种金融中介，推动本地互联网金融发展与创新，建立健全庆阳金融业发展的市场体系，逐步形成辐射蒙陕甘宁能源金三角的金融资金供求集散中心和金融服务中心。

（三）大力发展证券业，进一步扩大融资渠道

积极培育证券中介机构，发挥其在地方证券业和证券市场发展中的服务功能，推动证券业的发展。主要是推动上市公司发展，加大上市公司培育力度，加强对企业上市的引导及筹划，鼓励企业通过上市规范发展，做大做强。积极培育上市公司后备资源，推动大中型企业到主板上市融资；支持中小企业通过中小企业板上市融资，真正发挥上市公司的融资平台作用。以产业政策为导向，积极吸引主营业务突出、具有核心竞争力、市场盈利前景良好、运作规范的国内外有实力的大企业入驻庆阳，积极推动本地有条件的大型企业集团整体上市。

（四）加快中小企业信用担保机构和担保体系的构建，畅通银企借贷渠道

加快中小企业信用担保机构和担保体系的构建，利用其在信用考核、项目审查等方面的专业优势，向有产品、有市场、有发展前景，特别是有

利于技术进步、科技创新的技术密集型及扩大城乡就业的劳动密集型中小企业提供信用担保服务，方便庆阳中小企业融资，促进地方工业发展。

（五）加大金融人才引进和培养力度

在庆阳建设区域金融中心的过程中，人才是关键，因此，要制定优惠政策吸引人才。在人才引进方面，对于能够留下来的人才，应该创造良好的工作和生活环境来激励；对于名师、大师级的人才，可以考虑兼职引进。同时，要加大区内人才培养。一是提升金融从业人员的素质，加大培训力度，使金融从业人员在经营理念、经营才能方面有大的突破，能够适应区域金融中心的建设；二是通过与各大专院校合作，通过联合办学、建立科研实践基地等方式，实行订单式培养，为庆阳培养出理论基础扎实、视野宽阔的金融高级人才；三是加强政府机构等管理部门人员培养，使相关部门在进行决策和宏观管理中能够科学地制定政策，提高管理效率。

（六）推动庆阳经济发展，加强与周边其他城市间的互动协作

在庆阳建立区域中心城市和建立区域性金融中心，必须是建立在庆阳经济飞速发展的基础之上，以有广阔发展前景和回报丰厚的产业吸引产业资本，所以在庆阳实现经济率先发展的同时，要加强与周边城市的协作，实现周边城市金融资源向庆阳的集聚和庆阳作为金融中心影响力向其他城市的辐射，从而提高资源配置的效率。

第二节　精心构建区域物流中心

区域物流是区域内部与区域之间的物流活动。是以大中型城市为中心，以区域经济规模和范围为基础，在一定区域地理环境中，将区域内外的各种物品从供应地向需求地进行有效的实体流动。它可以提高自身区域的综合经济实力，并辐射其他区域。区域经济是在一定区域内经济发展的内部因素与外部条件相互作用而产生的生产综合体，是以一定地域为范围，并与经济要素及其分布密切结合的区域发展实体。区域经济为区域物流发展提供了物质基础，没有区域经济等各种物质交换活动的扩大，区域物流就不会有大的发展；而区域物流则是区域经济形成与发展的主导力量之一，它对改善生产效率和经济效益，提高区域市场的竞争能力，改变生产企业布局和生产方式都发挥着积极的能动作用。

一　庆阳构建物流中心的优势

（一）具备发展物流中心的区位条件

庆阳地处蒙陕甘宁能源金三角的核心区，具有承接、辐射产业发展的优越地理位置和实现全方位、广领域合作的有利条件。这种强聚集和远辐射的特殊地理区位优势，在发展现代物流产业中显得尤为突出。同时，广袤的董志塬地区和集中的区域人口，更为物流中心的打造奠定了坚实的自然和社会基础。

（二）拥有发展物流中心的丰富物产

庆阳是甘肃的石油天然气化工基地，也是长庆油田的主产区。已探明油气总资源量 40 亿吨，占鄂尔多斯盆地总资源量的 41%，其中石油地质储量 16.2 亿吨，2011 年原油产量为 451.66 万吨；庆阳煤炭储藏覆盖全市，预测储量 1342 亿吨，是甘肃省预测储量的 96%。截至 2011 年底，庆阳已探明煤炭资源 100 多亿吨。

庆阳地处全国苹果生产最佳纬度区，是中华人民共和国农业部确定的西北黄土高原苹果优生带。红富士苹果、曹杏、黄柑桃、九龙金枣备受消费者青睐。庆阳是甘肃优质农畜产品生产基地，早胜牛、环县滩羊、陇东黑山羊、羊毛绒等大宗优质农牧产品享誉国内外。庆阳是全国规模最大的白瓜子加工出口和杏制品加工基地，是全国品质最优、发展面积最大的黄花菜基地。国家有关部门多次命名庆阳为"中国优质苹果之乡"、"中国黄花菜之乡"、"中国小杂粮之乡"和"中国杏乡"。庆阳还是中医药之乡，产有甘草、黄芪、麻黄、穿地龙、柴胡等多种中草药，其中 69 种已列入《中华人民共和国药典》。庆阳素有"陇东粮仓"之美誉，盛产小麦、玉米、油料；荞麦、小米、燕麦、黄豆等特色小杂粮。

（三）具备发展物流中心的基础条件

随着西部大开发的深入实施，国家的财政支出将向西部倾斜，将在西部建设交通运输基础设施，扩大西部铁路网，建设西北和西南进出境铁路。已出台的一系列鼓励外资在西部开展物流服务、鼓励企业在西部投资的优惠政策，都将给西部地区物流带来新的活力，促使其快速发展。加之，《国务院办公厅关于进一步支持甘肃经济社会发展的若干意见》、《关中—天水经济区发展规划》和《陕甘宁革命老区振兴规划》的实施，在基础设施建设、资源开发、产品加工以及区域合作等方面都给予支持，这必将为物流中心建设提供重要保障。

二　庆阳构建物流中心的制约因素

（一）交通基础设施建设欠账大，物流基础设施建设滞后

庆阳地处革命老区，基础设施建设欠账较大。交通运输是物流的关键环节，一直以来，交通运输是庆阳经济发展的瓶颈。目前，庆阳交通运输基础设施相对比较落后，主要表现在公路里程仅有 3848 公里，二级以上公路 338 公里，公路密度低，等级低。物流基础设施差距很大，而且缺少对物流网络的系统规划，物流园区、物流中心、配送中心都还处于空白。

（二）经济总体发展状况欠佳

物流业作为现代第三产业的重要组成部分，对区域经济的发展有着较强的依赖。庆阳受经济发展程度的限制，工业体系尚未建立，第三产业发展更为滞后，物流业作为新兴的第三产业，其在经济中的受重视程度可想而知。

（三）物流产业发展弱小

现有的物流企业规模小，技术水平低，管理水平难以提升，少有已成规模、称得上现代化水平的企业；物流专业化程度低，物流系统比较分散，各物流领域和系统缺乏沟通、协调；信息化水平低，缺乏有效运作的共享公共物流信息平台；此外，物流人才匮乏，物流人才短缺问题也是庆阳物流产业发展的巨大障碍。

三　建设物流中心的措施

庆阳在建立区域中心城市的基础上，必须明确建设区域性物流中心的目标。物流系统的定位需要与城市的总体功能相符合，定位的依据主要有经济辐射区域、城市的运输功能定位、物流业发展的主要领域等方面。因此，庆阳应着眼于区域物流中心城市的建设，借助政策支持，把自身打造成为一个面向西北，辐射周边地区的区域物流中心。

（一）倡导现代物流管理理念

在企业现代化发展进程中，产品的直接劳动成本已不足全部成本的 10%，在全部生产过程中，只有 5% 的时间被直接用于加工制造，而 95% 的时间被用于搬运、储存、运输、加工等物流过程。中小企业要想快速、有效地对市场需求做出反应，就必须树立现代物流管理观念，积极引入现

代物流新思维，打破传统习惯思维，形成以满足市场需求、创造服务价值为目标的供应链思想，不断拓展发展空间。现代物流管理是以现代信息技术为基础，整合运输、包装、装卸搬运、仓储、流通加工、配送、回收等各种功能的综合性物流活动模式。中小企业加强物流管理，一方面必须从服务角度出发，树立客户需求至上的理念，建立适合多样化需求的新的服务模式。另一方面，要以供应链思想为指导，重新规划物流运作网络，进行物流组织结构重组。企业可以根据实际情况，成立专门的物流部门，集中负责采购、生产、销售等物流管理的控制活动。

（二）加强基础设施建设，构筑现代物流业发展的要素平台

按照"构建陕甘宁区域立体交通枢纽，完善通道网络，打牢发展基础，适应优势资源和重大产业开发"的总体要求，庆阳将全力构建以民航、铁路、主干公路、地下管线为重点的综合立体交通、物流网络。重点建设1个机场（适时启动庆阳机场4D级改扩建，科学布局通用航空机场，力争到2020年建成环县、正宁、华池三个通用航空机场），5条铁路（在西平铁路境内段建成通车的基础上，开工建设银川至西安铁路、庆阳至黄陵铁路、平凉至庆阳铁路、长庆桥至庆阳铁路），4条高速公路，全面升级改造10条能源开发通道。到2020年，全市县县通高速公路，县际、矿区、园区通二级公路，主干空中航线达六城（北京、上海、兰州、西安、成都、广州），高速公路连基地，铁路连通大煤矿，地下管道连成网，实现与境外交通大动脉全程对接，形成通达顺畅的大宗资源流、物资设备流、客货信息流的综合立体交通运输枢纽。

（三）大力发展商贸流通业，增强物流产业发展基础

结合铁路、高速公路、主干公路、机场建设，超前谋划，高起点建设一批物流基础设施，主要在"两纵两横"主干交通动脉沿线，重点城镇近郊，重点资源开发地及工业集中区接合部，分期建成若干处I级物流集散中心、II级物流配送中心、III级物流网点。继续推进大型超市、连锁经营、配送中心、专营店、品牌店、便利店等商流业态发展壮大，建立起具有本地优势、配送高效的现代物流体系。大力发展社会中介、节庆会展、家政服务、物业管理、环境保洁、社区养老托幼和旅游休闲、文化娱乐、体育健身等第三方服务业，推动商贸服务业不断向时尚化、文明化方向发展。

（四）加强信息体系建设，为物流中心建设提供技术支撑

有了信息技术的广泛应用，现代物流全过程的能见度将会明显增加，

物流过程的库存积压、延期交货、送货不及时、库存与运输不可控制等风险将会大大降低。可以从系统的角度统筹规划各种物流活动，处理好物流活动与公司目标之间、物流活动与物流活动之间的关系。可以加强供应商、物流商、批发商、零售商在组织物流过程中的协调和配合以及对物流过程的控制。物流服务提供者对上游、下游的物流配送需求的反应速度将越来越快，前置时间会越来越短，配送间隔会越来越小，商品周转次数会越来越多。完整的信息体系必将成为庆阳物流业强有力的支撑，并为现代物流的快速发展提供了充分的技术基础。

（五）构筑现代物流业发展的政策平台，为物流中心建设提供政策支持

当地政府要重视物流发展，把物流作为支柱产业和新的经济增长点，做到政府规划、市场引导、项目带动、政策鼓励，吸引民营资本和社会资本参与物流产业发展。政府应成立协调物流产业的专门机构，与有关科研单位合作，制定物流业发展的相关措施与法规，加大物流业的管理力度，为物流业的健康发展创造一个良好的外部环境。政府相关部门应发布庆阳物流园区、物流配送中心的建设指南，贯彻执行现代物流技术标准，建立物流设施开发运营招标制度，引导社会各界以及外资合理投资物流产业，进一步加大对外开放力度，招商引资，改善投资环境。鼓励物流企业扩大经营范围、提升服务品质，在地方税征缴上给予一定的优惠，对物流企业的物流基础设施建设和更新改造项目，减免城市建设配套费用，采取各项优惠政策，有力地支持物流中心建设。

第十章

基础支撑：重塑庆阳空间战略

在中国城市化快速发展的进程中，经济增长呈现出了多极化的趋势。东部部分地区资源环境承载能力逐渐饱和，经济增长加快向西部适宜开发的区域拓展，西部地区的建设空间需求开始面临挑战。西部地区地理条件复杂，生态环境脆弱，可利用空间有限，并且存在空间结构不合理、空间利用效率低、基础设施不完善、绿色生态空间减少过多、工矿建设占用空间偏多并且空间单位面积的产出较低等问题，无法有效地满足人口增加、人民生活改善、经济增长、工业化城镇化发展、基础设施建设等对土地空间的巨大需求，也无法有效地保障生态安全和人民健康。因此，树立新的开发理念，调整开发内容，创新开发方式，规范开发秩序，提高开发效率，构建高效、协调、可持续的空间开发格局，是区域经济、社会、环境全面协调发展的关键，是解决各种区域问题的有效途径。

庆阳属黄河中游内陆地区。东依子午岭，北靠羊圈山，西接六盘山，东、西、北三面隆起，中南部低缓，故有"盆地"之称。区内东西之间208公里，南北相距207公里。庆阳地势南低北高，海拔在885米与2082米之间，分为中南部黄土高原沟壑区、北部黄土丘陵沟壑区和东部黄土低山丘陵区。山、川、塬兼有，沟、岘、梁相间，高原风貌雄浑独特。全境有10万亩以上大塬12条，面积382万亩。董志塬地区平畴沃野，一望无垠，有13627亩，是世界上面积最大、土层最厚、保存最完整的黄土原面，堪称"天下黄土第一原"。子午岭的400多万亩次生林，为中国黄土高原上面积最大、植被最好的水源涵养林，有"天然水库"之称。庆阳属干旱、半干旱气候，年均气温7—10℃，年日照2250—2600小时，无霜期140—180天。年均降雨480—660毫米。境内气候温和，光照充足，土层深厚，资源富集。详见图10-1。

图 10 - 1　庆阳行政区划图

第一节　空间开发现状与问题

近年来，中国经济社会发展速度不断加快，城市化水平达到了一定的高度，有限的发展空间和稀缺的资源已成为经济主体竞争的关键，区域空间开发和利用问题愈发突出，严重制约了城市和区域经济的和谐发展。主要表现为：空间开发缺乏统筹规划，盲目开发导致空间利用效率低下；区域空间上呈现不连续性和错位现象，缺乏空间尺度适宜的发展体系和协调体系，经济社会活动空间分布严重失衡；实际开发密度超过空间负荷能力，资源浪费现象严重，生态恶化，环境承载力不断下降；区域发展不协调，城乡发展不平衡，经济社会矛盾日益激化；产业结构和经济社会活动类同，基础设施重复建设；空间开发主体权责利划分不清，多头管理导致矛盾重重等。① 庆阳在经济社会和城市化高速发展的阶段，区域空间问题也逐渐凸显。详见图 10 - 2。

图 10 - 2　2009—2015 年庆阳城市总体规划城镇体系现状图②

一　城镇扩张趋势明显，空间开发秩序混乱

政府主导的区域发展模式和市场经济条件下发展主体对经济效益的盲目追求，使一些区域在发展过程中产生了众多的矛盾和冲突，局部地区环境恶化严重，空间开发秩序紊乱，区域之间发展协调性差。在庆阳发展过程中，由于政策制定、发展意识、产业结构等原因，城市扩张迅速，城市的空间规划滞后，随意占地现象严重，城市规模一再突破原有边界，非理性的扩张态势明显；伴随着土地的功能结构单一等问题，出现了城市内部交通运输活动和基础设施成本提高、环境成本提高、居民生活舒适程度下降以及城市管理成本提高等问题，造成了严重的环境污染与资源浪费。地方的资源环境承载力是有限的，对土地的肆意侵占，会制约城市发展规模和其他发展战略选择。各经济活动主体对社会经济效益盲目追求，只注意

---

① 李献波：《空间功能区的形成机理及其协调发展研究——以西安市未央区为例》，西北大学2009 年硕士学位论文。

② 《庆阳市城市总体规划》（2009—2025 年）成果简介。

加强区域的发展功能，而忽略了区域的其他功能。

二　各级城镇布局分散零乱，空间发展系统性差

庆阳城市体系不完善，等级不合理。城与城之间是一种无序的线性结构，与完善的城镇网络体系相比要落后一个层次。中心城市发育不良，各级城镇分布零乱，缺乏分工合作，城镇体系难以完好地匹配衔接，削弱了区域内城镇体系的整体功能。以西峰区为中心的"单中心放射"的交通体系制约城镇的合理布局，区域内城镇与城镇之间的交通不发达，联系不便，许多交通设施没有充分发挥作用。各城镇经济发展差异较大，空间环境状况分异明显，2012年，县域中心城镇华池地区生产总值约为79.7亿元，而正宁的地区生产总值仅有21.3亿元，仅占华池的四分之一。中南部黄土高原沟壑区、北部黄土丘陵沟壑区和东部黄土低山丘陵区呈现出不同的地理及环境特征，城镇布局受其影响规律性、系统性较差。

三　各级城镇规模小，对区域发展的带动能力弱

庆阳除中心城镇西峰区以外，其他各个县域中心城镇、次级乡镇，都表现出发展规模较小，结构不合理，对外辐射效应不明显，对内带动整个区域发展动力不足等特征。尤其是近几年来，庆阳市区迅速扩张，对区内各个部分产生了吸收效应，使得各种要素发生流动，向区域中心汇集，更制约了县域中心城镇、次级乡镇以及广大农村地区的发展。造成区域内经济发展不平衡，差距加大，影响整体发展效果。

四　产业布局过分依赖资源分布，产业集聚效应不明显

区域性产业集聚可以有效地促进区域经济增长，提升区域的综合竞争力，反之，区域经济竞争力的提升也会进一步促进相关优势产业集聚。庆阳的产业布局呈现出依赖资源分布、布局分散、集聚效应差等特征。依托石油、煤炭、天然气等资源优势而发展的能源产业，依资源所在地散布在庆阳境内各个区域，空间利用价值低下，并对环境造成各种破坏和污染；生产性服务业发展水平还是很低，内部结构不合理，布局分散无规律，产业集聚效应低下，限制了其他产业的集聚和发展。

第二节 空间开发模式选择

区域空间开发的理论基础是增长极理论，并由此产生增长极模式。增长极理论最初是由法国经济学家弗朗索瓦·佩鲁于 20 世纪 50 年代提出来的。其基本思想是：经济增长并非同时出现在所有地方和部门，而是首先集中在某些具有创新能力的行业和主导产业部门——它们通常积聚在大城市中心。经济的增长首先出现在增长极上，然后通过不同的渠道向外扩散，并对整个区域产生影响。

增长极的形成，必然改变区域的原始空间平衡状态，使区域空间出现不平衡。增长极的成长，会进一步加剧区域空间的不平衡，导致区域内地区间的经济出现差异。不同规模等级的增长极相互连接，就共同构成了区域经济的增长中心体系和空间结构的主体框架。区域经济空间开发的其他各种模式，都是从增长极模式当中演化出来的。

发展轴模式是增长极模式的扩展。由于增长极数量的增多，增长极之间也出现了相互连接的交通线，这样，两个增长极及其中间的交通线就具有了高于增长极的功能，理论上称为发展轴（或称为"点轴"）。随着地区开发的深入和增长极数量的增加与质量的提高，区域经济空间相互作用和空间近邻相互发生效应，在区域经济增长极之间产生相向的聚集与扩散，在它们之间建立起各种交通线路以及各种经济社会联系，产生相对密集的要素流，从而形成区域内经济相对发达的轴线。这种轴线的形成就可以激活沿线地区的经济发展潜力。同时，由于轴线地区具有良好的区位优势，故可以吸引区域内其他地区的资源，使企业和经济部门向此集聚。发展轴同样存在着聚集和扩散效应，而且效应的强度更强，对周边的影响更大。发展轴在不断地丰富之后，力量更强大，最后将成为一条发展带。发展带是发展轴的成长结果和其演化的最后形式。

发展轴还有一种演化的结果，就是由若干个发展轴联合在一起，形成你中有我、我中有你的局面，从而形成增长的网络。增长网络的形成，使极化效应产生的聚集规模经济在更大的范围内表现出来（而不是仅仅从一个点上表现出来），对于网络所在的区域来说，意味着增长结果的分散化和增长极点的分散化，而对于更大区域来说，则将整个网络区域视为一个巨大增长极，所以其极化的效应可能更强，对区域经济的影响也可能更大。这种联系方式组成了具有不同层次、功能各异、分工合作的区域经济系统。它能够将区外的一些资源纳入到这个系统之中，对其他地区的影响也最明显。它一般发生在发达地区，因此，这种模式是区域一体化和城乡一体化的基础。

庆阳当前正处于城镇化加速发展的初期阶段，2012 年城镇数量发展到 37 个，建成区面积扩大到 105 平方公里，城镇人口发展到 62.14 万人，城镇化率突破 30%。庆阳空间开发模式的选取应该遵循从占用土地的外延扩张为主，转向调整优化空间结构为主的思路，分阶段、分层次地展开空间开发。

一　空间总体开发——"网络"开发与"点轴"开发相结合的模式

庆阳的空间分布呈现出显著的分化特征。

区域南部城镇分布密集，以西峰区为核心，四周环绕庆城、镇原、宁县、正宁和合水五个县级中心城镇，与若干次级城镇形成网络状空间分布雏形。该区域在空间开发模式的选取上，应该逐步从初期的增长极发展模式转化为网络发展模式，增长极点分化，使极化效应产生的聚集规模经济在更大的范围内表现出来，形成更大的增长区域。区域范围内应分层次重点发展县级中心城镇以及交通商贸、煤炭工业和农副贸易加工等功能城镇。网络空间发展要求加强交通的纵横布线，为空间网络及更大增长空间的形成奠定基础。

区域北部城镇分布稀少，但呈现出明显的"轴线"状，轴线南部连接庆城县城，北部分别连接环县及华池中心城镇，轴线上分布着多个石油工业城镇，发展轴正在逐渐形成，其他各类空间功能区散布其间。这种"发展轴"空间分布格局为区域北部的空间开发、区域功能定位、未来空间结构演化趋势奠定了初步的框架。发展轴上各个功能城镇之间产生相向的聚集与扩散，建立起各种交通线路以及各种经济社会联系，产生相对密集的要素流，从而形成区域内经济相对发达的轴线。

二　能源区域空间开发——"点开发"模式

能源和矿产资源富集的地区，往往其生态系统比较脆弱或生态功能比较重要，并不适宜大规模、高强度的工业化、城镇化开发。庆阳能源和矿产资源丰富，在构建新型能源化工基地和区域经济增长极的基本构想下，大力开发和发展能源化工产业是势在必行的趋势，但庆阳的生态系统非常脆弱，无法承受规模大、强度大的开发。因此，我们应该按照该区域的主体功能定位实行"点上开发、面上保护"的措施，注重"点"的开发，将能源和矿产资源富集的区域确定为限制开发区域，布局和发展工业化城镇，这样既有助于能源区域的优势发展，又能防止能源区域的环境恶化。

三 绿色生态空间开发——"面覆盖"模式

生态功能区要以保护和修复生态环境、提供生态产品为首要任务，因地制宜地发展不影响主体功能定位的适宜产业，引导超载人口逐步有序地转移。庆阳的绿色生态空间开发应该得到一定的重视。绿色生态空间的开发布局应该结合当地的气候、地理及生态环境特征，选择"面覆盖"模式，大力推行节水灌溉和雨水集蓄利用，发展旱作节水农业；要加强小流域综合治理，实行封山禁牧，恢复退化植被，维护生物多样性；要加强对能源和矿产资源开发及建设项目的监管，加大矿山环境整治修复力度，最大限度地减少人为因素造成新的水土流失，并巩固水土流失治理成果和退耕还林、退牧还草成果。根据区域地理及环境特征，庆阳还应该围绕"中南部黄土塬面固沟保塬区、生态保护修复区、环境敏感特殊保护区和工业污染防治区"[①] 四个生态分区，加大综合整治与保护力度，大规模、持续性地开展生态环境保护与建设，强化综合治理措施，加大环境污染防治力度，节约资源，减少排放。要分别从小流域治理和水土保持、城乡环境及水环境保护、推进节能减排和发展循环经济等方面，开展绿色生态空间的开发和布局，推进生态文明建设，构建生态安全屏障，提高资源开发承载力，增强区域空间可持续发展能力。

第三节 空间开发战略

以科学发展观为指导，以《国务院办公厅关于进一步支持甘肃经济社会发展的若干意见》、《陕甘宁革命老区振兴规划》等区域发展总体战略为依据，以建设甘肃省重要的经济增长极为总体目标，从建设国家重要的能源化工基地、黄土高原生态文明示范区、国家重点红色旅游区、现代

---

① 《中共庆阳市委、庆阳市人民政府关于贯彻落实〈陕甘宁革命老区振兴规划〉的实施意见》，《陇东报》2012 年 3 月 23 日。

旱作农业发展示范区和基本公共服务均等化试点区出发，制定和实施合理的空间开发战略，全面加强经济、政治、文化、社会和生态文明建设，推动经济转型跨越发展、社会和谐稳定发展、各民族共同繁荣一齐发展，努力使庆阳走出一条生态环境良好、能源资源集约开发、人民生活富裕的科学发展之路。

空间开发战略应该遵循空间开发格局清晰，空间结构优化，空间利用效率高，区域发展协调性强，可持续发展能力提升等原则，将空间的开发强度控制在合理的范围内，使外延发展转化为内涵发展，提高单位面积区域空间创造的价值，要尤其注重经济、社会及生态环境综合效益的提升。

一 基础设施合理布局及有效利用策略

基础设施建设是区域经济发展的基本保障。要加快交通基础设施建设，完善综合交通骨架，扩大路网规模，完善路网结构，提升保障能力，初步形成网络设施衔接完善和运输服务安全高效的综合交通运输体系。要加强水利工程建设，提高供水保障能力。这两方面是庆阳加强基础支撑的必然路径。基础设施的合理空间布局是区域空间开发战略的重要组成部分。依据庆阳当前基础设施配套状况，应该适度扩大基础设施空间，重点扩大城镇群内的交通空间，扩大水利工程建设空间，提高城市、重点开发地区和农村地区供水能力等，增强发展支撑能力。详见图 10 – 3。

（一）交通建设

要按照"构建陕甘宁区域立体交通枢纽、完善通道网络、打牢发展基础、适应优势资源和重大产业开发"的总体要求，全力构建以民航、铁路、主干公路、地下管线为重点的综合立体交通网络。围绕构建高等级公路、铁路、民航立体网络框架，大力改善市内外交通条件，重视为能源基地进行交通基础设施的配套建设，拓展通达深度，提高运输能力。完善以庆阳市区为中心，外连周边省区，内通县乡村组，层次分明、布局优化、结构合理、功能完善的公路交通运输及客运服务网络，配套建设仓储物流运输中心与各乡镇、中心村客运站。加快建成天平铁路延伸段、庆阳火车站，以提高铁路通达水平。

图 10－3　2009—2015 年庆阳城市总体规划区域基础设施规划图①

（二）水利设施建设

要根据庆阳水资源分布情况，合理开发配置水资源，布局水利设施，保障"人畜、工业、农业、生态"四大方面用水。重点开展环县苦咸水地区农村饮水安全工程，马莲河水资源开发利用、小盘河水库、葫芦河引水工程，陇东能源基地庆阳供水和庆阳矿井溢水循环综合利用等工程的建设。坚持节流与开源并重，优化水资源配置，严格实行水资源保护措施和用水管理制度，统筹解决生活、生产、生态用水问题，保证资源开发供水。要进一步加强水源地生态环境建设，增强水源涵养功能，同时积极争取区域调水项目，努力增加市内水资源可利用量；要加强城乡饮用水源工程建设，建设大中型区域供水设施与网络，以统筹城乡用水，提高供水质量与效益；要配套建设先进节水的水利设施，优化水资源配置。

（三）教育、卫生、广播影视事业发展

深入实施义务教育工程，推进素质教育，积极发展高中教育，大力推进职业教育，加强成人教育。鼓励发展民办教育。重视幼儿教育和特殊教育。不断提高教育质量，优化教育结构，促进各级各类教育均衡、协调发

---

① 《庆阳市城市总体规划》（2009—2025 年）成果简介。

展，努力形成大众化、社会化和终身学习的教育体系。要加强公共卫生和医疗救助体系建设，不断完善农村初级卫生保健体系、城市社区卫生服务体系和爱国卫生体系。要推进广播电视产业化，整合广播电视资源，建立广播、影视、网络三位一体、市县乡三级贯通的传媒体系。

二　城镇空间有序扩展及价值提升策略

城镇空间的扩展要遵循"统筹规划、科学布局、节约用地、完善功能、以大带小、突出特色"的原则有序展开，避免盲目扩张，布局混乱。应该提升中心城市功能，优化城市形态，培育中小城市，加快小城镇建设，并且考虑城市整体生态环境，充分尊重自然环境要素，力求城市空间形态与自然环境达到有机的融合，形成具有区域特色的城镇体系，提升城镇空间价值。

庆阳市区为综合型的中心城市，应以创建区域中心城市为目标，重点发展石油化工、热电联产、机械制造、交通枢纽和大型综合现代物流、农产品和食品药品加工产业；要强化城市社会事业和公共服务功能，塑造中心城市形象，提升城市品位，完善城市功能，体现综合职能，突出中心城市地位。庆阳以外的 7 个县城和长庆桥镇，承担县域中心和庆阳南部片区中心的职能，应以现有各县城布局为基础，根据资源特点、自然条件、人文历史等状况，按照各有侧重、突出特色的原则做出功能定位和产业发展方向定位。工业型城镇长庆桥、马岭、城壕、元城、驿马、周家、甜水堡等城镇应形成以采油、石化、农副产品加工、建材、煤炭等工业为主的工业型城镇。重点小城镇应主要是完善基础配套设施建设，扩大城镇建设规模，增强公共服务功能，吸引当地小型加工业、工商业集聚，带动城乡一体化互动发展。其余 49 个小城镇应以服务于所在地区的农业发展为主，是以农副产品贸易和加工业为主的城镇。

三　产业空间优化布局及价值整合策略

产业空间布局首先依托城镇布局体系。中心市区重点发展石油化工、机械制造、交通枢纽和大型综合现代物流、农产品和食品药品加工产业，以及金融、商贸、信息、文化等综合服务业，强化城市社会事业和公共服务功能，塑造中心城市形象，提升城市品位。环县、华池县、庆城县，重点发展煤炭和油气采掘业、煤电化材业、农畜特产和小杂粮加工贸易业以及红色旅游等文化产业。合水县、正宁县和宁县，重点发展石油煤炭、煤层气、煤电、化工、建材、高载能产业以及粮食、林果、瓜菜产业和加工制造业、红色旅游、生态旅游、民俗文化产业。镇原县，重点发展石油、天然气、煤炭开采业，以杏制品为主的食品、农畜产品加工业等地方工业及文化产业。详见图10-4。

图10-4 2009—2015年庆阳城市总体规划区域产业布局规划图①

(一) 工业发展与布局

工业发展遵循传统优势工业和现代制造业共同发展的思路，首先，充分依托石油、天然气、煤炭等资源优势，以开发为基础，发展石油化工、天然气化工、煤炭的转化加工和二次能源的开发，提高能源产业的集成优势。其次，围绕农业产业化兴办农副产品深加工企业，突出农、工、贸一体化，培育新型企业，使工业建设与农业产业化紧密结合起来。再次，推进传统制造业向先进制造业的转型，不断吸收高新技术成果并采用先进管理手段和先进发展模式，将先进制造技术综合运用于生产全过程，发展医药、建材等产业，逐步形成具有企业实力强、科技水平高、基础财源稳定

---

① 《庆阳市城市总体规划》（2009—2025年）成果简介。

的工业体系。

庆阳工业布局要遵循"点开发"的空间模式，以资源为基础，以庆阳市区为中心，以各级县镇为重点，以公路干线为依托，结合工业园区建设，形成产业集中化、规模化布局。尤其是能源产业的布局，要避免对生态环境的不良影响。

（二）农业发展与布局

首先要稳定粮食生产，并在准确定位特色农产品及农业优势资源的基础上大力发展多种经营，建设特色农业基地，实现产业化、规模化经营。重点开发粮食、果品、草畜、烤烟、瓜菜五大产业基地，并实现黄花菜、白瓜子两大出口创汇基地和苹果、杏子两大果品产业基地的综合发展。同时，要狠抓坡地退耕还草、以草促牧，从而带动畜牧产业的发展，如川原区肉牛和细毛羊、北部滩羊和绒山羊、城郊奶牛和蛋（肉）鸡的养殖和畜产品加工。

农业布局要遵循因地制宜、高效利用的原则，在农业生产条件良好的川原区布局粮食、经济农作物的生产和加工；在地势条件较差，水土流失严重的区域布局林草，适当发展畜牧业；在南部原区建设规模化经营的优质烤烟基地；在城郊川原区建设蔬菜基地，推广大棚化生产，反季节种植。

（三）服务业发展与布局

庆阳服务业发展要优化思路，系统化整合发展。城市本身就是基于服务业（这里主要是指商业、零售业）而诞生和成长的，城市空间发展和市场、商业、零售业、服务业态的关系密切，相互制约、相互影响。[①] 庆阳中心城镇及各级县域中心应当重视服务业的系统化，即发展集批发零售、交通运输、现代物流、住宿餐饮、金融房产、信息服务、文化体育娱乐、医疗卫生、公共服务等为一体的综合性服务业体系。进一步扩大服务业规模，优化服务业内部结构，在保持传统服务业基本功能的基础上，也要注重发展现代新兴服务业，如金融、文化、信息、社区、中介等。

服务业空间布局要以地区中心理论为基本依据，构建等级分明、布局优化的服务业空间体系。首先，要调整中心城镇零售业、餐饮业等过度集

---

① 李程骅：《优化之道——城市新产业空间战略》，人民出版社 2008 年版，第 195—200 页。

中的状况，促进城市多中心化，充分发展商业设施社区化。其次，金融、信息、中介服务等布局应逐步实现功能性分区，实现服务业集聚经济。再次，交通运输、物流仓储等空间布局效率要进一步提升，以保证服务能力。最后，服务业布局要充分考虑服务范围、服务能力、服务效果等。

（四）旅游业发展与布局

庆阳旅游业开发要扩宽思路，建立多样化的旅游产业体系。横向不断开发旅游项目，如黄河古象、周祖陵、秦直道、北石窟寺等名胜古迹游；以南梁苏维埃政府旧址、抗大七分校旧址、山城堡战役遗址、陕甘宁省政府旧址为主的革命圣迹游；以黄土风情、黄土文化、民俗文化为主题的陇东黄土风情游；以子午岭林区、观光农业为主的绿色生态游等。[①] 纵向发展旅游相关产业，如旅游景区餐饮、酒店、交通运输以及文化艺术表演等服务型产业。同时，要加强与相邻地区旅游产业的合作，积极开发整体式、影响力较大的旅游线路。

旅游产业的空间布局必须依托旅游资源，以道路和交通设施的建设为先，大力开展周祖陵、北石窟寺、小崆峒、子午岭等地的旅游服务设施建设，并开发旅游产品，建设吃、住、行、游、购、娱一条龙配套的旅游产业体系。

四　空间功能区合理划分及协调发展策略

应以《全国主体功能区规划》为指导，推进形成区域性空间功能区，根据庆阳现实的自然和经济社会条件，以及不同区域的资源环境承载能力、现有开发强度和发展潜力，统筹谋划人口分布、经济布局、土地利用和城镇化格局，确定不同区域的主体功能，并据此明确开发方向，完善开发政策，控制开发强度，规范开发秩序，逐步形成人口、经济、资源环境相协调的空间开发格局，并实施不同的区域管治措施。

（一）高效集约发展区

包括城镇建成区与规划建成区、资源开采区和工业产业园区，是人口和产业高度集中的点状区域。这些地区经济基础较好、产业发展潜力较大、资源环境承载能力较强，承担着推进工业化、城镇化的主要功能和带

---

① 参见《庆阳市城市总体规划》（2009—2025 年）成果简介。

动整个区域经济社会协调发展的重要任务。① 庆阳中南部黄土高原沟壑经济密集区和西北部黄土丘陵油煤资源密集区等工业集中区建设用地均可优先，但应严格执行规划许可制度，只有经规划许可后才可进行建设开发。同时应加强基础设施建设，改善投资创业环境，促进产业集群发展，壮大经济规模，加快工业化和城镇化，使其逐步成为支撑经济发展和人口集聚的重要载体。区内城镇建成区、城镇发展区和城镇未来发展区，对生态环境影响不大，可作大规模或强度较大的开发利用，但建设行为需根据资源环境条件，严格按照相关规划科学合理地确定开发模式、规模和强度，协调好生产空间与生活空间的关系。

（二）农业生产保障区

区内基本农田保护区、一般农用地和农村居民区，是从事粮食和其他农产品生产的区域。这些地区具备较好的生产条件，以提供农产品为主体功能，承担着发展特色农牧业及其初加工、输出劳动力和维护生态等重要功能。该类区域的开发要突出保障基本农田的生产，限制其他用地占用农田，要考虑农村居民区集中发展，优化拓展生产空间，提高土地利用效率，走出一条生产发展、生活富裕、生态良好的文明发展之路。

（三）生态坏境恢复区

生态功能区应以保护和修复生态环境、提供生态产品为首要任务，因地制宜地发展不影响主体功能定位的适宜产业，引导超载人口逐步有序转移，使得生态服务功能增强，生态环境质量改善，水土流失和荒漠化得到有效控制。此区域可布局不影响生态系统功能的适宜产业、特色产业和服务业。庆阳中南部黄土高原沟壑经济密集区和西北部黄土丘陵油煤资源密集区内的自然保护区、风景名胜区、历史文化遗产保护区、河流、水库、水源地保护区要实行强制性保护，控制人为因素对自然生态等的干扰，严禁不符合其定位的开发活动。地质灾害区、水土流失区、水源涵养区、山地生态敏感区和林地分布区等坚持保护优先、适度开发、点状发展，以生态恢复、生态保育和水源涵养等生态功能为主，加强生态修复和环境保护，引导超载人口逐步有序转移。同时以各种林业、果业、生态农业基地为主，因地制宜发展资源环境可承载的特色产业，并严格控制工业发展。东部子午岭林木生态区山势巍峨、森林茂密，为黄土高原最大的天然次生

---

① 国家发展改革委员会：《陕甘宁革命老区振兴规划》2012 年 3 月 25 日。

林区。区内气候湿润，农牧兼作，人口稀少。子午岭天然次生林核心保护区内应禁止与保护无关的任何开发活动。核心保护区外的其他地区，除为了更好保护而进行的必要的旅游开发活动外，要限制其他开发。

五　跨区域空间准确定位及整体发展策略

庆阳是蒙陕甘宁能源金三角的核心区，具有承接、辐射产业发展的优越地理位置和实现全方位、广领域开放合作的有利条件。因此，要进行准确自身定位。从全局的角度出发，将庆阳纳入整个区域开发大格局中，进行资源优势互补的跨区域综合性发展，这是提升城市竞争力的有效途径。要完善区域内开放合作机制。进一步加强与周边的延安、咸阳、宁东等区域兄弟市的合作交流，积极探索建立深层次、广领域的合作互动发展机制。要创新区域内合作方式。建立健全深化合作的具体事项，制订合作章程，明确合作任务，形成相对统一的市场要素流动、红色旅游连接、重大基础设施联网建设、生态环境连片治理等共性优势互补机制，真正实现组织形式与内部运行实质上的全面合作。要组建区域经济发展共同体。建立区域内信息联网，整合信息资源，由联席会议轮值方定期统计、汇总、发布经济社会发展数据和合作开发成效，实现信息资源、科技资源、人力资源、社会资源自由流动，扩大开放度，增强合作度，增进密切度。要建立多领域合作关系。开展毗邻周边省、市合作，实行资源共享、联合开发、生态流域连片治理、文化旅游融合、商贸连锁经营，促使区域间联合互动发展。要扩大跨区域开放合作。加强与关中—天水、呼包银、兰西格经济区的融合发展，在技术信息、产业开发、通道建设方面主动对接。要充分利用节庆会展、文化商贸交流平台，寻求海内外合作伙伴，拓展开放开发的空间领域。

第十一章

优势集成：再造新型城乡体系

　　统筹城乡发展，是城市化发展的必然规律，是经济社会发展的总体趋势。自改革开放以来，中国作为世界上发展最快的国家之一，在破除二元结构、消除城乡差距方面取得了明显成效，但由于受自然环境、区位条件、历史沿革等因素的影响，城乡二元体制没有从根本上发生实质性转变，城乡差距仍然呈现不断扩大的趋势。中国共产党第十八届三中全会提出，城乡二元结构是制约城乡发展一体化的主要障碍，而处于欠发达地区的庆阳，城乡分化现象尤为严重，地区经济社会的协调发展受到了严重的影响，因此，化解城乡二元经济结构已成为我们在今后很长一段时期内面临的最严峻的任务。

第一节　统筹城乡发展的战略思维

一　国外城乡发展关系的演变和实践经验

　　正确处理好城市化进程与农村、农业的关系是世界各国面临的共同问题。发达国家城乡关系的演进大体经历了如下几个阶段：城乡分离、城市统治和剥夺乡村、城乡对立、城市辐射乡村、城市反哺乡村、乡村对城市产生逆向辐射、城乡互助共荣与融合。①

　　早期工业革命的英国和西欧国家，在资本主义经济快速发展的过程中，社会变革的种种矛盾也开始凸显，如工农分裂、城乡差别加剧、阶级矛盾尖锐、城乡对立严重等，严重影响了社会进步的效率。此时，城乡经济一体化的思想和观念开始被人们所关注，一些学者提出了诸多使城乡对立走向城乡融合的方式，如城乡混合体、城乡整体规划、城乡融合系统

---

① 石忆邵：《城乡一体化理论与实践：回眸与评析》，《城市规划汇刊》2003 年第 1 期。

等。自 19 世纪中叶到 20 世纪 70 年代，主要资本主义国家用了一百多年的时间，在工业革命的基础上，相继完成了工业化、城市化和农业现代化，使社会、经济、技术等方面发生了巨大变化。在这个过程中，资本主义国家的土地集中和农场规模扩大及农业技术进步，带来了农业劳动生产率的提高，农民收入增加，经济地位和社会地位逐步改善，同时，产业结构的演进和工业化的进展，促使乡村人口向城市转移和集中，农业和非农业之间、城市和乡村之间的联系日益加强。加之各国政府对农业保护性政策的实施，使农业生产和农村生活条件大为改善，城乡之间的差别明显缩小，城乡一体化效果明显。20 世纪的后几十年，西方资本主义国家的城市发展开始由早期的"集中"演变为"扩散"，以密集的快速的网络交通为基础，城市工业走出成本昂贵的中心地带，向郊区和小城镇迁移并集聚，带动了大量城市人口的迁移，这种扩散给城市郊区和小城镇带来了新的发展契机，成为城乡一体化过程中的一个新趋势。21 世纪以来，发达国家和地区已经进入后现代化社会和城市化高级阶段，城乡融合度也逐步上升，农业生产的集中化、资本化和企业化，为农民收入的提高和城乡居民社会地位的平等化奠定了基础，小城镇兴起与郊区城镇化发展也使得农业和工业之间的相互联系和相互依赖进一步加强，加之各国政府在城乡一体化的战略下，制定和实施了周密的城乡发展规划，建设形成了错落有致的城市群、城市带，更进一步提高了城乡融合发展的水平。由于发达国家在城市化、工业化、信息化方面都走在世界前列，城乡差别已相对缩小，清新的空气、优美的景观、舒适的生活、各种技术进步带来的成果已使农村的优越性越来越明显，城市人口外流，农村风景独好的现象已露端倪。[1] 当然，即使在城乡一体化高度发展的西方国家，它们也面临各种问题，例如：如何保护城市与乡村的居住环境的多样化，推进城乡融合、城乡优势互补的城乡一体化发展；如何发展现代高效农业，降低农业成本，提高农产品的国际竞争力；选择怎样的途径进一步提高城乡融合度，加强国家整体应对各种危机的能力等。

　　发展中国家的经济社会发展阶段远远滞后于发达国家，因此，城乡一体化的起步也较晚，同时，在众多发展中国家中，各国又呈现出经济社会和城乡一体化发展程度差别大的状况。20 世纪 60 年代以前，大部分发展

---

　　① 石忆邵：《城乡一体化理论与实践：回眸与评析》，《城市规划汇刊》2003 年第 1 期。

中国家为了实现赶超目标，实现快速工业化和经济水平的提升，选择了一条发展的捷径，即企图以工业化带动经济增长作为发展战略的重点，把大量资金投放在城市和工业建设发展上，严重忽视农业和乡村发展，过分榨取农业剩余价值用作工业和城市发展积累，导致城乡二元化结构普遍存在，乡村落后和贫困问题凸显，城乡差别呈现扩大态势，使其发展遭遇了严重的瓶颈。20 世纪 60 年代后期，许多发展中国家逐步认识到片面工业化战略的局限性，开始重视农业变革和乡村的综合开发，重视城乡经济的协调发展，对城乡经济一体化进行了探索和实践。[①] 如各国政府开始重视城乡一体化相关规划的制定与实施；从经济增长、生活水平和生活方式、基础设施、公共服务等方面来认识城乡差别，进而予以改善；注重城市化质量和各级各层次城市的系统性发展；关注农村剩余劳动力的转移问题等。目前，发展中国家和地区仍然处于城市化初级阶段，面临着如何实现快速的持续的经济发展问题，其中，城乡融合是重点要解决的一个课题。

　　国外实践经验表明，城乡一体化是一个渐进的动态发展过程，是乡村人口集聚到大城市的郊区最后迈向城乡一体化的最后环节，也是后工业社会时期城市化发展的高级阶段。同时，城乡一体化是一种发展理念和思想方法，它强调城乡双向互动发展，将城市与乡村有机结合起来，避免出现城市问题突出而乡村衰落萧条的两难困境。要实现城乡一体化的长远目标，必须在工业化、城镇化的过程中统筹城乡发展，全面考虑城乡经济、社会、文化以及生态的相互融合，实现城乡社会现代化系统的建立。

二　国内城乡统筹发展的理论和实践探索

　　从新中国成立到改革开放以前，在计划经济体制下，中国重点发展重工业，资源由农村源源不断地流向城市，城乡二元化结构形成。改革开放以后，随着经济社会的快速发展，长期形成的城乡分割的二元结构逐渐显现出不少问题，严重制约经济社会的协调发展，尤其是在沿海发达地区，城乡经济关系日趋紧密，城乡功能亟待转型。因此，政府部门和学术界开始关注城乡关系，探讨如何统筹城乡发展，协调城乡经济，打破二元经济结构的制约。

　　国内关于城乡统筹发展的讨论大都围绕城乡一体化的丰富内涵展开，

---

① 石忆邵：《城乡一体化理论与实践：回眸与评析》，《城市规划汇刊》2003 年第 1 期。

涉及面广，并对若干理论问题达成了一些基本共识。最早对城乡一体化的探讨是从经济角度出发，希望在经济转型时期，将城乡一体化作为一种手段，通过打破城乡分割的格局，使得生产要素尤其是劳动力在时空上优化配置，确保城乡协调发展。因此，学术界出现了大量的关于城乡经济一体化内涵、途径、方法和对策的讨论和研究，如城乡发展战略一体化、经济管理一体化、商品市场一体化、经济活动网络化、利益分配合理化等。1984年，陕西宝鸡市委、市政府在调查研究的基础上，针对乡镇企业崛起和城乡商品流通的发展趋势，提出"两下乡（工业下乡，科技下乡）、两进城（农副产品进城，农民劳务和资金进城）、一建设（加强小城镇建设）"的城乡一体化发展战略，试图寻求一条促进城乡经济协调发展的新途径。[①] 随着城乡二元化结构带来的问题日益凸显和复杂，理论界对城乡一体化分析的角度从宏观层面开始转向具体问题，研究的范围扩展到户籍管理、住房、就业、教育、医疗、保险等更为具体的制度领域，试图通过调整和改革传统的城乡分割体制，来达到消灭城乡差别，实现城乡融合发展。[②] 甚至还有研究将该课题扩展至政治、经济、生态环境、文化、空间等各个方面，全面探讨城乡一体化的机制和思路。

在实践上，为了推进城乡一体化的发展，政府部门和学术界在下列几个方面做了努力和尝试。首先，进行"市带县"、"县改市"、小城镇建设等体制改革探索。试图从体制上革除城乡阻隔、工农分离的弊端，更好地发挥中心城市的辐射功能，依靠其在各方面的优势把周围的县带动起来，调动农村的逆辐射潜能，形成新型城乡关系。但传统的城乡经济体制根深蒂固，且有些城市所带县数偏多，力不从心，从而使城乡一体化的良好愿望因缺乏体制上的保障和推动而难以实现。其次，试点试验，总结归纳"城乡统筹发展"、"城乡一体化"模式。例如，学术界提出的珠江三角洲"以城带乡"的模式，上海"城乡统筹规划"模式，北京"工农协作、城乡结合"的模式。还有以乡镇企业为联结点、以小城镇为载体、以农业产业化为纽带的城乡互动发展模式，如苏南模式、宝鸡模式、青岛模式等。最后，发展大中城市的郊区经济。经济发达的郊区和城市经济事实上

---

① 刘方军：《财政制度创新与城乡一体化》，四川师范大学2006年硕士学位论文，第16—17页。

② 刘永涛：《中国城乡二元经济结构转型研究》，郑州大学2005年硕士学位论文，第10页。

已形成了一种统一体。城市应该将其郊区的发展作为整个城市发展的一个重要组成部分，建设一个以城市主导、城乡互为依托的城市型地区。从城乡一体化角度来思考城市的空间分工、结构成长、发展方向和优先次序以及开发建设与保护的重点和范围等。

三　我国统筹城乡发展的战略思维

统筹城乡发展是科学发展观中五个统筹（要统筹区域发展、统筹城乡发展、统筹经济社会发展、统筹人和自然和谐发展、统筹国内发展与对外开放）其中的一项内容，是要更加注重农村的发展，解决好"三农"问题，坚决贯彻工业反哺农业、城市支持农村的方针，逐步改变城乡二元经济结构，逐步缩小城乡发展差距，实现农村经济社会全面发展。中共中央自十六大以来作出了一系列关于城乡统筹发展的战略思想和重大决策，十八届三中全会也将城乡一体化和城乡统筹发展问题纳入议题，提出必须健全体制机制，形成以工促农、以城带乡、工农互惠、城乡一体的新型工农城乡关系，让广大农民平等参与现代化进程、共同分享现代化成果。要加快构建新型农业经营体系，赋予农民更多财产权利，推进城乡要素平等交换和公共资源均衡配置，完善城镇化健康发展体制机制。

统筹城乡发展战略思维主要包括以下几个方面的内容：

第一，体制机制健全是统筹城乡发展的基础。统筹城乡发展，实际上是一场广泛而深刻的变革，是按照社会主义市场经济发展的要求，改变城乡二元结构，对工农关系、城乡关系和整个国民经济发展进行全局性、战略性调整，建立城乡一体的管理体制和管理机制。它涉及思想观念的更新和政策措施的创新以及经济发展机制和增长方式的转变。因此，健全和完善体制机制对于城乡统筹发展以及城乡一体化的实现具有基础性作用。

第二，新型工农城乡关系的建立是统筹城乡发展的途径。统筹城乡发展，核心是工与农、城与乡之间的关系。只要把城乡关系和工农关系处理好、解决好，统筹城乡发展的问题也就迎刃而解了。纵观城市化发展历史，城乡关系总是要经历"城市剥削农村—城市反哺农村—城乡一体化"的发展历程。目前，中国已处于工业化中期阶段，2012 年工业化率和城镇化率分别达到45.3%、52.57%，初步具备了工业反哺农业和城市支持农村的能力。统筹城乡发展，加快形成以工促农、以城带乡、工农互惠、城乡一体的新型工农城乡关系，促进资本、资金、人才等生产要素向农村流动，推动城乡协调发展。

第三，新型农业经营体系是统筹城乡发展的方法。"新型农业经营体系"这一概念是在中央文件中第一次被提及，是指在坚持农村基本经营制度的基础上，通过自发形成或政府引导，进而形成的各类农产品生产、加工、销售和生产性服务主体及其关系的总和，是各种利益关系下的传统农户与新型农业经营主体的总称。[①] 近年来，中国农业发展出现了许多新问题，生产效率低下、与市场脱节、大量劳动力流失等，严重制约农村经济甚至区域和国民经济的高效发展。解决这些问题，客观上要求创新农业经营体制机制，加快培育多元化新型农业经营主体，提高农业规模化经营和组织化程度、大力发展农业社会化服务，加快构建新型农业经营体系。

第四，政府主导配合市场运作是统筹城乡发展的动力。统筹城乡发展作为一种宏观调控手段，必须发挥政府的主导作用，在发挥市场机制对城乡经济社会资源有效配置作用的前提下，积极履行经济调节、市场监管、社会管理和公共服务的职能，重点构建起城乡统筹发展的政策框架，发挥好政府在公共产品供给与配置、国民收入再分配或转移支付中的重要作用，营造城乡经济社会协调发展的社会环境。

第五，改善民生是统筹城乡发展的核心。马克思指出"人是生产力中最活跃的因素"。城乡统筹发展，要维护城乡居民的根本利益，了解群众意愿，坚持党的群众路线，调动和发挥群众的积极性、主动性。改善民生是重点解决的核心问题，在完善农村公共产品供给和社会保障体系的同时，重点、有区别地关注农村弱势群体，保证农民有能力、有条件参与到现代化进程中，共同分享现代化成果和城市文明。

第二节　庆阳统筹城乡发展的战略规划

近年来，在国家相关政策的支持下，庆阳致力于统筹城乡发展，为改善城乡关系、缩小城乡差距做出了不少努力，但是，由于自然条件恶劣、经济结构失衡、城市化水平较低等原因，城乡统筹发展的效果并不明显。针对庆阳城乡统筹发展的问题和症结所在，地方政府和规划部门根据国家和甘肃省委的统一部署，制订了全面的科学的战略规划。

---

① 赵海：《新型农业经营体系的涵义及其构建》，《中国乡村发现》2013 年第 6 期。

一 总体战略安排

要以科学发展观为总体思想，加大新农村建设，围绕建设甘肃省大型能源化工基地和新的经济增长极、实现"东翼"腾飞的目标，大力实施工业强市、产业富民战略，努力增加城乡居民收入，并积极开展科学规划，统筹推进城乡产业培育、基础设施建设、公共服务和社会管理等重点工作，努力破解城乡二元结构，构建统筹城乡一体化发展的新格局。

首先，确立城乡统筹发展的近期目标。即到 2015 年，城乡统筹发展试点区域特色鲜明、模式创新、机制完善，贫困人口稳定脱贫，生产、生活条件得到根本改善；发展新产业、建设新农村、培育新农民的目标基本实现；统筹城乡发展的制度框架基本建立，重点示范区（带）"五个一体化"目标初见成效，城镇居民人均可支配收入达到 22900 元，农民人均纯收入达到 6300 元，城镇化率达到 38.64%，其中西峰区达到 50% 以上。

其次，坚持统筹规划、区域开发、政府主导、城乡联动、改善民生等原则。把农村改革与发展相统筹，把新农村建设和城乡一体化发展相统筹，把扶贫开发与农业农村发展各类要素相统筹，从经济社会可持续发展的全局和战略高度，统筹规划，全面推进。发挥区域资源优势，突出人文地理特色，集聚各类发展要素，整合社会各方力量，推动公共资源和生产要素在城乡之间均衡配置、有序流动，形成区域经济特色鲜明的城乡一体化发展格局。充分发挥各级政府的职能，不断完善政府主导、农民自发、市场引导、社会参与的建设机制。加快制度创新，加大改革力度，探索建立统筹城乡发展的保障体制，研究制定推进城乡一体化发展的政策措施，大力营造推进城乡一体化发展的良好环境。加快城镇化建设步伐，提高城镇化发展水平，充分发挥城镇的集聚、辐射和带动作用。突出农村社区建设、中心村建设、基础设施建设，构建城镇与农村、工业与农业互为促进、协调发展的新型城乡关系。全面落实各项强农惠农政策，加快改善农村基础设施条件，积极培育农民增收支柱产业，加快推进农村社会事业发展，建立完善农村基本公共服务保障，提升农村生产、生活质量，提高农村整体发展水平。

再次，根据庆阳经济社会欠发达的实际，结合市情特征，安排城乡统筹发展的总体布局。按照"试点先行、示范引导、抓点带面、整体推进"

的思路，分层布局，分类指导，分步实施。重点围绕一区一县（西峰区、正宁县），突出八大城镇（长庆桥镇、新宁镇、驿马镇、庆城镇、西华池镇、柔远镇、环城镇、城关镇），辐射三条干线——长环线（长庆桥—西峰—庆城—华池—南梁—环县）、镇原县峁肖线（上肖—屯字—城关—平泉—新城—中原）、合水县吉太线（吉岘—西华池—板桥—老城—蒿嘴铺—太白），率先试点，积累经验，加快推进工业向园区集中、农民向城镇集中、土地向规模经营集中，努力实现城乡规划一体化、基础设施建设一体化、产业布局一体化、就业和民生保障一体化、公共服务和社会管理一体化的目标。[①]

二　推进城乡一体化发展的主要途径

在统筹城乡发展、推进城乡一体化的具体工作中，要依据自然条件和经济发展状况，调整思路，科学规划，并积极寻求合理的途径。庆阳在"十二五"初始出台的《关于推进全市城乡一体化发展试点工作的意见》中，提出了推进城乡一体化发展的主要工作和任务，具体如下。

（一）加快城乡布局规划，着力推进城乡发展规划一体化

把城市和农村作为一个有机整体，把规划作为建设新农村、推进城乡一体化发展的基础工程，把新农村建设规划和城乡一体化发展规划相结合，根据区位、交通、土地、产业、人文等特点，健全完善城乡一体的土地利用规划、产业发展布局规划、基础设施建设规划和社会事业发展规划，形成比较完善的城乡一体化规划体系。按照总体目标，明确分区功能定位和产业发展重点，凸显区域特色，分层分类制定规划。"十二五"期间，全面完成所有村庄规划编制任务，到2015年，全市基本形成覆盖城乡、相互配套、相互衔接的规划体系。

（二）加快改善基本条件，着力推进城乡基础设施建设一体化

加强农业基础设施建设。以重大农业水利项目和扶贫开发项目为带动，加快农田水利基础设施建设。加强生态环境建设。着力推进绿色生态和谐家园建设，打造绿色长廊、绿色村镇、绿色城市，实现农业发展环境生态化、农村生活环境绿色化。到2016年，城乡绿化率达到80%以上，

---

① 中共庆阳市委、庆阳市人民政府：《关于推进全市城乡一体化发展试点工作的意见》，2010年8月3日。

全市森林覆盖率达到27%以上。加强农村民生工程建设。加快农村柏油路建设，每年完成100个村的柏油路建设任务，到2016年，通柏油路的村达到95%以上，村组道路硬化率达到60%以上，试点区域实现城乡公交一体化。加快安全饮水工程建设。到2016年，农村自来水入户率达到65%以上。实施新一轮农村电网改造项目，实现城市和农村同网同价。同时加快推进广电宽带网延伸工程，力争实现电话网、有线电视网、宽带网"三网合一"。大力推广农村沼气建设。重点实施好"一池三改"、太阳能等干净清洁能源入户工程，到2016年，清洁能源入户率达到80%以上。加强农村小城镇建设。按照做优中心村、做特小城镇、做强大区域的思路，加快特色小城镇建设步伐，努力构建配套完善、功能优化、类型多样的小城镇建设新体系。到2016年，试点区域城镇人口占总人口的比重达到38%以上。加强农村新型住宅区建设。合理布局，科学规划，建设特色鲜明、美观适用、类型多样的新型小康住宅，积极引导农民，特别是边远山区、贫困地区的农民，有序向中心村、小城镇或农村社区集中。到2016年，试点区域70%以上农户住宅达到小康标准，全市农村小康农宅住户达到60%以上。

（三）加快构筑产业支撑，着力推进城乡产业布局一体化

一是加快推进现代农业建设，做大做强特色优势产业。围绕"七个百万"工程建设，加快特色产业向重点区域集中，推动试点区域优势产业带建设，努力构建布局区域化、产业特色化、发展规模化新格局。到2016年，试点区域农民收入增幅高于全市平均水平3—5个百分点，特色优势产业提供农民人均纯收入占到农民人均总收入的65%以上。加快推进农业产业化进程。坚持用工业化思维谋划农业，用品牌理念经营农业，大力扶持培育龙头企业，着力推进试点区域产业带建设，加大对驿马出口创汇、西峰农畜产品加工、镇原金龙食品加工、宁县和盛农产品深加工、环县小杂粮加工等一些引领作用明显的农产品加工集中区的扶持力度，努力培植城乡一体化发展的工业载体。二是加快实施工业强市战略。按照工业入园、产业集中、要素集聚的思路，大力推进工业集中区建设，新建一批技术含量高、市场前景广阔、关联带动作用明显的大型龙头企业，做大做强石油化工、煤电气开发、农产品精深加工产业，努力推动龙头企业向园区集中，充分发挥园区的集聚、辐射和带动作用，为城乡产业发展搭建平台。到2016年，基本形成以16个工业集中区为框架的工农互促、协调

发展的工业产业体系。三是加快发展城乡三产。统筹推进城乡交通运输业、餐饮娱乐业、商贸流通业和特色旅游业。积极实施"新农村现代流通服务网络工程"和"双百市场工程"，围绕县城、中心镇和中心村，加快推进农村专业市场和现代物流中心建设。初步形成城乡产业相互融合、协调联动、共同发展的格局。

（四）加快农村社会事业发展，着力推进城乡公共服务和社会管理一体化

加快发展农村教育事业。调整优化学校布局，推进农村中小学标准化建设，基本实现城乡教育均衡发展，城乡优质教育资源共享。到2016年，农村适龄儿童入学率达到98%，初中升高中（含中专、中职）比例达到85%。加快发展农村卫生事业。全面推进城乡卫生一体化发展，加快乡镇卫生院和村级卫生所建设，不断改善基本条件，保障城乡居民身体健康。全面落实新型农村合作医疗制度，使农民参与率达到98%，实现城乡社会医疗保障一体化。到2016年，乡镇卫生院、社区卫生服务中心和村级卫生室建设全面达标。加快发展农村文化体育事业。积极实施"文化体育惠民"工程，加快开发民俗文化产业，努力打造特色文化大市。到2016年，乡乡建有综合文化站、村村建有农家书屋、文化活动室，40%的村建有综合文化体育广场。深化乡镇机构改革，加快政府职能转变，建设服务型政府，增强社会管理和公共服务能力。加强农村基层组织建设，深入推进"三帮三联三增"党建主题实践活动，实施"万元"年薪公选村级干部、大学生"村官"创业等五项工程，充分发挥乡村两级组织的积极性和主动性，为新农村建设和城乡一体化发展提供组织保障。[①]

第三节　工业化与城镇化协调发展

在现代经济中，工业化和城镇化是城市乃至区域发展的主旋律，工业化意味着经济发展，城镇化则代表社会进步，二者缺一不可。工业化意味着有更多的民众参与到经济发展过程中来，他们由传统的农民转化为现代产业工人，集聚到城镇中从事着效率更高的第二、第三产业活动，从而带

---

① 中共庆阳市委、庆阳市人民政府：《关于推进全市城乡一体化发展试点工作的意见》，2010年8月3日。

动城镇化水平的不断提高。同时，城镇化必然带来更多的人参与工业化过程，并分享其成果，这意味着就业结构的变化、教育水平和劳动力素质的提高、消费水平和生活质量的提高，与此相适应的社会制度的改革和进步。所有这些，都构成经济发展的重要内容。如果一个地区的工业化长期局限在少数地区或者城镇进行，大量的民众生活在农村，并且被限制进入城镇，他们生活在贫困的边缘，与城镇中迅速发展的工业化无关，既不能够参与其中，也不能够分享其成果，这样的将大部分人排除在外的非城镇化的工业化也不能算作经济发展。因此，庆阳城市发展应从自身优势出发，注重工业化和城镇化的协调发展，推动城乡一体化。

一　完善工业化结构

庆阳的工业发展也是经历了一系列的演变，由早期工业基础异常薄弱到现在的工业产业结构不合理，都是庆阳工业化过程中需要慎思的问题。完善工业结构是工业化过程中的关键举措，也是针对庆阳当前工业发展的弊端所提出的建议。

庆阳工业结构甚至经济结构严重失调，主要表现在三产结构失衡、重工业和轻工业比重不合理、地方工业严重落后等方面。2013 年庆阳实现生产总值 606.07 亿元，比上年增长 14.5%。国民经济主要比例关系为第一产业增加值占生产总值的比重为 13.2%，第二产业增加值比重为 62.4%，第三产业增加值比重为 24.4%。在三大产业的分布比例中第一产业比重较小，第二产业所占比例过高，而第三产业的所占比例却是明显不足，产业结构的分布严重失衡。2013 年，庆阳规模以上工业增加值中，重工业占 97.2%，而轻工业仅占 2.8%，其中，石油和天然气开采以及石油加工业占绝对优势，工业部门发展不平衡，工业结构不合理。2013 年庆阳规模以上工业增加值完成 331.86 亿元，其中大型国有企业完成 301.89 亿元，地方工业增加值仅完成 36.43 亿元，其中，原本在 20 世纪七八十年代建立的庆阳毛纺织厂、庆阳农机一厂、农机二厂、西峰卷烟厂、西峰火柴厂、镇原造纸厂、镇原啤酒厂、镇原五金厂、宁县纺织厂等本土企业全部倒闭，新近建立的制造业及加工业规模极小，发展落后，地方工业明显发育不良。

因此，庆阳目前面临的最大挑战就是在推进工业化进程的同时如何调整严重不合理的工业产业结构。我们可以从以下几个方面展开思考：第一，依托资源优势，深化石油、煤炭、天然气等能源产业的产业链发展，建立能源产业的主导地位，带动和促进前向、后向及相关产业的发展。第二，保证农业基础功能，大力发展服务业。第三，引进新产业、新技术，完善政策体制，支持地方工业发展。第四，考虑承接东部地区的产业转移。

二　推动城镇化进程

人口城镇化是农村人口向城镇转移、集聚以及由此引起的产业—就业结构非农化重组的一系列制度变迁的过程。在这个过程中，农业人口比重下降，工业、服务业人口比重上升，人口和产业向城市集聚，生产方式、交换方式向规模化、集约化、市场化发展，生活方式向多元化、社会化发展。

庆阳新一届政府成立以来，多次强调"城镇化是最大的内需潜力所在"、"要推进以人为核心的新型城镇化"，出台了解决城市内部二元结构的城镇化措施，并设定了明确的时间表。2013 年 5 月，国务院批准了发改委《关于 2013 年深化经济体制改革重点工作的意见》。该文件明确指出，要围绕提高城镇化质量、推进人的城镇化这个要点，研究制定城镇化发展规划。一系列举措表明，中国新型城镇化是一个改革问题，其中，推进户籍制度、土地制度、财税体制改革，完善基本公共服务均等化，推动城乡发展一体化等将是下一步相关改革的重点。

庆阳城镇化受到政府行为、政策导向的制约，正常的经济规律往往因政策不稳而遭破坏。因此，在人口城镇化的进程和发展中，庆阳经历了长时期的曲折徘徊，甚至人口逆城市化回流。1978 年改革开放以后，随着社会经济的快速发展，庆阳人口城镇化得到了较快的发展，全市城镇数量发展到 37 个，建成区面积 78.1 平方公里，城镇化水平由建市初始的 9.7% 提升到 2012 年的 32%。甘肃省第十二次党代会报告指出，加快推进特色城镇化，要坚持群落式布局、节点式推进、特色化发展，高起点规划、高标准建设、高质量管理，提升容纳人口、吸纳就业和承接产业功能，努力形成优势互补、布局合理、连接通畅、特色鲜明的城镇化建设新格局。这是庆阳在特色城镇化建设中必须遵循的总原则。

庆阳辖 1 区 7 县，但就目前情况看，它并不是一个大城市，而是由许多小县城组成的县城网络格局。西峰区作为庆阳唯一的区，城镇人口相对集中，城镇化、工业化、现代化的步伐也相对较快，而遍布辖区的其他7个县则均是小县城，经济状况不相上下，呈现出小县城密布、缺乏大城市和中等城市支撑的城市结构，城市体系结构很不合理。庆阳目前城镇化率为32%，远低于全国52.57%和全省34.6%的平均水平，城镇化水平严重滞后于工业化水平和经济发展总体水平。从世界范围看，西方国家的城镇化发展在历史上略快于工业化，而中国的城镇化发展稍微落后于工业化，二者之间相差一般在10个百分点以内。但庆阳目前的情况是，城镇化与工业化相差30个百分点。庆阳经济发展总体水平已经跻身甘肃省前列，但城镇化却依然是全省的下游水平，城镇化水平低直接导致第三产业发展缓慢，2013年第三产业在庆阳国内生产总值中的占比仅为24.4%。城镇的数量少、规模小，城镇就业岗位有限，承接农民进城的能力较弱，严重影响了居民收入的增加。城镇居民人均可支配收入、农民人均纯收入分别低于甘肃省平均水平，与经济发展总体水平在全省的排名有较大反差。特别值得注意的是，在《陕甘宁革命老区振兴规划》涉及的8个市中，庆阳的各项主要经济指标均排在第三位（列榆林、延安之后），但城镇居民可支配收入和农民人均纯收入这两项与城镇化率均排在倒数第二位。

庆阳在城镇化建设中，必须突出黄土高原城市的建设特色，在充分考虑黄土地貌承载能力、水资源供给现状、地方民俗民居风情、交通通达能力、人口转移速度等要素的基础上，根据全市城镇现状和今后发展潜力，"按照统筹规划、科学布局、节约用地、完善功能、以大带小、突出特色"的原则，提升中心城市功能，优化城市形态，培育中小城市，加快小城镇建设，形成具有区域特色的城镇体系。庆阳城镇化水平每提高1个百分点，将增加约2.6万的城镇人口，解决这些人口的衣、食、住、行及其他各种生产生活问题，必将进一步拓展第三产业发展空间，并创造更多的就业岗位，缓解就业压力。

根据世界城市化发展的基本规律，城镇化水平在30%—60%之间是城镇化的加速发展阶段，这意味着，当一个地区的城镇化率达到30%以后，便进入了城镇化的中期阶段，即快速发展期。庆阳2012年的城镇化水平刚好跨过了30%这一历史性拐点，表明我们已开始进入城镇化高速发展期。同时，庆阳正处在打造区域能源中心、全面建设小康社会的重要战略机遇期，城镇化进程的黄金时期已经到来。在资源方面，支撑城镇化发展的主要因素是能源、土地和劳动力（此外还有水）。富集的石油、煤炭、天然气（煤层气）储备，为城镇化建设奠定了坚实的能源基础；庆阳市区所处的董志塬面积达数千2260平方公里，地形平坦开阔，市区拓展空间大，建设用地也相对充足；从劳动力资源来看，现有农村富余劳动力61.9万，约占总人口的24%（相当于城镇化率24个百分点），这就说明，仅从自身来看，支撑庆阳城镇化快速发展的劳动力资源是充足的。此外，在经济支撑和财力保障方面，庆阳的生产总值和财政收入已经位居甘肃省三强。

因此，在不久的未来，庆阳将实现城镇化水平与经济发展总体水平相适应，使庆阳成为蒙陕甘宁能源金三角的经济中心、交通运输中心、金融中心、商业贸易中心、科技中心、文化教育中心和情报信息中心。

三 工业化与城镇化协调发展

所谓工业化与城市（镇）化的协调发展，就是指在经济发展过程中，在保持工业化过程内部和城市（镇）化过程内部的协调基础上，使工业化与城市（镇）化过程二者之间在发展阶段、发展目标、发展政策和发展速度上有机配合，形成良性互动的合力系统，从而取得较好经济发展成绩的过程。

从世界经济发展特别是工业革命以来世界经济发展的历程看，工业化和城市（镇）化总是如影随形，相伴而生的。这绝不是偶然的，而是工业化和城市（镇）化二者之间内在联系的必然要求和表现形式。这种内在联系主要表现在：一方面，城市（镇）化是工业化的必然结果和重要标志，工业化是城市（镇）化的发动机，工业化战略模式制约城市（镇）化的发展，工业化的发展程度决定了城市（镇）化的特点；另一方面，城市（镇）化又是工业化的促进器，它为工业化的发展提供了有利条件，能够极大地促进工业化的发展。

工业化与城市（镇）化的协调发展包含极为丰富的内容。首先，工业化与城市（镇）化的协调发展，要求保持工业化过程的内部协调；其次，工业化与城市（镇）化的协调发展，要求保持城市（镇）化过程的内部协调；最后一点且最为关键的是，工业化与城市（镇）化的协调发展，要求工业化与城市（镇）化过程二者之间在发展阶段、发展目标、发展政策和发展速度保持协调。

第四节   统筹城乡和改善民生

所谓民生，主要是指民众的基本生存和生活状态，以及民众的基本发展机会、基本发展能力和基本权益保护的状况，等等。中国共产党的十八大报告具体论述了教育、就业、收入、社保、医疗这五个与人民群众关系最直接、最密切的现实问题，强调要"努力办好人民满意的教育"、"推动实现更高质量的就业"、"千方百计增加居民收入"、"统筹推进城乡社会保障体系建设"、"提高人民健康水平"。这些举措为地方改善民生指明了方向。

统筹城乡发展的核心问题就是以人为本、改善民生。如何解决城乡一体化过程中的民生问题？根据 2013 年 11 月 5 日发布的《中共中央关于全面深化改革若干重大问题的决定》，我们认为，重点应该把握以下几个方面。

第一，推进城乡要素平等交换和公共资源均衡配置，保证农民的基本生存和生活能力。维护农民生产要素权益，保障农民工同工同酬，保障农民公平分享土地增值收益，保障金融机构农村存款主要用于农业农村。健全农业支持保护体系，改革农业补贴制度，完善粮食主产区利益补偿机制。完善农业保险制度。鼓励社会资本投向农村建设，允许企业和社会组织在农村兴办各类事业。统筹城乡基础设施建设和社区建设，推进城乡基本公共服务均等化。①

第二，赋予农民更多权利，保证农民的基本发展机会。首先是财产权利，保障农民集体经济组织成员权利，积极发展农民股份合作，赋予农民对集体资产股份的占有、收益、有偿退出及抵押、担保、继承权。保障农户宅基地物权，完善农村宅基地制度，选择若干试点，慎重稳妥地推进农民住房财产权抵押、担保、转让，探索农民增加财产性收入渠道。建立农村产权流转交易市场，推动农村产权流转交易公开、公正、规范运行。②其次是其他权利，即农民公平受教育的权利、获得基本医疗服务的权利、参与农村建设和城乡统筹发展的权利等。

---

① 《中共中央关于全面深化改革若干重大问题的决定》，2013 年 11 月 15 日。
② 同上。

　　第三，加强公共服务配置与社会管理，保证城乡统筹发展的全面性。稳步推进城镇基本公共服务对常住人口的全覆盖，把进城落户农民完全纳入城镇住房和社会保障体系，在农村参加的养老保险和医疗保险应能规范接入城镇社保体系。建立财政转移支付同农业转移人口市民化挂钩机制，从严供给城市建设用地，提高城市土地利用率。[①]

---

　① 《中共中央关于全面深化改革若干重大问题的决定》，2013 年 11 月 15 日。

第十二章

形象先行：塑造城市文化节庆旗舰品牌

　　城市形象是城市物质文明和精神文明的外在表现，是反映一座城市富有时代性、地域性和民族性的文明数值和特色风貌，也是给予社会公众或来访者的总体印象和综合评价。从品牌的角度思考城市形象，发挥城市形象品牌效应，是近年来城市经营和营销的主要思路之一。《中国城市杂志》一书中曾指出："城市形象品牌效应实质是与城市有关联的社会公众在选择城市旅游、居住时，对著名城市更偏爱、更感兴趣，著名城市也更能吸引愈来愈多的名人前来定居，著名城市能使人产生愉悦感、信赖感、可靠感和安全感，其地位一旦在人们心中确立，就能够保持长久的相对稳定性。人们对名牌城市的关注、信任与忠诚感是社会公众中普遍存在的一种心理现象。城市经营者应善于把握此种心理现象，全面实施城市'品牌战略'，在城市竞争中获益。"

第一节　文化节的营销功能和城市品牌的塑造

　　在文化创意产业和第三产业迅速发展的情况下，很多城市意识到自身形象的重要性及文化在旅游和地方品牌传播方面的作用，开始着力打造自身的文化品牌，于是，文化节孕育而生。目前，中国各个地方的文化节名目繁多，问题也很多，所以，对于文化节营销的研究必然会对这一新的城市营销方法产生积极的作用，对于繁荣地方经济也大有裨益。

　　对于文化节营销策略的研究，目前都是从节庆对于旅游业的促进这一方向展开的。本章试图把文化节营销和地方品牌化策略密切联系起来，指出应在地方品牌化策略的指导下来完成文化节的组织和营销，以促进地方经济、文化、环境等方面综合发展。

一　文化节和文化节的营销

（一）文化节

国际节日和事件联合会（也译为国际节日与活动协会，IFEA）把节事分为大型节事（Large events）、小型节事（Small events）、艺术节日（Arts festivals）、体育事件（Sporting events）、展览会（Fairs）、与公园和游憩相关的事件（Parks & Recreation events）、城市相关的事件（City offices）以及会议与观光局相关的事件（Convention & Visitors bureaus，简称CVB）等类型[①]。文化节属于标志性事件，同时还具有节日的特性。

所以，文化节是指具有戏剧特点，可以反映大众流行诉求，有重大意义的大规模（Large-scale）的文化、商业和体育事件。它一般由国家政府不同的部门联合起来并与非官方的组织共同组办，具有和地域历史、文化相关的民俗学特点。

（二）文化节的营销

文化节营销是指挖掘地区或者城市历史文化，找出有代表性的文化产品，以节庆的形式进行营销，进而提升城市形象，促进地区或城市旅游和其他产业的发展。文化节的营销和其他节庆的营销一样，需要根据市场特点，精心设计营销策略。举办文化节是进行城市营销的一种途径，所以文化节的营销应该和城市营销结合起来。

二　文化节对城市品牌塑造的意义

（一）城市和城市品牌

城市也可以称为地区或者地方，科特勒等曾解释说："地区（Place）可以是一个国家，一个地理政治区域，一个行政区域（省），一个以历史、文化或族群为标志的地区，一个城市及周边的人口带，一个有着各种明确属性的市场，一个工业基地和相近工业及其供应商的聚集地，也可以是一种人际关系的心理属性"。菲利普·科特勒等将地区营销界定为："地区营销指地区为满足其目标市场的需求而进行的营销设计，地区营销成功的标志在于市民和企业喜欢其所在的地区，而游客和投资者能达到其期望。"[②]

---

① 理查德·E. 凯夫斯：《创意产业经济学》，孙绯等译，新华出版社2004年版，第15页。
② 刘彦平：《中国城市营销发展报告》，中国社会科学出版社2009年版，第176页。

城市品牌是城市营销的目标和结果，是指一个城市在推广传播本地区形象的过程中，根据发展战略所传递给大众的核心概念，并得到社会的认可。

城市营销就是运用市场营销的方法论对城市的经济、文化、环境、工业、农业等诸多要素进行合理的策划与整合，以求找到符合市场经济规律，提高城市综合竞争力，增加城市财富及知名度，提高城市人民物质文化生活水平的最佳发展道路。城市营销实际上是营销环境、生态和文化。环境的好坏，品位的高低，直接决定城市的吸引力。①

（二）文化节对城市品牌塑造的作用

随着文化旅游的不断发展，节事与节事旅游（FSE & FSE Tourism）得到了前所未有的发展②。主要体现为各种文化节的兴起和繁荣。慕尼黑有"啤酒节"、西班牙有"西红柿节"、南宁的"国际民歌节"，还有本书欲研究的淮南"豆腐文化节"、吐鲁番"葡萄文化节"、庆阳"香包文化节"等都是典型的案例。

普伦蒂斯和安德森（Prentice & Anderson）以英国爱丁堡为例，对节事消费者的消费意图和参加的活动进行了细分，提出了节事消费者在旅游目的地的连带消费模式，这一模式包括低限连带消费和扩展连带消费两个变量。根据抽样调查数据进行聚类分析的结果，他们得出七个节日消费的细分人群：国际文化的严肃消费者、英国流行戏剧的社会派人士、苏格兰表演艺术的观赏者、体验苏格兰的旅游者、美术馆的常客、偶尔光临节日的人、碰巧赶上节日的光顾者。③

表 12 - 1　　　　　　　　爱丁堡节事消费者消费方式的细化

消费方式 1：把爱丁堡作为历史旅游名城（整年待在爱丁堡的消费方式）
消费意图
◎ 了解苏格兰文化传统（真实性的替代物）
◎ 认识陌生人/陌生的地方（真挚性的替代性）
◎ 观看展览
◎ 节事观光
消费活动
◎ 参观国家戏院
◎ 参观苏格兰皇家博物馆

① 郭俊华、李洪琴：《文化商品的二重性与生产商的社会责任》，《前沿》2007 年第 8 期。

② 谢元鲁：《旅游文化学》，北京大学出版社 2007 年版，第 33 页。

③ 王延华：《谈城市形象对城市经济发展的影响》，《沈阳农业大学学报》（社会科学版）2004 年第 12 期。

续表

消费方式 2：把爱丁堡作为苏格兰艺术欣赏地（欣赏苏格兰传统或当代艺术）
消费意图
◎ 观看苏格兰芭蕾、交响乐演出
◎ 观看苏格兰戏剧艺术演出
◎ 体验节日氛围
◎ 观看苏格兰卫兵换岗仪式
消费活动
◎ 出席卫兵换岗仪式
◎ 参加苏格兰艺术表演

消费方式 3：把爱丁堡作为国际艺术欣赏地（欣赏非苏格兰的传统或当代艺术）
消费意图
◎ 观看由非苏格兰表演者表演的国际芭蕾、交响乐演出
◎ 观看由非苏格兰表演者表演的国际戏剧演出
◎ 观看新的、试验演出
◎ 观看喜剧表演
消费活动
◎ 出席电影节
◎ 出席图书节

总结起来看，文化节在地方品牌化过程中具有 4 个方面的作用：

一是节庆作为促进旅游业和地方发展的动力，强化旅游和地方意识；

二是节庆作为旅游形象和地方形象的塑造者，提升城市和地方声誉；

三是节庆作为旅游吸引物，构成旅游产品体系的有机组成部分；

四是节庆作为提升旅游吸引物和旅游目的地地位的催化剂，拉动地方基础设施建设。[1]

三　文化节的营销功能对于城市发展的作用

（一）文化节的营销对于地方自身价值的作用

良好的自然生态及产业环境、优越的生活品质与和谐的社会环境等，本身就是有价值的城市产品。以文化为载体的文化节，是地方获取持续竞争优势的有力保障。因此，在促进城市财富增长、经济发展的同时，地方或者城市营销亦应追求人与自然关系的可持续性以及人际社会关系的和谐性，换句话说，城市发展的可持续性、城市社会的和谐度以及城市居民的幸福感，同样是城市营销的核心诉求之一。因此，文化节营销对城市价值有很大的促进和提升，这包括城市经济价值、人文价值、社会价值等在内

---

[1]　张丹：《试论城市形象及其经济发展》，《西安联合大学学报》2004 年第 12 期。

的各种价值综合系统的提升。①

（二）文化节营销促进产业发展

一般而言，人口和产业是城市发展的两个基本内容。其中，人力资源和基础设施是吸引产业的重要因素，产业带动就业机会，是人口迁入的最大诱因。产业的进驻，除了人力资源市场和基础设施之外，还包括城市形象的吸引和相关营销渠道的配合。居民定居与否，主要取决于生活环境、生活品质以及更广泛意义上的社会生态系统的质量。文化节通过促进生产性产业的发展，使得居民收入增加，居民和外来游客又会促使消费性产业的增长。城市在这一良性互动中扩大了税基，有能力进一步改善基础设施，提升公共服务，从而使城市的吸引力得到持续的强化。图 12－1 描绘了这一基本的城市营销促进城市产业发展的图景。详见图 12－1。

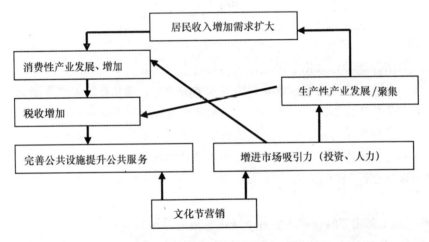

图 12－1　文化节营销促进产业发展

（三）文化节对城市经济的推动作用

城市是许多要素有机联系、相互作用而构成的复杂的动态系统。城市形象是构成城市的所有要素的外在综合反映，同时也是人们对由这些要素有机构成的城市整体现状的印象、看法和评价，以及对发展趋势的判断。那么，影响城市形象的主要因素有哪些呢？广州经济社会发展研究中心组

① 王谨：《个性化与影响力——关于中国城市节庆的思考》，《人民日报》（海外版）2003年 11 月 12 日。

织编写的《广州城市形象建设战略研究》一书便从环境、经济和社会三方面来分析影响城市形象的各要素。其中，环境因素主要包括城市规划与建设、地理环境、环卫、环保和市容以及灾害等；经济因素主要包括经济发展、工商市场情况和交通通信等；社会因素主要包括政府行为、市民行为、对外交流、社会安全、科学与教育和历史文化等。其中文化是一种不可替代的重要因素。文化节是城市经济的一种推动力。实际上，该书所论述的文化及文化的产物——文化节是广义上的，不仅包括精神方面，也包括物质方面。显然，如果从广义的举办文化节来看，它在城市形象、经济建设中所起作用的方面将直接涉及"经济因素"和"社会因素"的各个方面。可见，文化节同其他因素一起相互作用，表现于外，并为人们所感知，从而构成了城市的整体形象，形象的提升推动了城市经济建设。①

　　一个城市的经济发展具有潜移默化的作用，它是从城市理念、城市经济发展角度——从一种内部关系来讲的；文化节的独特性或者说个性则是从共性角度——从城市的外部关系来讲的。如今，在一些发达国家和地区，越是现代化的城市，越是珍惜其城市个性。由于每个城市的自然环境和民俗风情各不相同，因而，每个城市都有自己特有的东西，文化节就是它区别于其他城市的标志。此标志是一种软性的持续推动力，对于城市经济的繁荣和发展具有不可替代的作用。

　　（四）文化节营销有助于打破城市增长悖论

　　一方面，文化节的举办，通过机会分析与捕捉、重新定位产品开发、战略联盟或营销推广等营销手段的运用，有可能使地方或城市扭转衰败的形象，从而启动迈向复兴的旅程。另一方面，制定文化节的营销战略需要结合地方营销战略，因此文化节可以强化地方或城市的顾客价值、网络价值和品牌价值等，能够消弭城市增长所带来的潜在危机，减弱或规避生产和生活成本上升、基础设施紧张和公共服务需求上升等可能导致城市衰退的陷阱。作为一种主动和积极的策略，通过文化节营销带动城市营销，能够开启具有高附加价值的城市良性增长之路。②

　　自中国市场化改革以来，快速城市化进程并未带来就业的高速增长，出

---

① 肖志营：《营销大策划》，天津人民出版社 2004 年版，第 78 页。
② 黄宗智：《中国经济史中的悖论现象与当前的规范认识危机》，《史学理论研究》1993 年第 1 期。

现了快速城市化与低就业增长的悖论现象。这是因为政府主导的城市化战略片面追求以工业化为中心，提高了城市化的成本，使中国的比较优势不能得到充分发挥；城乡二元结构抑制了城市就业增长；服务业发展滞后；在城市规划和建设中出现的一系列失误，造成严重的就业问题。通过发挥市场机制的基础性作用，可以降低城市化的成本，加快城市化发展。大力发展服务业，重视非正规就业的作用，可以实现城市化进程与就业增长的同步协调发展。①文化节的举办，通过促进旅游业、服务业和具有地方特色的文化产业的发展，可以创造出大量就业机会，解决快速城市化与低就业的城市发展悖论。

四　庆阳香包文化节

（一）庆阳香包文化简介

庆阳的香包可以上溯到春秋时期，已有两千多年的历史。在《离骚》和《礼记》等作品当中均有记载。从庆阳民间现存的清代以来的香包来看，大多数以花卉和动物为图，以隐语象征等手法表达各种情感寄托和美好向往。通过深厚的文化积淀和多彩的生活画卷，展示在我们面前的都是古朴而又拙巧、原始而又鲜活的艺术瑰宝。它是揭示人性欲望的艺术，是表达思想信仰的艺术，是展示生命活力的艺术，是真正的民族文化、民俗文化、大众文化、人性文化。

（二）庆阳香包文化节基本概况

庆阳的香包文化节在每年的端午节前后举行。由于第十五届中国西部商品交易会于2003年9月份在庆阳举行，所以第二届香包文化节在2003年9月28日至10月8日期间与西部交易会一起举行。②香包文化节坚持政府引导、市场运作和群众广泛参与相结合，商品贸易与文化交流相结合，项目合作与资金、技术、人才引进相结合，挖掘市场潜力与加快发展的时代要求相结合，使香包文化节在组织方式、内容、规模、范围和效益等方面都有了新的更深层次的拓展。

（三）案例分析

庆阳香包文化节是中国西部城市文化节中举办较早，影响较大的著名

---

① 肖志营：《营销大策划》，天津人民出版社2004年版，第253页。

② 摘自庆阳市政协主席、庆阳香包文化节总负责人刘全宝在第十五届西交会暨第二届香包文化节总结表彰大会上的讲话。

文化节之一。香包文化节每年举办一次，节会持续两个星期左右，至今已经成功举办了十二届，在西北地区影响很大。

举办香包文化节对当地的旅游和文化产业发展有很大的促进作用，同时也使得庆阳香包由民间手工制作迅速成长起来，形成为一个文化产业，取得了非常好的经济效益和社会效益。随着香包文化节的举办，提高了庆阳的知名度，增强了市民的自豪感。在 2002 年举办的首届庆阳香包文化节期间，中国民俗学会命名庆阳为香包刺绣之乡、徒手秧歌之乡、民间剪纸之乡、窑洞民居之乡，庆阳环县为皮影道情之乡，西峰区温泉乡公刘庙为华夏公刘第一庙。中国民俗学会及国际亚细亚民俗学会、中国民间工艺美术委员会把庆阳列为中国民俗文化及民间工艺美术调研基地。节会期间完成签约项目 435 个，签约资金 114.94 亿元。庆阳香包文化节对社会的影响是深远而广泛的。

就该节本身来看，庆阳香包文化节的组织是成功的，而且香包文化节的组委会也似乎模糊地认识到了城市营销的重要性以及文化节营销与地方营销的关系。例如，通过对庆阳进行一系列的文化产品命名和在网络上评选"中国西部最有魅力的文化名城"，让人觉得似乎是要把庆阳定位于"中国西部文化名城"，可惜的是香包文化节的主办方政府部门由于追求短期利益和政绩，组委会并没有把地方营销和文化节营销结合起来，这使得香包文化节的价值未能最大化。

五　结论

城市的发展应该是可持续性的发展。为了避免发展所带来的环境污染、资源过度浪费、产业结构失调、居民生活水平下降等问题，城市发展的品牌化战略越来越显得重要。对于城市品牌化建设和解决城市发展过程中所产生的其他问题，文化节营销具有非常积极的作用。

第二节　探究庆阳香包文化节的营销策略

对于文化节营销策略的研究，大多数都是从节庆对于旅游业的促进这一方向来进行的。在这样的理论框架下，很多文化节都遇到了"市场审美疲劳"和"节庆创新瓶颈"等难题。这些问题令文化节主办方一筹莫展。本研究试图把文化节营销和地方品牌化策略密切联系起来，在地方品牌化策略的指导下，以庆阳香包文化节为例来研究文化节的组织和营销策略问题，对于文化节的营销功能和地方品牌化研究具有普遍意义。

一　庆阳香包文化节在营销方面存在的问题

（一）没有明确的节庆营销发展战略

多数人认为文化节的举办只是政府例行性的一项任务，和老百姓没有太大关系。这种现象的产生就是由于没有明确的文化节发展战略，文化节举办陷入了简单的循环往复之中，随着时间的推移，市场出现了"疲劳"现象。在山东曲阜，老百姓反映，近年来的孔子文化节，就是领导和贵宾们的节日，在节庆设计方面，普通市民可以参与的内容很少，节庆与市民脱离，被当地一位研究孔子的学者冠以"独角戏"来形容孔子文化节的现状。① 同孔子文化节相比，庆阳香包文化节存在同样的问题。就目前的情况而言，庆阳香包文化节并没有脱离政府办节的模式，"文化搭台，经济唱戏"的主导思路不明确，定位不准，文化的作用被弱化。

（二）文化节举办过程中没有做到差异化

近年来，庆阳香包文化节在举办的过程中，出现了包括定位、服务、文化节产品和品牌传播等方面与其他地方的节庆趋同的现象。节庆活动往往是以邀请贵宾、演节目、举办产品展销会这些固定内容为主，不但市场出现了"审美疲劳"，甚至连主办方政府也失去了最初的办节热情。文化节营销要取得成功，就必须形成自己鲜明的特点，实施差异化战略。②

（三）不重视文化节营销策略和产品的创新

目前，中国的文化节多不胜数，如果不注重文化节营销和传播策略的创新，就会被其他节庆的新闻效应所淹没。庆阳香包文化节在举办时还是像前几届一样，内容和形式陈旧，缺少创新。这种现象必然影响到文化节的营销效果。

二　庆阳文化节的营销策略设计

（一）文化节营销战略

围绕创造、发挥和放大文化节长期效应的关键问题，文化节运作应实

---

① 凤凰网：http：//www.ifeng.com/phoenixtv/83927985995907072/20060930/898135.shtml。

② Bramwell B., Strategic Planning Before and After a Mega-Event, *Tourism Management*, 1997, p.18.

施标志性节庆与节庆系列化两个发展战略。

一是举办标志性的香包文化节：标志性文化节是一种重复举办的节庆。对于举办地来讲，标志性节庆具有发挥传统、增强吸引力、提升形象或名声等方面的重要性。标志性节庆可以为举办节庆的所在场所、社区等赢得市场竞争优势。随着时间的推移，可以实现标志性节庆与举办地融为一体的目标。

文化节是否是标志性节庆，可以从 14 个重要因素进行评估和判断：节日精神、满足基本需要、目的多元化、质量、独特性、真实性、适应性、传统、殷勤好客、主题性、确切性、供给能力、象征性、便利性。①

二是文化节的系列化运作：实施节庆系列化运作，主要包括实现节庆类型的多样化、节庆举办时间的系列化这两个方面。

节庆的系列化运作可按照以下四个特点，来形成不同时间尺度、不同规模等级的系列节庆：

传统性——节庆的主题必须体现地方文脉，凸现文化传统；

文化性——节事安排必须突出展示地方独特的文化，使节庆成为文化的重要载体；

综合性——节事设计要体现文化性（注重文化特色）、经济性（重视经济效益）和技术性（推介相关设备和技术）的结合；

动态性——时间安排上，必须注重节事活动的动态特点，每天、每星期、每月、每季度、每年有不同的活动项目和主题。详见表 12 - 2。

表 12 - 2　　　　　　　　　　节庆系列化：等级与规模

节事规模、等级	举办周期
大型标志性节事	一年（或几年）一次
大型节事系列	一季度（或每月）一次
小型节事系列	一周（或每日）一次

从旅游目的地生命周期（Destination life cycle，DLC）的发展来看，节庆的系列化运作可以使得节庆在促进地方可持续发展的过程中起到优化

---

① Getz D. , *Event Management & Event Tourism*, New York：Cognizant Communication Corporation. 1997, pp. 4—5.

发展模式的作用。详见图 12 – 2。

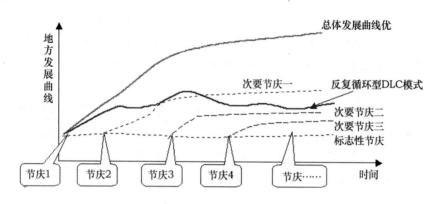

图 12 – 2 系列化节庆促进地方可持续发展①

近年来，庆阳除举办香包文化节之外，还有农耕文化节、皮影节等，并于 2010 年 9 月和 2011 年 6 月主办了"甘肃省第十二届运动会"和"第二届全国红色运动会"，节庆承办能力大大提高。如果将这些独立的节庆结合起来，形成节庆之间的系列化运作，既可避免"市场的疲劳"，又可以使节庆的营销功能最大化，这是庆阳文化节的一个重要发展战略。

（二）文化节营销的差异化

1. 定位的差异化

文化节的形成是通过深挖地方历史和文化内涵而抽象出来的最具代表性的城市产品。从这个意义上说，文化节应各具特色，具有差异性。但是目前很多的文化节在策划和运营方面都大同小异，没有对文化节本身这种城市产品进行理想的营销，同时文化节营销对于地方品牌化的作用也未充分发挥出来。城市定位必须富有内涵，突出个性，避免雷同性。如中国豆腐文化节的定位是：为了弘扬民族文化，光大华夏美食，促进人类健康，推动中外豆腐文化交流和经济技术合作。葡萄文化节的定位是纪念丝绸之路开通、宣传吐鲁番、宣传葡萄产品，促进区域经济发展。由此可见，城市定位时必须把握住以下几个原则：一是深度挖掘城市资源和优势；二是

---

① 戴光全、吴必虎：《TPC 及 DLC 理论在旅游产品再开发中的应用——昆明市案例研究》，《地理科学》2002 年第 22 卷第 1 期。

城市定位要有差异化的竞争优势；三是要突出灵魂和城市发展理念；四是个性鲜明、生动；五是人性化。庆阳香包文化节的原定位是发扬民族文化，发掘民间文化和民间艺术，促进革命老区经济发展。而我们认为，从定位的差异化出发，应调整增加以下几项：发扬民俗文化，发掘民间文化和民间艺术，促进地方旅游发展，优化产业结构。

2. 服务的差异化

"差异化服务"是指企业面对目标市场提供与竞争对手不同的优质服务。如今，产品的差距越来越小，促销手段日趋雷同，竞争对手层出不穷，客户需求差别很大，只有"差异化服务"才能满足客户的需求并在竞争中胜出。预先了解或引导客户的服务需求，提供保障关怀类服务，通过对客户体验与感知的刺激，使服务成为切合客户需求，赢得客户青睐与忠诚的秘密武器。政府节庆办公室应该把文化节的服务工作常规化、制度化，注意客户的不同需求，制定出差异化的服务策略。

实施差异化服务，就得先调查竞争对手的服务策略和服务内容，分析对手服务的优点和缺点。然后，结合文化节的特点，制定出适合文化节的服务策略。这种策略一定要有独特性和创新性，与竞争对手相比会有很强的竞争优势。

结合庆阳的生态文化和红色革命文化特点，推出子午岭生态旅游和南梁红色旅游项目，将会给香包文化节带来更大的节庆内容和竞争优势。

3. 文化节产品的差异化

每个文化节都有一种文化产品作为载体，这种产品是在挖掘当地历史文化的基础上抽象出来的，应该具有独特性。对于文化产品的组织营销也应该实行差异化策略。淮南的豆腐、庆阳的香包和吐鲁番的葡萄都是由于产品的地理和历史文化特点使得其成为名牌，这些产品本身具有差异性，所以营销也应该各有特点。产品的差异化又对文化节这一城市产品的营销起到促进作用。①

产品差异化也可以被理解为产品创新差异化。可以在庆阳香包和皮影等原有产品基础上，增加一些与庆阳红色革命题材有关的产品。比如，设计制作出带有陕甘边区革命领导人图案和字样的纪念品等。

---

① 王谨：《个性化与影响力——关于中国城市节庆的思考》，《人民日报》（海外版）2003年11月12日。

（四）文化节的品牌营销

在现代营销理念中，品牌是营销的核心和灵魂，品牌作为吸引消费者购买的重要因素之一，应该全面简洁地向消费者传递本身所代表的独特形象和产品吸引力。品牌是产品和服务与消费者各种关系的总和。它既是某种标志、符号又是消费者消费某种产品的体验和感受。每个品牌的背后都有一种产品和服务支撑品牌的形象和理念，但同时品牌又必须超越这种产品或服务而相对独立存在。文化节的品牌营销主要从下面几个方面进行：

第一，重视产品外部特征，在产品包装、品牌名称等方面宣传品牌形象。对于以文化产品为载体的文化节来说，包装是一种很好的传播文化节品牌和城市品牌的途径。① 这是从文化节的形象识别系统（Culture Identity System）来进行的。

第二，注重内在品质，增进品牌社会价值的实际含量。比如：技术先进性、市场占有率、特有功能、社会美誉度，对上述的品质进行综合概括和艺术提升来进行品牌营销。

第三，审视精神价值，重在提高宣传层次，即通过智慧而扩充出新价值。具体方式有开展一些具有宣传价值的公益活动和有分寸的公益广告以及具有一些精神价值的形象广告。一句"爱在此、乐在此"把香港的旅游文化节形象宣传得很到位。一个好的徽标（Logo）和利于传播的标语、口号对于城市品牌的形成和传播作用很大。一首易于传播的歌曲，如《东方之珠》对香港城市品牌的作用也是长期的。这是庆阳香包文化节节庆活动策划可以寻求突破的方面。

（五）文化节营销创新策略

1. 产品组合策略

主办方在调整和优化产品组合时，根据不同情况，可选择如下策略：第一，扩大产品组合，包括拓展产品组合的宽度和加强产品组合的密度。第二，产品延伸，包括向上延伸、向下延伸和双向延伸。对于文化节这种城市产品，可以扩大实体文化产品的范围和系列。如淮南的豆腐产品系列，就不断地有新产品推出。同时还可以扩大文化节的产业延伸，如服务的延伸等。

2. 促销策略

目录、赠品、通告、店标、示范、陈列、展销等都属于促销策略的范

---

① 根据企业形象识别系统（Corporate Identity System）得出的方法。

围。一个好的促销策略，往往能起到多方面作用，如提供信息情况，引导采购；激起购买欲望，扩大产品需求；突出产品特点，建立产品形象；巩固市场份额，巩固市场地位等等。因此，制定好促销策略对于文化节的传播作用很大。文化节促销手段通常包括：价格促销、捆绑优惠销售等。促销活动同时又可以与品牌传播活动相结合，在有组织的前提下，比如选择在旅游淡季进行价格促销活动①。

3. 文化节的传播策略

第一，注意文化节的新闻价值赋予。加强文化节的宣传意义，突显出节庆的历史文化和社会价值，明确文化节的主题。

应当注重节庆的新闻性和流行性。文艺节目的创新，对于节庆的新闻性传播作用很大。如能根据庆阳的历史文化，编排出具有农耕文化或者红色文化特点的文艺节目，就可以使得庆阳香包文化节具有更大的传播效果。同时这些文艺作品也会成为推动文化产业发展的新动力。比如舞剧《少林魂》在国内外取得成功，既可弘扬中华文化，又可获得很大的经济效益。

第二，媒体组合策略。要求以纸质媒体为核心，多种媒体组合传播。这是因为：首先，网络媒体虽然具有传播效果大的优势，但其采访能力却远远赶不上传统媒体。网络媒体的信息和新闻大多是转载传统媒体的报道内容。可以说，纸质媒体是网络媒体的信息源。其次，电视与广播新闻具有短期性的特点，与之相比较，纸质媒体所报道的新闻可以较长久地存在。对于电视与广播的自采新闻而言，由于受到在特定时间内的报道内容数量的限制，纸质媒体就成了电视和广播的更深层次的补充。所以，文化节可以应用以纸质媒体为核心的媒体组合策略。

三　结论

文化节的营销功能是地方品牌化策略的一种实现手段。只有在地方品牌化策略的框架下来办文化节，把文化节当作一种地方产品，才能避免文化节的"市场审美疲劳"和节庆创新瓶颈，实现其对城市品牌传播的巨大价值。

---

① 高容、李铁林：《湖南旅游精品战略的市场促销研究》，《湘潭大学社会科学学报》2002年第 S1 期。

第十三章

文化塑魂：进一步提升庆阳的文化优势

在全球经济一体化的进程中，随着文化与经济的关系越来越紧密，人们也越来越重视区域文化与区域经济发展的关系。汤因比说："文化是经济发展的动力"。因为文化是一种重要的生产因素和经济资源，是经济活动的行为导向，为经济发展赋予了精神动力。由于历史背景、地理位置、资源、人文、交通等诸多因素的影响，每个城市都孕育有自己独特的文化，影响着城市乃至区域经济发展。继承独特的传统文化，发掘城市文化内涵、提升城市文化优势、认识文化和经济发展的关系，是提高城市整体素质的关键所在。

第一节　完善文化基础设施

一　城市规划保障

城市建设是区域经济发展的核心内容，要科学规划城市绿化工程，坚持经济建设与环境保护、人与自然和谐发展的城市建设理念。在城市建设过程中，要把打造城市休闲空间作为文化建设的重要环节来抓，在公共空间建设中，充分体现丰富的文化内涵。把大片土地用于广场、绿地建设，在市区内兴建具有文化特色的大中型广场和游乐园，体现庆阳古往今来厚重的文化底蕴和现代城市的人文气质。众多历史和现代文化元素导入城市建设的结果，可以让城市尽显气质优雅的品位，生活在这里的人们，尽可享受现代城市的繁华和山水田园的闲适，这正是文化发展高品位的时代要求。文化滋养人的身心，而人的文明程度又直接决定着城市的文化品位。

二　基础设施支撑

文化设施主要是指城市内部文化馆、图书馆、影剧院、电视台、广播电台和社区文化活动场所等主要面向居民文化活动的基础设施。这些文化基础设施在性质上属于文化事业的范畴，并不属于文化产业，但是文化产业与文化事业的发展不是决然分开的，他们同样以满足居民的文化需求为目标，互相促进，在某种条件下还可以互相转化。文化事业范畴内的这些文化设施为文化产业的发展提供了硬件支持，最终促进了产业效益的实现。

2013 年，庆阳共有专业文化艺术表演团体 10 个，全年演出 1566 场（次），观众 230.37 万人次；共有公共图书馆 9 个，藏书 63.43 万册；博物馆、纪念馆 9 个，文物藏量 3.15 万件；综合性档案馆 9 个，馆藏各类档案 50.52 万卷、19.98 万件，资料 7.97 万册，照片 2.2 万张；文化站 117 个。2013 年，庆阳有线电视用户增加到 58293 户，电视人口覆盖率达到 100%。广播人口覆盖率达到 100%。全年《陇东报》出版 365 期，发行 2.8 万份。全市举办县以上运动会 17 次，参加运动员 38552 人次。在市级以上运动会上庆阳体育健儿共夺得 15 枚金牌、13 枚银牌、10 枚铜牌。

2013 年 6 月，庆阳首家购物中心内的现代化影院开业，可容纳 700 余名观众同时观影，丰富了市民的日常文化生活。由街道社区文化中心、镇文化中心所组成的基层文化设施体系也日益完善，城乡公共文化设施同步发展。

三　旅游基础设施

旅游设施的建设和完善是与庆阳旅游业发展同步进行的，新的旅游设施的建设是城市旅游规划的题中之意，每一项城市旅游构想的实现，都需要以相应的旅游设施为基础。我们要依据《庆阳旅游业发展规划》，全面推进旅游产品由观光型为主向度假观光型转变，实施旅游精品工程，构建以度假旅游为核心、以高端旅游产品为重点、以精品项目为支撑的多元化旅游产品体系，整合资源，突出特色，加快发展，重点培育和完善度假旅游、观光旅游、文化旅游、商务节会旅游、红色旅游等旅游产品。

2013 年，庆阳星级旅游饭店发展到 20 家，床位发展到 2 万个，度假酒店、度假村、汽车旅馆、经济型酒店有较大的发展，全市住宿设施日接待能力达到 10 万人。为配合民俗文化等传统文化旅游业，要发展建设农家酒店；为配合商务、会展、节庆旅游发展，要规划建设一批多功能的会议中心。旅游业的发展，旅游设施是基础，这些配套旅游基础设施的建设和完善，是旅游业发展规划实现的硬件支撑，而旅游设施的完善和多样化，也是支撑着旅游业不断发展的重要条件。

第二节 改革文化事业体制

文化事业是与文化产业相对的另外一个重要概念。所谓的文化事业，是指由国家或社会兴办的，为全体公民或社会某一部分人提供文化产品或服务的，具有公益性的文化事业单位及所开展的各项活动。文化事业是国家为了规避文化产业经济属性中的一些短期行为，对那些文化产业企业不愿意涉及、没有能力涉及、不便涉及或尚未产业化的文化领域进行管理的文化活动。它的运作主体是政府，是国家为全民提供的公共文化产品，它由政府投入或由政府根据相关的文化政策予以扶持并由国家控制，不以营利为目的，具有公众性、公益性，如公共图书馆、博物馆、文化馆、剧院、文化广场、公园等。随着文化产业的迅速发展和国家文化体制改革的逐步推进，文化产业与文化事业之间已经很难明确地进行划分，很多领域内已经是产业与事业均有涉及，但是文化事业仍然具有文化产业所不能替代的作用，在一些必要的领域发挥着特定的作用。

一 总体思路

文化体制改革的总体思路有五点：第一，坚持一个核心。即坚持以创新文化体制机制为核心。第二，突出两个重点。一个重点是大力发展公益性文化事业，另一个重点是大力发展经营性文化产业。第三，运用三种力量。即国有力量、社会力量、外资力量。要深化国有文化单位改革，充分发挥国有文化单位在文化市场中的主导作用。大力发展民营文化企业。同时，还要积极引进外资发展文化产业。第四，要抓住四个关键。第一个关键是重塑文化市场体系。努力形成一批自主经营、自负盈亏、自我发展、自我约束、有竞争力的国有或者国有控股企业和企业集团。第二个关键是完善市场体系。第三个关键是改善宏观管理。第四个关键是转变政府职能。第五，实现五个一批。即转出一批主体——国有文化事业单位通过深化内部干部、人事和分配制度改革，转换机制，增强活力，形成适应市场经济发展要求的企业化管理模式；改出一批主体——通过明晰产权，改制改造，对国有文化单位实行"事转企"，改制为规范的现代企业；放出一批主体——通过完善产业政策，让民间资本和外资进入文化领域，形成一批民营文化企业和合资、独资文化企业；扶持一批主体——扶持龙头文化产业集团和重点文化公益单位；建设一批文化产业基地和园区——重点发展以影视传媒文化产业基地、文化创意产业园、动漫游戏产业园、工艺美术品制造基地等，形成一批文化产业基地和园区，带动和提升文化产业发展水平。

二　营造环境

政府部门在促进城市文化发展的时候，要注重环境的营造。从环境方面和政策方面保证城市文化发展的方向性、实效性。要加大城市文化建设的社会宣传力度，出台相关的城市文化建设措施，从环境上、制度上保证城市文化建设的合理性和合法性，对城市文化建设的认同者给予鼓励和支持，对城市文化建设的潜在认同者和排斥者予以同化，为城市建设创造良好的环境。在营造环境的同时，要结合实际制定、出台相关政策，注重从多方面采取各种措施进行改革和创新。要加快城市文化建设步伐，繁荣城市文化，全面提高文化事业和文化产业发展水平，更好地与时俱进，与国际先进文化接轨，全面提升市民的综合素质。政策主要应该向几个方面倾斜：加大财政扶持力度、扶持公益性文化事业发展、扶持文化产业发展、促进文化体制改革、支持文化队伍建设等。政府加大对文化发展的财政扶持力度，增加文化经费投入，市、区两级文化事业经常性投入要列入本级财政预算，并不断优化财政资金支出结构。同时支持文物保护、开发和利用。另外，要鼓励社会捐赠文化事业。政府不能对文化的发展大包大揽，很多事情需要全社会共同的力量才能办好，全社会应共同参与文化名城的建设。要将城乡文化基础设施建设纳入现代化城市建设规划，制定明确的配套标准，多渠道筹集文化基础设施建设资金。各级财政要大力扶持镇、街道、城市社区、农村等基层文化基础设施建设，激励有特殊才能的文艺人才，在文化人才队伍建设上，支持以文化生产要素参与分配。这是对文艺工作者工作的一种肯定，同时也是对一些有特殊才能的文艺人才的一种激励，相信它会使更多的文艺人才积极地投身到文化的发展上去。在出台扶持政策的同时，还要加强管理。城市管理是城市建设的延伸，是巩固城市建设成果、完善城市功能、提升城市品位的重要保证。城市管理是一项综合性、系统性极强的工作，涉及部门多，主要有公安、工商、交通、卫生、环保、民政、建设等部门。要切实转变先建设后管理的传统思路，坚决杜绝在特色城市建设过程中重建设、轻管理的问题。要引进先进的管理经验，制定城市管理办法，采用科学的手段、强硬的措施、完善的制度来管理。要理顺管理体制，建立健全城市管理工作机制。在管理体制上切实做到符合法规、分工合理、职责明确、责任落实。

三　完善制度

要制定出台《庆阳城市管理办法》，逐步配套完善各项管理制度，明确各部门职责，通过定期组织召开联席会议，研究解决城市管理工作中出现的热点、难点问题，保证城市管理工作高效运行。各城市管理职能部门要协同配合，齐抓共管，提高城市综合管理水平。严管重罚和宣传教育并重，提高全民城市管理意识。要加大市民荣誉感，教育和动员广大城市居民参与市容管理，使市民群众自觉地维护城市的整洁。同时要建立社会监督约束机制，通过新闻媒体广泛宣传，对一些不文明行为和损害市容行为进行曝光，通过社会舆论压力使人们遵守规章制度，自觉融入维护市容市貌的行列。要加大严管重罚力度，尤其对一些重点难点问题，要通过制定严格的管理制度对违规违章行为严管重罚，使之不敢轻易触犯。同时城市管理应与文明城市建设，创建卫生城市、园林城市密切配合，培育市民意识，建设和谐城市。

第三节　开展特色文化活动

文化活动是行为文化建设的重要手段。对内，能够提高市民素质，增强市民对于城市精神、城市理念的理解，并在活动中得以强化，实现对城市文化的认同，增强城市凝聚力，推进城市文明进程；对外，又能有效发挥其窗口和平台作用，扩大城市的对外交流与合作，实现城市间更广泛领域的文化碰撞与融合。这样既展示了城市形象，提升了城市在文化领域的辐射力，又为城市文化建设注入了活力。

一　娱乐活动

休闲文化娱乐活动是指个人或集体在业余时间所进行的有趣味的能满足自身爱好和消遣的文化体育活动。它包罗万象，包括戏剧、音乐、舞蹈、杂技、体育、游戏等等，是排除在受外在力量强制和社会劳动之外的自由活动。近年来，市民的休闲文化活动方兴未艾、蓬勃开展。随着中国经济的迅猛发展，社会物质条件日渐丰富，市民生活水平不断改善，给市民的休闲文化活动提供了保障。市民对休闲文化娱乐活动的渴求日益强烈，要求更高，所需内容更加丰富和充实，市民对加强自身文化素质和艺术水平的愿望更加迫切。在这种情况下，文化广场、图书馆阅览室、音乐厅、社区和街道文化站等文化娱乐场所大多人头涌动，热情高涨，各种各样的兴趣爱好的个体组织纷纷成立，各种协会日益增多，各种新形式的文化娱乐活动似雨后春笋一样层出不穷。

随着社会进一步繁荣，人民生活水平逐渐提升，加上思想观念的解放，市民的休闲文化活动正以空前的规模和较高的水平蓬勃发展，传统或新的休闲文化娱乐活动一旦出现，都会吸引市民的热情参与。庆阳应在自身文化定位的基础上结合节日庆典开展民俗运动会、皮影巡演、香包刺绣大赛等娱乐活动。

二 文体活动

开展丰富多彩的文化体育活动不仅可以贴近居民，繁荣社区文化，而且可以起到服务居民、教育居民的效果，是凝聚人心、构筑和谐的明智之举。社区定期举办乒乓球、篮球、羽毛球比赛，社区老年大学的规模不断扩大，各种协会及兴趣小组更是定期亮相演出，不仅成为居民休闲的娱乐活动，而且成为打造和谐社区、营造和谐文化的一道亮丽风景。工会组织根据社区不同群体的需要和建议，成立秧歌协会、陇剧票友协会、乒乓球协会、剪纸协会等群众性组织，定期举办剪纸大赛、刺绣大赛、乒乓球比赛等活动，并对这些群众性组织及比赛给予财力支持和技术指导，用健康向上的文化体育活动吸引更多的社区居民参与到活动中来，使健身队伍不断壮大。我们应采取集中组织与分散活动相结合、协会组织与站点组织相结合、抓重点与带全面相结合的办法开展工作。一是充分发挥社区体育场馆、文化活动中心和离退休活动中心的职能作用，二是充分发挥协会作用，注重调动协会和文体骨干的主动性。三是发挥社会各界人士的作用，邀请他们参与社区文化体育活动并作具体指导。

三 城市节庆活动

节庆是"节日庆典"的简称，其形式包括各种传统节日以及在新时期创新的各种节日。在西方的相关研究中，常常把节日和特殊事件合在一起作为一个整体来进行探讨，在英文中简称为 FSE（Festivals & Special events），中文译为"节日和特殊事件"。举办有特色的城市节庆活动，对于挖掘、整理城市文化资源，打造城市文化品牌，提高城市文化品位，具有重要作用。办好一个特色节庆文化活动，不仅能促进优秀文化的交流，还可以提高城市的知名度。荷兰海牙北海爵士音乐节是世界上最大的室内爵士音乐节，已经举办了 3 届。其创始人迪奥·凡登霍克先生说，音乐节每年都吸引 70 万人来到海牙，有四分之一是外国游客，音乐节使海牙的酒吧、宾馆以及整个餐饮业、交通业都出现繁荣景象。节庆活动的自身优势使其能够成为一种有效的城市公关手段。参与者能够通过节庆活动的各项内容，全面了解城市的自然景观、历史背景、人文景观和城市建设等硬环境和软环境，较容易对城市形象产生感性认识。节庆活动本身就是城市形象的塑造者，举办节庆活动就是城市形象的塑造和推广过程，成功的节庆活动能够成为城市形象的代名词。随着城市经济、文化的发展和城市知名度的提高，其城市性无形资产也在不断聚积和增值，进而不断增强一个城市的实力。

庆阳举办香包文化节，受到了广大民间艺人、民俗专家的热烈拥护和热情支持。2002—2014 年，连续十二届香包民俗文化节的成功举办，在国内外产生了重大而深远的影响，对推动庆阳经济社会发展产生了许多方面的积极成果。香包文化节以快捷的方式起到了全方位保护民族民间文化遗产的作用，高高树起了庆阳特色民俗文化的旗帜。庆阳香包文化节以产业化运作的方式使原生态的庆阳香包、刺绣、剪纸、道情皮影、民歌等传统民间文化形态得到了完整的继承和保护，并掀起了新的工艺美术创作热潮。"庆阳民俗文化"成为 21 世纪庆阳发展的关键词之一，挖掘开发文化资源，繁荣文化事业，发展文化产业被高度重视起来。庆阳香包文化节极大地提高了庆阳知名度，重塑了庆阳的对外形象和庆阳文化之魂，使国内外更多的人士领略了庆阳的美丽神奇。

第四节　整合并发掘城市文化优势资源

一　文化资源概况

城市的文化资源是历史遗留给城市的一种珍贵的财产，它不仅体现了一个城市的历史氛围，更重要的是它对该城市社会和经济发展的支撑力和促进作用越来越大。整合城市的文化资源，不仅可以吸引更多的游客，发展城市的旅游业，促进城市经济的发展，更重要的是它可以大大提高城市的知名度和影响力，为城市的发展创造良好的氛围，进而提升城市魅力，提升城市竞争力。因此，整合城市的文化资源成为提升城市竞争力的重要手段。

（一）自然文化资源

子午岭①天然森林在庆阳境内面积有 2061 平方公里。岭东葫芦河、苗村河，岭西县川河、固城河等，常年清澈见底，浇灌着川区万亩良田。这里环境幽雅，空气清新，气候温和，雨量充沛，是黄土高原上的一方沃土洁地，也是令人神往的风景区，子午岭的 400 多万亩次生林，为中国黄土高原上面积最大、植被最好的水源涵养林，有"天然水库"之称。

庆阳夏家沟森林公园，位于庆阳合水县境内，所处地带是子午岭森林区覆盖面积最完整、最原始的地段，总占地面积 30 平方公里，内设管理服务、娱乐、自然景观、植物园、度假山庄、会议中心、疗养院、自然保护区等 12 个区域，总建筑面积 25000 多平方米。公园内有树木千余种，千年梭枣树系全国之最。动物 150 余种，国家珍稀动物 6 种。花卉植物千奇百态，紫斑牡丹珍奇华贵，属世界珍稀植物。该区奇山异石遍布，大川河流交错纵横，形成了得天独厚的自然景观。子午岭沿线文物古迹遍布，古代轩辕黄帝氏族部落起源于乔山山脉（即子午岭）。秦始皇统一六国后修建的与长城齐名的两大国防工程之一——秦直道也从岭上通过，长达几十公里。沿途有历代修建的烽墩、土桥、城障、寺庙，穆桂英点将台等古建及古石窟、石刻等遗迹清晰可辨。到公园游玩，既可欣赏自然风光，观赏珍稀动植物，又可领略古代劳动人民的伟大创举，尽情饱览沿途文物古迹。

潜夫山森林公园位于镇原县城潜大山上，占地面积 1.2 万平方米。潜夫山因东汉末年著名的思想家、政论家王符在此隐居著书《潜夫论》而得名，相传山上古柏为王符亲手所植，潜夫亭为王符的读书坛。潜夫山公

---

①　子午岭，又称桥山、古陆梁，南吞三秦，北击大漠，一路重峦叠嶂，跌跌宕宕，似苍龙腾跃起伏，如巨舰在碧波中行进。高原胜景，尽在其中。古岭纵横南北，其支脉呈指状向两翼延伸，勾勒出沟壑纵横、丘陵起伏的山地特征。这里梁梁相似，峁峁相近，山湾相连，沟谷相套，俨若迷宫。地表林木繁茂，郁郁葱葱，万千条小溪绕谷而流，呈现出西河西去、东水东走之势。

园从 1987 年开始修建，目前已建成潜夫亭、杏花亭、通明宫、佑法观、烈士陵园等景点，总建筑面积 1540 平方米，园内有古柏、国槐等风景树木 30 多种、3 万余株。

西峰小崆峒山，因与平凉崆峒山有渊源关系，并称"姊妹山"而得名，又因镇山之神无量祖师殿和山势呈凤凰卧巢状而称无量山、凤凰山。小崆峒山位于西峰区董志乡境内，三面环沟，北接大原，南北狭长，山势巍峨险峻，坡道崎岖，沟底有清泉流水，山腰树木茂盛，气候宜人，环境幽雅。小崆峒山门以南占地 1.4 平方公里，山门以北地势平坦，交通方便。小崆峒山是佛教、道教合一的圣地之一，与闻名遐迩的北石窟寺相距 17 公里。据考证，明崇祯年间，就有人在此刻像立碑，焚香许愿。1933 年，善男信女化缘布施，募集资金，相继建成北台无量大殿、中台玉皇楼、南台观音楼等庙宇，并在两侧崖畔开凿窟洞数十孔，建龛塑像，绘制壁画，供奉神灵。附近群众及佛道僧众广植松柏，种柳栽杏，每年农历三月三日在这里举办庙会，香客游人纷至沓来，敬神观景，游山朝拜，休闲娱乐，小崆峒已成为陇上董志乡广大群众旅游朝拜的一处胜境。

庆阳周祖陵森林公园位于庆城县城东山，因山顶有一座著名的周先祖陵而得名。周祖陵历史久悠，钟灵翰秀，自古为游览胜地。山顶有周祖文化区，总体布局严谨规范，错落有致。每当胜春新夏，杏嵌芳蕊而柳叶青烟，花香袭人林韵醉客，游者造怀寄兴。暮秋初冬之时，红叶未退而白雪初降，雁鸣山养，风憾林梢，会使游客更觉天高地阔，宇宙无穷。

（二）历史文化资源

庆阳历史悠久，文化源远流长，是中华民族的发祥地和黄河文明的发源地之一，被称为肇始周基。人文始祖轩辕黄帝在这里曾与中医鼻祖岐伯论医，有著名的《黄帝内经》问世。周先祖也曾在这里"教民稼穑"，开启了先周农耕文化之先河。

北石窟寺是甘肃四大石窟之一，位于西峰区东南的茹河和浦河交汇处，距市区 25 公里，创建于北魏永平二年（公元 509 年），和位于泾川县东 15 华里的南石窟同为北魏泾州刺史奚康生创建。是泾川南石窟寺的姊妹窟，也是丝路北道上的重要石窟。北石窟寺背靠青山，面对碧流，在长 12 米、高 20 米的赭红色石崖之上，开凿有自北魏、西魏、北周、隋、唐、宋、清各代窟龛 295 个，有大小雕像 2125 尊，窟龛密集，形如峰房，是陇东地区内容最为丰富的石窟。石窟分上、中、下三层，其中以奚康生创建的 165 号窟为最大，它是以七佛为内容的大型窟。七佛造像宏伟精湛，庄严肃穆，不失北魏造像的光彩和魅力。伴随七佛而雕造的弥勒菩萨、骑像菩萨、手持日月的阿修罗都是富有艺术感染力的成功作品。除此而外，还有 240 号窟的北周造像，显示了敦朴厚重的风度。北石窟寺以唐代窟最多，最有代表性的是建于武则天如意元年（692 年）的 32 号窟。窟内的大小雕像面容丰腴，秀目含情，飘然欲动，堪称盛唐艺术精品。窟内还保存着隋、唐、宋、金、西夏、元等各代的题记 150 多则，是研究历史、书法的珍品。题记确切记载了石窟的开凿年代，为研究历代社会生活和发展变化，提供了很有价值的文字资料。这些绵亘千余年的雕刻艺术，凝结着劳动人民的智慧，是古代艺术匠师们辛勤劳动的结晶。为我们留下了丰富的精神财富。

南佐遗址位于甘肃省庆阳西南 6 公里的后官寨乡南佐村，是新石器时代（约公元前 4000 年—前 2000 年）的遗址。南佐遗址现存 9 处大型夯土台基，北部 1 处大型建筑一号基址已发掘。一号基址为地面建筑基址，呈长方形，长 33.5 米，宽 18.8 米。三面有夯筑木骨墙。房址中央有东西向隔墙，将房址分为两部分，墙体开三个宽 1.6 米的门道，通连前后，形成前堂后室结构。后室近隔墙有大灶，墙上抹草拌泥，并经烧烤。房址地面为白灰面。房外有散水台，台外还有排水沟，台、沟均经烧烤。在一号房基周围分布着若干小型房址。南佐遗址发现的大型建筑基址，结构宏伟，与秦安大地湾大型建筑基址相近，表明它是泾渭地区又一处高等级的中心遗址，对研究中国仰韶文化的社会形态具有重要历史价值。

（三）民间文化资源

庆阳民俗文化独树一帜。皮影、剪纸、刺绣、陇剧堪称"四绝"，其古朴性、民俗性、寓意感备受国内外思想文化界青睐，先后获得"中国香包刺绣之乡"、"中国民俗艺术教研基地"、"全国文化产业示范基地"等十多项国家级冠名。香包绣制、陇东唢呐、环县皮影戏、窑洞营造技艺、庆阳剪纸被列入国家非物质文化遗产保护名录。2004 年庆阳被中央电视台评为"最具艺术气质的西部名城"。唱遍大江南北的《咱们的领袖毛泽东》、《绣金匾》、《军民大生产》三首红色经典歌曲，就是庆阳农民歌手孙万福、汪庭有等人创作的佳作。

（四）红色文化资源

庆阳是陕甘边区最早的革命根据地之一，1934 年刘志丹、习仲勋等老一辈无产阶级革命家在南梁创建了陕甘边区第一个苏维埃政府——南梁苏维埃政府，在此基础上形成的以南梁为中心的陕甘边革命根据地，是中国共产党在革命战争年代从未丢失过的一块保存最完整的革命根据地，为北上抗日的红军和党中央提供了落脚点，是抗日战争时期的红军出发地。毛泽东、朱德、周恩来、邓小平等老一辈革命家曾在这里战斗和生活过，在中国革命历史上写下了浓墨重彩的一笔。

庆阳南梁苏维埃政府旧址位于华池县荔园堡，是原南梁苏维埃政府所在地，刘志丹、谢子长、习仲勋等老一辈无产阶级革命家曾在这里战斗和生活过，1934—1935年，他们在此建立了陕甘边区政府。为了纪念革命先辈的英雄业绩，1985年经甘肃省委、省政府批准，在此修建纪念馆，馆内陈设南梁苏维埃政府时期的革命文物、图片和中共中央领导同志的题词等，属省级文物保护单位。

二　文化资源保护

（一）把握地方文化资源的动态性特点，坚持保护和开发的创新原则

任何地方文化资源，作为人类特殊的精神创造，都是一种生命的存在，因此应将其视为有生命的活态存在，"保护"的本质要义，在于维护和强化其内在生命，增进其自身"可持续发展"的能力，这才是地方文化资源保护有效的固本求生之道。文化资源的动态性特点，决定了在进行保护时不能故步自封，而要把握住其发展变化规律，以发展的辩证的眼光来看待它。既然地方文化资源是一种生命存在，那它就不可避免地在与自然、社会、历史的互动中不断发生变异。这种变异，有正负两个方向：其负向为畸变——走向扭曲变形，导致自身基因谱系的损伤以至断裂，目前为数不少的在市场炒作下出现的伪民俗即是；其正向便是创新——它是地方文化自身生命在面对新的生存环境时，吐故纳新，顺应同化，自我调节变革的结果，是传统价值观与现代理念交合转化的新生态，尽管外形已有所不同，其内里却始终保持着基因谱系的连续性。这种积极创新，促使保护对象得以应时而变，推陈出新，生生不息。在进行地方文化资源保护时，要有一种开放的目光和创新的意识，不能墨守成规，要善于把文化资源保护与文化资源创新有机结合起来，避免文化资源保护和开发的雷同及低层次的同质化竞争。

（二）把握地方文化资源的非独占性特点，坚持保护和开发的整体原则

所谓"整体"有两重含义：一是生态整体。这是由地方文化资源的生态特性决定的。它要求在对某一具体事项进行保护时，不能只顾及该事项本身，还必须连同与它的生命休戚与共的生态环境一起加以保护。二是文化整体。一种特定的地方文化是多种多样、丰富多彩的，虽然在具体内涵、形式、功能上有所不同，但它们都是该地方精神情感的衍生物，具有内在的统一性。我们所要保护的，正是这样一个文化整体。如果我们对地方文化资源的保护不能从整体上加以把握，而仅仅强调某一种资源优势，那么这种优势将会随着整体生态环境的恶化以及文化基因的突变、文化生命链的断裂而丧失，或者极容易被异地利用，为异地开发提供更多的机会和可能，从而造成资源的严重流失，最终使优势变成劣势。如许多地方的古迹、文物被改头换面，重新包装，失去了古迹文物的原貌；许多民间舞蹈、仪式、风俗习惯被庸俗化、简单化，失去了原有的神韵；在部分地方，一些古迹、文物和建筑在开发名义下遭到严重破坏，有些甚至是毁灭性的破坏。没有保护的掠夺式开发，无异于竭泽而渔，最终会导致资源的枯竭。

（三）把握地方文化资源的可再生性特点，坚持保护和开发的人本原则

一种地方文化的全部生机活力，实际都存在于生它养它的地方人群之中——在精神和情感上他们是结为一体的。因此，从根本意义上说，地方文化资源的保护，首先应该是对创造者、享有者和传承者的保护；同时也特别依赖创造、享有和传承这一资源的群体对这一资源的切实有效的保护和新的创造。就地方文化资源的保护来说，有形文化资源与无形文化资源的保护模式应有区别，有形文化资源应以在保持原生态基础上的移植性和开发性保护为主，同时与博物馆保护相结合；对无形文化资源的保护可采取研究型、教育型保护，通过展示研究成果，把地方文化纳入学校教育内容等方式，使之为更多公众知晓；对重要的无形文化资源可采用确立传承人的办法。在有效保护地方文化资源的前提下，应视具体情况进行适度开发利用，发挥地方文化资源的经济效益和社会效益，推动地方文化产业健康发展并反哺地方文化的继承者和创新者。同时我们一定要清醒地认识到，并不是所有的文化资源都可以被开发为文化产品或文化服务。比如，

部分宗教文化、一些概念性的地方文化以及部分历史名人等等，它们所承载的更多是一种形象价值、宣传价值、教化价值，难以马上转化为具体的包含着经济价值的文化产品。

三　文化资源挖掘

文化资源丰富是庆阳文化产业发展的优势之一，庆阳不仅具有历史文化资源，也具有现代文化资源；不仅具有中国文化资源，也具有本土文化资源；不仅具有都市文化资源，也具有民间文化资源。这些多样性的文化资源为庆阳文化资源的产业化发展提供了更大的利用空间，也为庆阳文化产业发展提供了良好的素材。庆阳在发展文化产业的过程中应利用自己的资源优势，可以说，对自身资源的深入挖掘和运用是庆阳文化产业发展的根本。

第五节　发展文化产业，培育文化品牌

国家统计局于 2004 年发布了《文化及相关产业分类》标准，将"文化及相关产业"界定为：为社会公众提供文化、娱乐产品和服务的活动，以及与这些活动有关联的活动的集合。从外延上看，它涵盖了生产、营销、消费的各个环节，并把跨越于第二、第三产业的一些行业归纳进了文化产业的体系中来。根据上述界定，文化及相关产业可组合为文化产业核心层、外围层和相关层。核心层包括新闻服务、出版发行和版权服务、广播电视电影服务、文化艺术服务等四个行业大类；外围层包括网络文化服务、文化休闲娱乐服务、其他文化服务等三个行业大类；相关层包括文化用品设备及相关文化产品的生产、文化用品设备及相关文化产品的销售两个行业大类。

文化产业是体现城市文化发展和进程的重要载体，它不仅可以满足人民群众在精神文化需求方面的多样性、多层次性，同时也是推动经济结构调整、转变经济发展方式的重要着力点。随着城市化进程的加快和知识经济的发展，文化产业逐渐变得越来越重要，日益强大的城市经济为文化产业的发展提供了雄厚的物质基础，迅猛发展的科学技术为文化产业的发展提供了新的技术条件。日益扩大的文化消费需求为文化产业发展提供了广阔的市场平台。

在转变经济发展方式过程中，文化产业具有优结构、扩消费、增就业、促跨越、可持续的独特优势和突出特点，具有特殊的重要作用。庆阳属于欠发达地区，在当前调整经济结构、转变经济发展方式的大局下，大力发展文化产业是一大亮点，也具有特殊的地域、资源优势。要充分利用周边民族文化资源优势，抓住转变经济发展方式的有利时机，加大市场开发力度，努力把文化产业规模做大做强。

首先，要制定《庆阳市文化产业发展规划》。把发展文化产业的指导思想、目标任务、发展战略、空间布局、产业结构、重点工程、保障措施等内容，通过规划的形式和法定的程序，加以明确规定和科学认定。在重点产业选择上，突出富有特色的文化展演业、文化旅游业等重点项目的安排，实施项目带动和文化"走出去"的战略，变文化资源优势为产业发展优势，将庆阳建设成为甘肃省内民族民俗文化产业发展中心，把文化产业培育成为周边地区经济发展的新的增长点，成为国民经济的支柱产业。在产业空间布局上，结合庆阳文化的特点，以旅游为纽带，以文化产业为载体，促进旅游沿线特色文化资源的集聚整合，建设国际文化产业博览中心、民族文化产品制造和民俗文化展示"三个基地"，形成农耕文化、民俗文化、非遗文化、红色文化等文化旅游产业带，建设一批标志性现代文化产业、建成一批特色文化产业园区基地、形成一批具有竞争实力的文化企业和品牌、启动一批文化产品交易市场、培育一批重点文化产业人才的文化工程，拓展文化产业发展空间，提升文化产业发展的整体实力。

其次，努力建设全国民俗文化创意产业示范基地。紧扣社会主义核心价值体系"一条主线"，突出文化育民；健全公共文化服务体系，促进文化惠民和文化乐民；打响"岐黄故里"、"周祖圣地"、"庆阳香包"品牌，发展壮大中医药养生保健、民俗文化创意产业，促进全市文化发展和繁荣，弘扬现代人文精神，增强引领经济跨越式发展的内生力。重点实施香包、刺绣、皮影、民间剪纸、道情、唢呐、民歌等特色民俗文化品牌保护工程；加强周祖陵、公刘庙、北石窟寺、潜夫山、唐宋古塔、环江翼龙、黄河古象、秦直道、秦长城等文化遗址、遗产保护；建设庆阳市博物馆、文化馆、民俗文化产业园、农耕文化产业园、岐黄文化产业园、市图书馆、庆阳大剧院、市县（区）青少年活动中心、文化创意产业开发培训中心、环县道情皮影保护传承开发利用示范园区、环县窑洞皮影文化生态工程示范基地以及县区民俗文化产业基础设施建设项目。推进文化产品开发"四个一工程",组建一批国际化的龙头企业,带动8县(区)文化产业基地建设;建立一套国际化的特色民俗文化艺术品生产标准和设计研发体系,打造一批国际化的品牌,形成具有国内一流和国际知名的驰名品牌。

第四篇

战略路径与政策建议

第十四章

促进能源石化产业的转型与发展

长期以来，能源产业为全球经济的快速发展做出了卓越的贡献，但是，随着能源资源过度消耗、生态环境不断恶化等问题的凸显，能源产业的转型和可持续发展已经成为各国各级政府和学术界所普遍关注的一个问题。庆阳市拥有极其丰厚的能源资源，近些年来，能源石化产业获得了长足的发展，并正在建设成为国家级大型能源化工基地，为区域乃至国家的经济发展做出了突出贡献。但是，庆阳的能源石化产业仍然沿用传统的发展模式，缺乏经济性、科技性和可持续性，长期以往，必然会积累许多的矛盾和问题。因此，加大对资源型城市能源产业可持续发展的支持力度，提出有利于资源型城市能源产业转型的对策，是贯彻落实科学发展观、构建社会主义和谐社会的要求，也是当前保障能源资源供给、保持国民经济持续健康协调发展的重要举措。

第一节　庆阳能源资源的基本概况

庆阳地处西北地区东部。与区域中其他城市相比，能源资源的状况既有共同点，也有区别，本节主要从水资源、太阳能资源、石油天然气资源、煤炭资源四个方面来分析庆阳的能源资源情况。

一　庆阳水资源严重匮乏，是关键资源约束

一是水资源总量短缺。庆阳水资源匮乏，属严重缺水地区。庆阳全市河川多年平均径流总量虽然有 14.471 亿立方米，但入境水几乎占总量的一半，自产水人均、亩均占有量与全省、全国水平相比偏低，水资源人均占有量与毗邻的平凉及陕西省延安、榆林相比，也处于低水平，只占平凉人均 766 立方米的 38%，占延安人均 624 立方米、榆林人均 1000 立方米

的 46.8% 和 29.2%。

二是降水稀少，径流分布不均。庆阳多年平均降水量为 480.3 毫米，由于受多种因素的影响，降水时空分布不均。7、8、9 三个月降水量占年降水量的 60% 以上，12 月和次年 1、2 月三个月仅占年降水量的 2% 左右。北部地区属于干旱半干旱过渡带，全年降水日数不足 60 天，且变差大，全年降水不足 250 毫米的年份占 10.2%，冬春连旱的频率高达 73.5%，同时，由于受毛乌素沙漠南侵的影响，风蚀严重，自然条件非常恶劣。人畜饮水极度困难。

三是河流矿化度高，水质差，减少了可利用水资源量。马莲河是庆阳最大的河流，流域面积占全市总面积的 62.4%，多年平均径流量 4.47 亿立方米，占全市自产水资源总量的 59.3%，但由于受土壤、地质、气候等因素的综合影响，马莲河环县北部段水质极差，均为苦水，非汛期径流矿化度高达 9.71 克/升，不能饮用也不能灌溉。马莲河上游 2535 万立方米的苦水下泄造成马莲河干流水质变差，总体上难以利用，这更加剧了庆阳的水资源危机。

四是基流小，洪水大，地高水低，水资源开发利用代价大。降水是庆阳水资源的主要补给源，由于降水集中，降水强度大，50% 以上的地表径流以洪水形式出现，水土流失严重，大量水资源流走，可利用水资源量很少。全市可利用水资源量仅占资源总量的 41.4%。加之庆阳沟谷遍布，地形破碎，川台地少而塬地、山地多，河谷与塬面高差 200 米以上，地高水低，水资源开发代价高。

五是河流泥沙含量大，水土流失严重。庆阳位于黄土高原腹地，水土流失非常严重，全市水土流失面积约为 2 万多平方公里，约占总面积的 90% 左右。每年经河流带走的泥沙总量为 2 亿多吨，其中自产泥沙 1 亿多吨，流失的土壤有机质达 35 万吨。马莲河平均含沙量 268 千克/立方米，年输沙量 1.29 亿吨，这在大江大河中是绝无仅有的。河流的高含沙，造成径流难以利用，进一步加剧了水资源的紧缺状况。

二　庆阳太阳能资源较为丰富，但分布不均

庆阳的太阳能资源较为丰富，属春、夏有效利用型。太阳辐射年总量在 5280—5710 兆焦/平方米。除华池观测站所处位置测定结果代表性较差外，以西北的环县最多，东南部的宁县最少。太阳辐射月总量以 6 月份最

多，各地历年平均 611—709 兆焦/平方米，日平均 20—24 兆焦/平方米；以 12 月份最少，为 263—367 兆焦/平方米。在植物生长期内，日平均太阳辐射量在 11—24 兆焦/平方米之间。太阳能可利用年总日数（以每天日照时数≥6 小时计）为 190—250 天，有效比为 1.4—1.8。日平均气温≥0℃期间的日照时数，各地平均 1641—1879 小时，太阳能利用日数 132—178 天，太阳生理辐射总量为 2046—2248 兆焦/平方米。日平均气温≥10℃期间的日照时数 1087—1293 小时，利用日数为 80—120 天，太阳生理辐射总量为 1429—1589 兆焦/平方米。太阳能除冬季温度低和秋季阴雨日数多等条件影响，使农业生产的利用率受时间的限制外，在空间的利用上也有一定的差异。在植物生长发育期内，华池光照少，其日平均气温≥10℃期间的太阳生理辐射总量不足 1430 兆焦/平方米。西北部虽然是全市光照最多的区域，但绝大部分地方热量不足，其次由于水分条件的限制，使太阳能利用效率不如中、南部。

三　石油天然气资源大市，托起国家级能源化工之都

庆阳这片热土，由于黄土地下埋藏着"难以计数"的能源财富，它正在成为一座冉冉升起的能源之都。甘肃省委、省政府把庆阳大型能源化工基地当作区域发展战略中"两翼齐飞"中的重要一翼。中华人民共和国国务院办公厅《关于进一步支持甘肃经济社会发展的若干意见》中也提出"加快陇东煤炭、油气资源开发步伐，积极推进煤电一体化发展，构建以庆阳、平凉为中心，辐射天水、陇南的传统能源综合利用示范区"。庆阳建设大型能源化工基地战略已由甘肃全省区域发展战略上升到国家战略层面。

庆阳资源潜力巨大。在 2010 年"两院院士庆阳革命老区行"暨加快国家级区域能源中心建设高峰论坛上，中国地质科学院副院长董树文研究员说："庆阳的自然资源资产折现相当于 4420 万亿元，也就是说，260 万庆阳人民每个人平均拥有价值 17 亿元的自然资产。"

据资料显示，如果按照土地面积算，庆阳每平方米土地之下含油气 120 公斤、含煤 8 吨，具备建设千万吨级大油田、亿吨级大煤田和千万千瓦级装机容量煤电基地的资源条件。天然气（主要是煤层气）预测储量 1 亿多立方米。

庆阳境内油气总资源量 40 亿吨，占鄂尔多斯盆地总资源量的 41%；探

明石油地质储量 16.2 亿吨，是甘肃省乃至西北地区重要的石油天然气化工基地，是长庆油田的发祥地和主产区，在全国大油田中占有重要位置。

长庆油田 30 多年来，在庆阳 2 万多平方公里的土地上勘探开发油气资源，预测石油天然气资源量增加到 32.47 亿吨，占长庆油田公司石油储量的 33%。其中，西峰油田是 21 世纪初中国石油勘探的新发现，也是长庆油田公司继安塞、靖安油田之后发现的第三个探明储量超亿吨的整装大油田。庆阳油气资源开发潜力巨大。

四　煤炭资源丰富，能源化工基地如虎添翼

过去的十年，是庆阳优势资源开发快速推进、能源化工基地建设取得重大突破的时期。在这期间，庆阳煤炭资源大开发序幕全面拉开。其中，宁正矿区总体规划、沙井子矿区总体规划获得批复，甜水堡矿区总体规划通过审查，已批复矿区总规模达到 3360 万吨。庆阳境内煤炭预测储量达1342 亿吨，分布在全市 1.98 万平方公里范围内，占甘肃省预测储量的大部分，其中千米以上浅层资源量达 190 亿吨。与全国各大煤田相比，庆阳煤炭预测储量是开滦煤矿的 17 倍、兖州煤矿的 64 倍，大体相当于 50 个大同矿区、100 多个抚顺矿区。

华能甘肃公司、华能天骏公司、中国华电煤业公司、中国铝业公司、甘肃能源集团等大型央企和省属企业已进驻开发建设大型矿区，开工建设核桃峪 800 万吨/年矿井、刘园子 90 万吨/年矿井；新庄 800 万吨/年矿井和马福川 500 万吨/年矿井已获得国家批准并开展前期工作。

第二节　能源工业发展现状及取得的成就

庆阳以传统农耕名世，以民俗文化享誉，以能源化工实现经济起飞。分析庆阳的能源生产情况和能源消费情况以及能源工业基础，对研究庆阳作为能源工业城市的发展战略至关重要。

一　能源生产总量

2009 年，长庆油田油气当量突破 3000 万吨，成为中国第二大油气田。为了这一天的到来，开发者在漫长的 40 余年中艰苦创业。据介绍，从 1950 年开始，中石油、中华人民共和国地质部先后进驻鄂尔多斯盆地，然而直到 1969 年仍然一无收获，后在原地质部部长李四光指导下，在庆阳首先取得突破，随后由玉门油田、四川油田、江汉油田组成的数万石油大军，陆续开进庆阳，拉开了庆阳地区的石油大会战。之后，人们提起庆阳，除了革命老区外，最重要的印象就是石油。现在进入人们视野的除了石油，当然还有煤炭、天然气。在这片孕育了周祖文化的地方，这些优势一起支撑起了庆阳的未来。2013 年庆阳共生产天然原油 659.39 万吨，比上年增长 14.5%；其中，生产汽油 128.89 万吨，生产柴油 152.16 万吨，生产液化石油气 18.03 万吨。

二　能源消费情况

2012 年，庆阳综合能源消费 88.07 万吨标准煤，同比下降 5.73%；产值能耗 0.11 吨标准煤，同比下降 11.81%。能源消耗呈现以下特征：第一，能源消费品种单一。2012 年，全市规模以上工业能源消费品种主要有原煤、汽油、柴油、电力。消费原煤 19.52 万吨，同比增长 1.6 倍；汽油 1.63 万吨，同比增长 3.4%；柴油 3.7 万吨，同比增长 7.0%；电力 13.52 亿千瓦时，同比增长 0.6%。其他能源品种如天然气、燃料油、焦炭等能源品种，消费量较少。第二，重工业能耗比重大。2012 年，全市 40 户重工业企业，综合能源消费 84.54 万吨，同比下降 6.21%；23 户轻工业企业，综合能源消费 2.53 万吨，同比增长 7.54%；重工业企业能耗比重高达 96%。第三，万吨耗能企业能耗呈负增长。2012 年，全市 5 户万吨耗能企业，综合能耗消费 79.71 万吨，同比下降 7.29%。第四，高耗能行业能耗下降较快。2012 年，全市 18 户高耗能企业，综合能源消费 27.85 万吨，同比下降 27.79%。第五，半数以上行业产值能耗速度下降。2012 年，全市 15 个行业中，8 个行业产值能耗速度为下降态势。其中下降幅度最大的是金属制造业，同比下降 84.91%；下降幅度最小的是开采辅助业，同比下降 6.84%。第六，全社会用电量平稳增长。2012 年，全市全社会用电量 33.46 亿千瓦时，同比增长 17.72%，用电量呈现平稳增长态势。其中，第一季度增长 15.92%，第二季度增长 14.92%，第三季度增长 18.98%，第四季度增长 17.72%。

三　庆阳西峰工业园

（一）园区基本情况

庆阳西峰工业园区于 2003 年经原甘肃省经贸委批准设立。2006 年 3

月，省政府以《关于嘉峪关工业园区等 15 个开发区的批复》，批准为省级开发区，并报国家发改委、国土资源部、商务部、建设部、国家环保总局等部委联合审核，确认了园区名称、四至范围、主导产业。该园区是甘肃省 34 个重点建设的工业园区之一，也是庆阳唯一一个通过国家审核的省级开发区。

园区位于庆阳城市规划区西南部，北起董北路，东至 202 省道，西至野林北路（规划 B1 路），南至野林东路（规划 A3 路）。总规划面积 6.63 平方公里。是以石油加工、石油（天然气）化工、精细化工及关联产业开发为主的石化专业园区。

（二）园区发展现状

从被审批通过至 2013 年，园区入驻企业 9 户，累计完成固定资产投资 80 多亿元，从业人员 4000 多人。园区的庆化 300 万吨炼油厂、西峰油田第二联合输油站、中石油长城销售公司庆阳分公司、西峰油田轻烃厂已投入运营；庆化 600 万吨产能升级改造、长庆油田物资储运站、上海瑞南天然气项目已开工建设；北京立诚重催装置、鑫兰石化干气芳构化项目已签订入园协议，正在办理前期手续；江苏金浦 C4 深加工项目已达成投资意向。2012 年，园区实现工业总产值 225 亿元，工业增加值 43.5 亿元，上缴税金近 40.8 亿元，实现地方财政收入 3200 多万元，被列入甘肃省级新型工业化产业示范基地，在甘肃全省开发区考核中，综合实力在 35 个国家级及省级以上开发区中排名居前，荣获二等奖。

（三）园区环境条件

1. 服务政策及管理

按照《甘肃省人民政府关于进一步加快开发区建设和发展的若干意见》要求，庆阳市政府制定下发了《庆阳市鼓励工业集中区发展优惠政策》及《庆阳市政府关于进一步加快工业集中区发展的意见》，从土地政策、财税政策、规费政策、服务政策、其他政策等五个层面，提出了扶持园区（工业集中区）发展的 26 条具体政策；西峰区政府研究制定了《西峰工业发展优惠政策》，提出了产业发展重点、土地政策、财税政策、人才政策、规费政策、服务政策等六个方面 31 条优惠和扶持措施。

西峰区工业园区建设管理办公室，负责承办园区开发、建设、管理、服务等业务。目前，市、区正在积极衔接设立园区管委会，为副县级事业单位，将赋予管委会《甘肃省人民政府关于进一步加快开发区建设和发展的若干意见》中规定的各项职能。

2. 园区基础设施配套建设

园区基础设施投资较充分。结合庆化 300 万吨炼油厂建设，建成该厂专用供排水管道及污水处理厂；地方筹资 2.3 亿元并使用甘肃省级专项资金 750 万元，完成园区规划区第一期开发区域 3 平方公里内的居民拆迁安置工作，动迁农村居民 450 户，启动建设董志乡冯堡、南门、周庄 3 个农村居民集中安置点；积极开展园区董北路、B1 路、A3 路等 3 条园区主干道路建设项目的规划、用地、勘察、设计、环评和建设工作，并完成了地下管线及基础路基工程。

第三节　能源产业发展的问题和困难

近年来庆阳能源化工产业发展迅猛，也对当地的经济发展起到了很大的促进作用，但是依然还面临着一些困难和问题。

一　行业环境方面的困难和挑战

（一）对外贸易环境发生变化，石化产业受到严重影响

在后危机时代，国际贸易摩擦将成为常态，如何运用国际通行规则反对贸易保护主义，切实维护国内企业安全以及企业的合法权益，应当是我们认真对待的问题。

第一，后危机时代国际贸易摩擦将成为常态。石化行业贸易摩擦也出现了新特点。中国目前已经成为国际贸易保护主义的主要对象，2009 年有 22 个国家和地区发起 116 起贸易救济调查，涉案金额 127 亿美元，连续 15 年成为全球反倾销措施最大的目标国。2011 年 1—5 月份，有 12 个国家启动了 32 起案件，印度最多，其次是美国和印尼。美国对中国出口的钻管产品和铝型材发起"双反"调查。2012 年中国遭遇贸易救济调查 77 起，涉案金额 277 亿美元，同比分别增长 11.6% 和 369%。2013 年（截至 12 月 4 日），有 22 个国家和地区对中国发起 94 起贸易救济调查，同比增长 22%，其中反倾销 58 起，反补贴 3 起，"双反" 15 起，保障措施 18 起。2014 年中国贸易摩擦还会继续增加。

石化行业的贸易摩擦呈现出如下特点：

一是化工行业成为贸易摩擦的重灾区。1979—2010 年，在国外对中

国发起的反倾销调查中涉及石化产品的约有 300 起，在所有涉案行业中居首位。在国外对中国发起的反补贴调查中，涉及石化产品的 5 起，居第三位。在国外对中国启动的 85 起特保调查中，涉及石化产品的 6 起，居第二位。在国外 209 起涉中国保障措施中，涉及石化产品 42 起，居第二位。从申诉情况来看，1997—2010 年，在对中国发起的反倾销调查中，涉及石化行业的有 142 起（据 WTO 统计口径）。

二是高附加值的化工产品成为反倾销重点。中国一些高附加值化工产品产业化技术的突破，打破了发达国家的技术垄断，国内竞争力迅速增强，因此成为贸易摩擦的对象。以轮胎为例，自从美国对中国非公路工程轮胎发起反倾销反补贴调查以来，涉案产品已逐渐转向载重子午轮胎、工程轮胎等高附加值产品。

第二，汇率剧烈变动，影响石化产业竞争力。汇率问题现在越来越成为影响中国国际贸易关系发展的一个重要的变量。一方面，自金融危机以来，虽然人民币汇率基本稳定，但世界其他各国汇率剧烈变动，甚至大幅度的贬值，使人民币被动升值。从 2005 年至 2012 年底，美元对人民币贬值已超过 24%；韩国、印度、新西兰、澳大利亚、欧盟等国家和地区，自金融危机爆发后，短短半年之内货币也大幅贬值。韩元、（印度）卢比甚至一度贬值 40% 和 35%。受欧盟债务危机影响，2010 年底开始欧元持续大幅贬值，累计达到 16.8%。

人民币被动升值使企业出口成本增大，使贬值国家企业可以向市场提供更低报价，进而使整个市场价格向下。例如 2010 年 5 月底巴斯夫和拜耳的甲苯二异氰酸酯（TDI）报价下调 300 元/吨—500 元/吨，国产甲苯二异氰酸酯也被迫随之降低了市场价格。此外，剧烈变动的汇率还使企业无法稳定预期，不敢接长单，加大了经营风险。

第三，各类技术壁垒挤压中国产品出口空间。对中国石化行业而言，技术性壁垒已经超过了反倾销措施，成为继汇率后的第三大出口障碍。2009 年 11 月 24 日，欧盟通过了一项关于植物保护产品授权的新法案，将对中国农药出口构成新的贸易壁垒。中国农药出口额占欧洲进口总额的 4.4%，新法规的颁布将影响中国 1000 多家农药企业的出口。

第四，绿色标准成为潜在的贸易壁垒。低碳经济是以低能耗、低污染、低排放为基础的经济模式，是人类社会继农业文明、工业文明之后的一次重大进步，其核心就是能源技术和减排技术创新、产业结构和制度创新以及人类生存发展观念的根本性转变。

中国一直积极推动碳减排，碳排放强度在 1990—2002 年平均每年下降幅度都在 3.6%，是所有国家中减排力度最大的。但是西方国家越来越多的以低碳为借口来对发展中国家提出要求，绿色壁垒又成为一个反倾销之后的贸易保护措施。目前，日本、法国、德国、美国、加拿大、澳大利亚、西班牙等国家已制定了 1800 多个环境与资源保护条约。化工行业成为绿色壁垒的重要关注点——包括油漆、涂料、建筑材料、橡胶产品等等。美国、欧盟各国等发达国家又陆续提出了"碳关税"的新概念。2009 年 6 月，美国国会众议院通过了《能源清洁安全法案》，授权美国政府自 2020 年以后，对于拒绝减排获得竞争优势的出口国家征收"碳关税"。所谓碳关税，实际上是绿色贸易壁垒的新形式，如果被一些国家滥用，中国很可能成为其中的受害者。一旦碳关税形成，不但发展中国家产品成本优势被大大削减，工业发展也将面临巨大的转型压力。据测评，如果实现 40%—45% 的减排承诺，中国损失产值排第三位的将是石油和化工产业，其中化工产业的损失产值分别是 1394 亿元和 2430 亿元。

（二）产业内部的竞争

第一，国际产能大量释放，冲击国内市场。由于产能快速扩张，中东石化公司将继续称霸世界，如沙特基础工业公司（SABIC）、伊朗国有石油公司（NPC）以销售收入 344.07 亿美元和 57 亿美元，分别位列 2008 年全球化工 50 强的第 6 名和第 45 名。

2009 年，中东地区石化总产能约为 6200 吨/年，乙烯年产能也从 2008 年的 1690 万吨增至 2012 年的 2810 万吨。预计到 2015 年年底，中东地区的石化产能将大幅跃升，达到 1.15 亿吨/年，占全球石化总产能的 16%。《2020 年全球能源报告》中认为，2020 年北美将成为世界油气供应"新中东"。

第二，进口冲击导致国内部分产品销售低迷。以己内酰胺为例，2009 年，国内需求强劲，然而与 2008 年相比，在需求量增长 20.65 万吨、增幅为 28.18% 的情况下，国内产业同类产品的生存状况没有得到发展，相反由于进口数量激增，挤压了国内同类产品的发展空间，导致国内产业同类产品的产量下降至 18.63 万吨，比 2008 年减少了 3.23%，开工率比

2008 年降低 10.68 个百分点，国内产业的产能无法得到有效的利用。

聚乙烯国内市场也出现供大于求的情况，聚乙烯需求增长从 2009 年 30% 下降至 2010 年的 8.6%，2013 年，中国华东地区国产及进口聚乙烯总库存量已达到 50 多万吨。油价变动，也对聚乙烯市场产生了一定的影响，2013 年 5 月，低压、高压及线性低密度聚乙烯市场价格环比均呈下降趋势，分别下降 13.9%、12.8% 和 11.5%，而前 4 个月这三种产品的市场价格均呈上升趋势，聚乙烯价格持续低迷将进一步加剧相关企业的经营困难。

二　庆阳能源化工产业发展的制约因素

（一）生态环境方面的影响和制约因素

庆阳属于旱作农业区，森林资源总量不足，年降雨量少且分布不均，水土流失较为严重，生态环境脆弱。要发展能源石化工业，对环境承载能力提出了很大的挑战。石化产业属于资源消耗量大、废弃物排放量高的产业，生态环境保护和安全生产责任重大。

（二）发展基础方面的制约因素

1. 地方公共基础设施

庆阳基础设施建设和配置比较落后。交通主要依赖公路运输，成本高，效率低；铁路尚未完全建成；航空运输荷载能力较低。水利设施陈旧、落后，无法满足工业、农业生产需求。其他公共服务基础设施种类单一，服务能力低下。严重制约了能源化工产业的发展。

2. 工业基础

庆阳是一个传统农业经济地区，有"陇东粮仓"的称号。改革开放以来，依赖西安和兰州等大城市而发展起来的以贸易为主的第三产业也有了较快的发展。对于石油、煤炭资源的大规模勘探、开采还是进入新千年以后才开始的。要发展能源化工产业，延长能源产业链，面临的困难比较多，目前除在炼油方面有较好的进展，化工、制造、煤深加工方面几乎没有任何基础设施，也缺少技术和人力资源。这些都将对庆阳发展能源化工产业造成一定的制约。同时，庆阳交通、水利、电力等基础设施的配备比较薄弱，资金不足，也是制约能源化工产业发展的关键因素。

第四节　能源产业的转型与创新

由于面临着诸多的困难，庆阳发展能源化工产业就更要抓住机遇，科学发展，创新发展。

一　推进能源化工基地建设必须重点考虑的问题

庆阳属于资源富集但生态环境脆弱、基础条件落后、发展相对滞后的欠发达地区。总结石油开发 40 年的历史，借鉴山西、内蒙古、宁夏等资源开发较早省区的经验，推进能源化工基地建设，实现经济社会跨越式发展，必须优先考虑四个方面的重大问题。

（一）绿色发展与可持续发展的问题

石油煤炭资源是庆阳得天独厚的战略资源，必须毫不动摇地加大开发力度，加快转化步伐，使之在新的经济增长极中发挥更大作用。但能源大开发必须符合科学发展观和新型工业化发展道路的要求，在发展理念的确立、思路的确定、路径的选择上要与国际、国内最先进的水平全面接轨，建设绿色能源化工基地，走绿色发展的道路，用较少的资源消耗和环境代价创造出更多的社会财富。必须科学合理地把握开发强度，控制开发节奏，安排开发时序；实施大企业、大集团战略，抓好能源采掘加工环节的节约，提高资源采收率，逐步把能源生产、流通、消费的全过程导入节约型和环保型轨道之中。

（二）能源开发与生态环境治理的问题

能源是经济和社会发展的重要物质基础，环境问题在很大程度上是能源问题，能源环境问题归根结底是发展问题。促进资源开发利用和生态环境保护相协调，既是生态建设的重要内容，也是经济发展的必然要求。庆阳地处黄土高原，气候干旱，水资源短缺，丘陵沟壑众多，水土流失严重，生态环境脆弱。统筹环境效益、经济效益和社会效益的难度很大。在基地建设中，一方面，必须明确企业保护和修复生态系统的主体责任，积极履行环保义务；另一方面，必须坚持一体化开发，联产发展，实现能源的梯级利用。综合利用和循环利用。要不断改善生态环境质量，走资源开发和环境保护协调发展的道路，最终建成充满活力、富裕文明、和谐稳定、山川秀美的新庆阳。

（三）确保支撑条件同步跟进的问题

庆阳在基础设施建设方面较落后。这特别表现在交通和水资源上。周边市县高速公路、高等级公路均已修至边界，而庆阳的一些重大交通项目还在争取立项，打通跨区域大动脉的任务十分紧迫；庆阳是一个资源型、工程型、水质型缺水并存的地区，人均水资源占有量很低。随着系列大项目的实施，交通、水资源、土地和环境压力趋紧，庆阳必须抓住机遇，乘势发展，先行推进，加快与能源开发紧密相关的交通、水利、电力等基础设施建设。

（四）建立并完善补偿机制的问题

庆阳和广大西部地区一样，以矿产资源、能源和原料加工业等资源型产业为主。在相当一个时期内，中国一直存在的是资源无价、原料低价和产品高价的价格体系，加上法律法规对资源保护和补偿的规范不到位，现行的资源价格体系既不能准确反映资源的稀缺状况，也没有兼顾资源开发地的环境承载力，势必影响资源地的协调发展。矿物资源的不可再生性，决定它总有一天会枯竭。因此，我们应居安思危，在及早培育接续产业的同时，通过地方立法，完善资源和环境补偿费征收制度，按动用矿山资源储量计征资源补偿费和环境补偿费。

总之，在推进能源化工基地建设进程中，必须做到资源输出与就地转化同时兼顾、开发优势产业与培育后续产业同时兼顾、资源开发与环境保护同时兼顾、基地建设与区域经济协调发展同时兼顾。这些问题都是发展中的问题，需要依靠解放思想、科学发展来解决。

二　推进基地建设的构想

庆阳的发展，和甘肃的发展紧密相连；庆阳的进步，是甘肃进步的有机组成，庆阳能源化工基地建成之日，就是甘肃"东翼"经济腾飞之时。

庆阳能源化工基地建设的总体思路和目标是：以科学发展观为指导，坚持高起点规划、高水平建设、高技术应用、高效益发展的"四高"原则，开发石油、煤炭、天然气、煤层气四种资源，建设西峰、正宁、长庆桥、沿环江四个工业集中区，发展石油化工、煤电、煤化工、精细化工、建材五大产业，建设千万吨级原油生产、千万吨级炼化、亿吨级大型煤炭生产、千万千瓦级装机煤电、千万吨级煤化工生产和10亿立方米天然气、煤层气六大基地。力争到"十二五"末，原油产量和加工量达到双1000

万吨，原煤生产能力达到 6000 万吨以上，原煤年转化能力达到 3000 万吨以上，煤电装机到 1220 万千瓦。"十三五"末，原煤产能达到 1 亿吨以上，煤电装机达到 3000 万千瓦以上，原煤年转化能力达到 5000 万吨以上，真正把庆阳建设成为国家大型能源化工基地和西电东输基地。

（一）推进能源化工基地建设，必须统筹谋划

庆阳能源化工基地建设，必须融入全国区域经济发展的大局之中，推行统筹谋划、综合开发、扎实推进的大企业、大集团战略，形成竞争开发的格局。应全力抓好超低渗油田开发项目，努力扩大原油产能；加快煤炭勘探开发速度，早日形成煤炭生产能力；加快工业集中区基础设施建设，尽快论证上马一批石油化工、煤电、煤化工项目，延长产业链条，形成产业集群；积极主动地承接关中—天水经济区的辐射带动，加强同鄂尔多斯盆地资源富集地区在资源开发、基础设施建设、生态环境保护等领域的密切合作，积极做好本区域生态能源经济协调发展试验区相关工作，使这一规划设想上升为国家发展战略；推进与平凉共同建设长庆桥—泾川煤电化工循环经济区各项前期工作，争取建成国家级循环经济示范区，努力打造一个高水平的现代工业新区，使其成为陇东能源化工基地的支撑点和引擎。

（二）推进能源化工基地建设，必须超前推进基础设施建设

基础设施建设是一个战略问题，必须超前谋划、系统布局，抢先抓早，以基础设施建设的大突破、大跨越推动基地大建设和经济社会的大发展。按照打造立体交通网络的目标，加快公路、铁路和民航项目建设，力争到 2016 年实现铁路纵横贯通、所有县城半小时内上高速的目标，努力推进区域边缘型向区域畅通型的重大转变。要认真实施水资源中长期保障规划，坚持"蓄、引、提、调、改"并举，重点开发马莲河流域水资源，早日形成初级的水资源配置体系。要计划建设 750 千伏超高压输变电设施，进一步优化电网布局。要大力实施重点生态保护工程，不断提高生态承载能力。

（三）推进能源化工基地建设，必须统筹城乡发展

目前，庆阳城镇化、工业化水平还比较低，城镇对农村、工业对第三产业的带动作用还不够明显。要提升城镇化水平，必须立足庆阳资源优势，按照统筹城乡发展的要求，加快能源工业发展，以工业化促进城镇化，以城镇化带动城乡一体化。应围绕提高产业支撑力、经济辐射力、文

化影响力、社会管理力和要素聚集力这几个要点，强力推进城市扩容和功能完善。高标准制定新一轮城市总体规划和土地利用规划，加快推进庆阳市区南扩、东进、北拓，扩大城市建设规模，优化城市空间布局结构。要注重公共事业、公益事业的发展，加快造就社会化、专业化城市生产服务系统和生活服务系统，最大限度地为城市发展提供支撑。

（四）推进能源化工基地建设，必须大力发展现代服务业

建设大型能源化工基地，需要现代服务业的强有力支撑，需要物流业、旅游业等产业的及时跟进。要适应区域经济发展需要，充分发挥庆阳地处陕甘宁三省（区）交汇处的区位优势，坚持规划先行、政府引导、市场运作，充分调动各方面力量，加强物流基础设施建设，改善物流环境，培育物流主体，加快区域性物流中心建设。要充分挖掘红色革命文化资源，大力彰显以周祖农耕文化、岐黄中医文化、民俗民间文化为代表的历史文化，统筹发展红色旅游、黄土风情旅游和子午岭生态旅游，构建能源产业、文化旅游、商贸会展等一体化产业链。

（五）推进能源化工基地建设，必须扩大对外开放

能源产业是资本密集型产业，需要大规模的资本投入，必须面向市场，把立足点放在引进域外投资上。庆阳能源化工基地建设尚处于起步阶段，不可避免地会遇到技术、资金、人才等因素制约，因此，借助外力是我们的首要选择。目前，在国家政策导向和市场需求的共同作用下，能源产业已成为国内外资本关注的热点。要抓住这一难得的机遇，创新招商引资方式，积极寻找战略合作伙伴，选择大客商、瞄准大企业，叩门招商，力争有更多的知名企业和品牌进入庆阳。

第十五章

大力推动先进制造业成长

制造业在世界工业化进程中始终发挥着主导作用。在经济全球化和信息技术革命的推动下，国际制造业正在发生着重大变革。近年来，主要工业国纷纷制定各种发展计划，促进传统制造业向先进制造业转变。加快发展先进制造业，已经成为世界制造业发展的新潮流。先进制造业作为采用先进技术和设备、采用现代管理手段和制造模式，科技含量较高的制造业形态，是一个国家和地区发展实力的重要表现。

第一节　先进制造业概念的内涵

"先进制造业"是近几年才出现的一个经济概念。虽然在政府部门的文件和部分学者的研究中都涉及了对先进制造业的解释，但到目前为止还没有出现统一和明确的概念。我们认为，要正确理解这一概念，必须准确把握"制造业"和"先进"两个词的内涵。

一　制造业的定义

按照国家统计局颁布的国民经济行业分类标准，制造业是指第二产业中除采掘、电力、燃气及水的生产和供应业、建筑业外，对从采掘业和农业中获得的原料进行加工的工业，它包括 30 个大类、169 个中类、482 个小类。

要理解先进制造业的内涵，重点是要把握"先进"二字。

（一）产业上的先进性

从产业角度讲，它主要是指具有较高附加值和技术含量的高新技术产业。是指经济合作与发展组织（OECD）对不同知识密集程度的产业分类中的"高科技产业"，比如办公与计算机设备、电子及通信、航空航天、医疗、精密与光电器材等。

（二）技术上的先进性

从技术角度讲，它主要是指在制造业产品的研发设计、生产制造、检验、营销、服务和管理过程中，采用电子信息、计算机、机械、材料等现代高新技术，以实现信息化、自动化、智能化生产。由这一点可以看出，除了高科技产业外，一些采用先进技术改造的传统制造业也属于先进制造业的范畴，例如汽车制造业、船舶制造业等。

（三）管理上的先进性

无论是先进的产业还是用先进技术改造的传统产业，只有在管理上采用先进的管理方法才能称得上是先进的制造业。例如通过电子数据处理系统（EDPS）、管理信息系统（MIS）、决策支持系统（DSS）、专家系统（ES）、高层主管信息系统（EIS）等对生产经营活动中的计划、组织、控制、协调、监督以及人事、财务、物资、生产、供应、销售等管理实现自动化、信息化和智能化。

（四）发展模式上的先进性

在可用资源有限，环境与经济发展矛盾日益明显的今天，制造业的发展不能再以消耗巨大资源为代价，必须依靠新的发展模式，走可持续发展之路。

根据上面的分析，我们可以将先进制造业定义为：不断吸收高新技术成果并采用先进管理手段和先进发展模式，将先进制造技术综合运用于生产全过程的制造业总称，不仅包括高新技术产业，还包括应用先进技术和管理手段的部分传统制造业。

二　传统制造业向先进制造业转变的动因

20世纪80年代以来，制造业发展的条件和环境发生了巨大的改变，给制造业的发展带来了机遇与挑战，导致了传统制造业向先进制造业的转变。变革的动因主要包括以下几个方面。

（一）科技革命的深化

信息技术和数字化革命的深入，尤其是网络技术的广泛应用，带来了巨大的变革。首先，它极大地提高了制造业的生产效率；其次，知识的模块化和知识的可让渡性的提高以及知识、技术可获得性的增加，导致了企业间竞争、尤其是人力资源间的竞争加剧，使长期保持企业创新利润的能力越来越弱；最后，新技术的应用，降低了企业的交易成本，使企业的规模组织趋于小型化和多样化。总之，科技革命的深化，对制造业的创新、组织结构和管理等方面提出了新要求。

（二）市场需求的变化

随着经济的发展和收入水平的提高，消费者对工业品的偏好趋于多样化和个性化，市场的不可预期性和不确定程度增加。这为企业的发展开拓了新的空间，同时也使企业的生产面临着更大的风险，从而导致市场竞争更加激烈。因此，如何以小批量、快批次的产品满足市场需求，如何适应市场的变动、增强企业的市场应对灵活度和可持续竞争能力，对制造业的发展提出了更高的要求。

（三）环境约束的强化

传统工业发展方式造成了全球性的自然资源枯竭和生态环境恶化。因而，可持续发展作为标志人类文明史进入一个新阶段的发展观和发展模式，被提到全球战略的高度，成为一种世界潮流。在资源环境约束强化的条件下，制造业必须改变过去那种大规模"滥用资源—制造产品—排放污染"的粗放生产方式，实现"资源—产品—再生资源"的循环经济和清洁生产，要重视保护环境和节约资源，推动传统制造业向先进制造业转型。

（四）资源配置的全球化

经济全球化也是先进制造业兴起和发展的重要动因。随着全球化步伐的明显加快，从"全球采购"到"全球制造"的全球资源配置也日益普遍。发达国家的跨国公司都纷纷采用"全球采购"、制造业务外包、OEM或EMS等形式，把非核心部件的下游制造业务，甚至是整机制造业务转移到低成本地区，而本土公司只保留研发和越来越少的核心制造业务。这样，留在本土的制造企业集中资源，专注于产业链高端产品的开发和生产，极大地加快了传统制造业向先进制造业的转变。①

三　庆阳发展先进制造业的必要性

（一）环境容量不足

从环境保护情况来看，庆阳生态环境退化，灾害频生，成为经济可持续发展的严重障碍，"三高一低"（高投入、高污染、高消耗、低效益）的粗放型经济增长模式的转变任务艰巨，区域的发展实质上是以牺牲环境

---

① 龚维平：《当代世界先进制造业发展的动因及新趋势》，《经济前沿》2007年第11期。

为代价，这使得发展先进制造业，以高新技术支撑制造业的发展成为庆阳需要努力改变的关键。

（二）资源利用的有限性

庆阳土地资源充裕但地质条件差，电力资源和设备紧缺，能源资源丰富但不可再生，无论从用地的角度，还是从资源能源使用的角度，以消耗大量资源为代价的传统制造业已经不适宜在庆阳持续扩大，发展高新技术产业和高附加值的先进制造业成为庆阳可持续发展的必然要求。

（三）参与国际分工的需要

目前，中国的制造业实现了高速发展，但是大部分依然处于国际产业分工的低端环节。从贸易方式来讲，大部分使用贴牌方式出口。这也说明，中国主要是在附加值低、耗能高、污染严重的加工制造这一低端环节参与国际分工，以品牌为标志的研发和营销等高端环节主要还被控制在外国人手中。其结果是，靠标准、专利和技术这些智力资源投入的发达国家占有整个产业的大部分利润，而靠原材料和产品组装投入的中国只能占有产业利润的很小一部分，并且无法掌握产业发展的核心技术，这样的国际分工对中国的长远发展非常不利。因此，对于庆阳发展未来的制造业来说，绝不能满足于成为加工厂，而要在参与国际分工的同时，努力发展先进制造业，建设自有品牌和掌握核心技术。

（四）科学发展的要求

中国共产党的十七大以来，党中央提出了科学发展观。科学发展观，第一要义是发展，核心是以人为本，基本要求是全面协调可持续，根本方法是统筹兼顾。科学发展观的内涵是促进经济又好又快的发展。发展必须是科学的发展，应注重提高经济增长的质量和效益，注重资源的节约和环境保护。经济增长的质量和效益的提高，关键是看工业化程度，如果没有强大的先进制造业做支撑，就不可能保持经济长期快速发展，就不可能增强经济综合实力。因此，庆阳在今后必须坚持科学发展，转变经济增长方式，用高新技术、先进适用技术和现代化管理技术发展先进制造业，并努力改造提升传统产业。

四　庆阳制造业发展历程与阶段特征

（一）几乎空白阶段（1949—2002 年）

1949 年至 1978 年，中国实行的是中央集权的计划经济管理体制，当时国家的战略重点在内地的一些大中城市。1979 年改革开放以后，中国虽然转变了经济管理体制，但是庆阳地处偏远西部内陆，国家对本地区制造业的投资几乎为零，所以本地区谈不上具有什么样的制造业。

（二）缓慢发展阶段（2002—2008年）

该阶段，庆阳以发展食品、饮料、医药等轻工产品为主，同时引进华能、中石油、甘肃投资建设集团等大型企业，发展石油、煤炭、天然气化工工业，并成为本市经济增长的龙头产业。

（三）起飞准备阶段（2008年至今）

该阶段，能源化工产业迅速发展，带动地方生产总值和人均产值显著提升，经过几年的积极工作，庆阳境内建设布局了省、市、县级工业集中区数个，实现了集中区从无到有、从无序到有序的转变，使其成为促进经济转型的主战场、承接产业转移和聚集的重要平台。经济实力的增强和工业集中区的建设为庆阳制造业起飞奠定了良好的基础。

第二节　庆阳发展先进制造业具备的优势及发展思路

庆阳发展先进制造业，不仅可带来新的经济增长点，还可以优化产业结构。产业结构不只是三个产业之间的比例，就第二产业内部各产业比例来讲，也应该有更合理的比例，以避免单一产业单调发展的局面。

一　庆阳发展先进制造业具备的优势

（一）资源异常丰富

庆阳资源富集已是不争的事实。我们不妨再看两组对比的数据：庆阳石油天然气资源异常丰富，已经探明油气总资源量40亿吨，总储量和探明地质储量明显超过华北油田，大于中原、江汉、江苏、冀东、青海等油田储量的总和。

煤炭资源占鄂尔多斯盆地煤炭预测量和保有储量的11.8%和64.5%。与全国各大煤田相比，煤炭预测储量是开滦煤矿的17倍、兖州煤矿的64倍，大体相当于50个大同矿区、100多个抚顺矿区，接近于世界七大煤田之一的俄罗斯顿巴斯煤田。

（二）上级政府的关注和政策的导向

随着新一轮区域产业转移的加快，中部地区能源开采的成本加大，开采环境恶化，国家把西部接替性能源基地建设提上了规划日程。2010年5

月，中华人民共和国国务院《关于进一步支持甘肃经济社会发展的若干意见》明确提出：要"加快陇东煤炭、油气资源开发步伐，积极推进煤电一体化发展，构建以庆阳、平凉为中心，辐射天水、陇南的传统能源综合利用示范区。"

2010年1月，甘肃省委省政府提出了全面实施"中心带动、两翼齐飞、组团发展、整体推进"的区域发展战略。明确提出：作为"东翼"的陇东地区，要以庆阳、平凉为主，辐射天水、陇南，整体融入关中—天水经济区，建成"大型能源化工基地"和"全省新的经济增长极"。

另外，蒙陕甘宁金三角能源综合开发是中华人民共和国国家能源局提出的"十二五"能源开发战略规划的重要组成部分。2010年11月，国家能源局会同国家有关部委和内蒙古、陕西、甘肃、宁夏四省（区），在调研的基础上，启动编制《蒙陕甘宁金三角能源综合开发指导意见》。

这一系列战略布局和定位要求，为庆阳开发石油煤炭资源，建设大型能源化工基地和甘肃省新的经济增长极带来了新的更大的机遇，创造了更有利的条件。

（三）已经具备一定的产业基础

1970年，庆1井喷油，长庆油田由此诞生。从1971年到1978年，陇东地区先后探明了马岭、城壕、华池、玄马、元城等油田，原油产量从1.4万吨增加到18.8万吨。1979年产量突破50万吨大关，1993年原油年产量突破100万吨，1998年原油年产量达到150万吨。2001年10月，西峰油田横空出世，短短几年时间，西峰油田已变成了百万吨的大油田。

庆阳市辖西峰区和环县、华池、庆城、镇原、宁县、正宁、合水7个县，区域内各县区都有石油或煤炭等矿产资源。目前，庆阳不断进取和发展，在已建成的石油、煤炭工业基础上，当地正逐步形成一次、二次能源开发并举，油、煤电、气等各类能源共同发展的新格局。

（四）当地政府、政策的全力支持

为了建设"西部油城"、"陇上煤都"、"经济强市"，将资源优势转化为经济优势。庆阳市政府积极优化服务环境，全力支持石油煤炭产业发展。从政策、资金、项目建设等方面给予照顾和支持。当地政府协调国土、环保、林业、水务、交通、水保等部门，全面推进审批程序从简，速度从快，收费从低的"一站式"服务。按照"环境最佳、服务最优、速度最快、效率最高"的要求，庆阳努力创造"行政效能最高，环境最宽松，社会最文明，人居最安全"和"低交易成本，低生产成本，低行政成本，低社会成本"的"四最四低"环境，加大对石油、煤炭勘探开发建设工作的服务与支持，全力推动大型能源化工基地建设。先进制造业也从中获益。

（五）土地资源丰富，地价低廉，劳动力相对丰富

庆阳地势平坦，用地价格低廉，开发条件优良。另外本地区自古以来，主要以农业为主，全市总人口中，约90%为农业人口，农村劳动力大量剩余。同时大学毕业生数量逐年急剧增加，能够为发展先进的制造业提供丰富的劳动力。

二　庆阳先进制造业的发展思路

对庆阳而言，由于时代、环境等因素的不同，已不能照搬中国经济发达地区的模式，必须有新的思维和举措加快先进制造业的发展。

（一）科学构建承接产业转移的标准

庆阳利用承接产业转移来发展先进制造业，必须充分发挥后发优势，高起点、高水平、高标准的进行承接。为此，必须坚持科学发展观，通过考察资源消耗、环境保护、技术水平、资本规模、相关产业联动性等综合指标，逐步建立和完善招商引资的准入体系，同时，在引资和项目投产后，逐步形成监控与评价体系以及退出机制，保证承接产业转移的效果。

（二）以园区为载体打造先进制造业基地

建立与主体功能区相适应的产业空间。对于重点开发的产业，要强调规模化发展，提高准入门槛，严格控制"三高三低"产业进入。建立庆阳与外围产业对接空间体系。利用庆阳外围的土地、资源及区位优势，高标准建设大型产业转移园，一方面为庆阳产业整体发展提供空间资源，另一方面形成生产链与服务链上的产业联合，共同促进庆阳与外围的产业发展。

应进一步创新园区发展模式，强化园区与产业转移的对接机制，增强园区的集聚效应、规模效应和辐射效应。为此，园区在承接产业转移时要注意把握质量，注意结合各自的优势产业和主导产业，依托核心企业，通过大项目优先发展先进制造业。同时，要注意按产业链引导产业集聚，完善配套产业，打造具有竞争力的产业集群。

（三）以优势产业和大企业为突破发展先进制造业

庆阳先进制造业的发展不可能建立在完全依靠承接产业转移基础之

上，而必须建立在增强自主创新能力，培育内生动力的基础之上。为此，可以以新兴产业为突破口，以具备一定创新能力和自主知识产权的高新技术企业为核心，加强跨区域和跨企业的合作，打造自主创新体系。同时，通过承接产业转移，重点对接处于产业链高端的国内外大企业，做大做强一批龙头企业，从而带动相关产业的发展。

（四）加强现代服务业对先进制造业的支撑

先进制造业的发展离不开现代服务业的支撑，随着工业化的发展，生产性服务业的发展是推动制造业向高技术化、高附加值化发展的重要基础。为此，必须加快与先进制造业相关的现代服务业的体系建设与创新，强化现代物流业、现代信息服务业、中介服务业及现代金融业与先进制造业的对接，优先发展科技含量高和关联性大的现代服务业。同时，要注意引进高水平的现代服务业企业，以促进庆阳现代服务业发展水平，增强其与先进制造业的互动。

（五）构建和完善城市创新体系

把对创新的支持贯穿整个创新链。根据庆阳具体情况，采取政府直接支持企业研发活动的政策，由此可以激发和引导企业在研发上更多地投入，并与研究部门及学校的创新价值链挂钩。加强与完善中介机构和支撑服务体系，它们是创新系统中加速科技成果转化和提高中小企业技术能力的重要途径。

（六）制定制造业产业政策

应扩大企业规模效益，提高市场集中度，避免低水平重复建设；要激励生产企业提高研发能力和技术创新能力，积极开发具有自主知识产权的产品，实施品牌经营战略；应健全制造业的法制化管理体系，促进制造业与关联产业及社会环境的协调发展。现阶段实现和扩大企业规模效益有几大契机，其中之一就是电子商务，网络经济使企业规模影响竞争力的基础发生改变，中小企业可与某个大型企业结盟，建立高效的"无缝"供应链，形成战略联盟，也可利用网络，组成虚拟企业，从而取得规模经济效益。

（七）转变科技投入结构，实现科技领域投资主体多元化

目前庆阳的科技投入体系仍是典型的"封闭分立型"。即政府资金与非政府资金相互分立，另外还有国内资金和国际资金、民用科研资金和军用科研资金相互分立等等，造成大量科研资金浪费和闲置。应积极转变科技投入结构，鼓励社会资金进入科研领域，整合各类科研资金，优化

配置。

（八）促进现有产业集群的升级

促进现有产业集群的产业链整合，形成政府引导、学研支撑、核心产业主导、基础设施配置完善的"官、产、学、研一体化"模式，形成"横向群集、纵向链集"的制造业产业集群及现代服务业集群并行的产业簇群。

（九）低碳经济节能减排引导装备制造业发展模式转变

庆阳应该从过去只追求规模发展转向提高自主创新能力、提高国际竞争力发展方式，并以此作为"十二五"装备制造业发展方向的战略突破。要把发展低碳经济与提升庆阳制造业水平和企业的管理水平结合起来，把发展低碳经济与发展生产型服务业、科技服务业结合起来。

（十）推进制造业企业自主创新

实施自主品牌培育计划，集中力量扶持并巩固一批拥有自主知识产权的名牌产品，培育和发展一批新的知名品牌。要抓大促小，既要在重点行业、重点领域、重点企业推动技术创新，又要帮助和指导广大中小企业开展技术创新，推广应用一批新技术，开发一批新产品，创造一批新品牌，推动庆阳制造业企业技术创新能力的整体提升。

（十一）正确处理发展高新技术产业与传统制造业的关系

先进制造业不仅包括高新技术产业，还包括应用先进技术和管理手段的部分传统制造业。因此，发展先进制造业并不等同于不要传统制造业，特别是对于庆阳来说，面对就业压力严峻、自主创新能力较差、知识产权保护不足等诸多制约因素，就更需要从实际出发，正确处理高新技术产业和传统制造业之间的关系。既要培育和扶持一批高新技术产业，又要运用高新技术产业改造传统制造业，不断增加传统制造业的技术含量。要立足于现有科技基础，通过吸收学习世界先进技术水平，尽快培植一批拥有自主知识产权、具有竞争优势的高新技术企业和产品。同时要利用高新技术改造传统制造业，把先进科技与传统支柱产业的物质技术基础结合起来，实施大规模的技术改造和产品升级。

（十二）努力提高制造业从业人员素质

庆阳市政府应当进一步加强教育，提高本地区人口素质。要大力提高人力资本投资的力度，建立岗前职业技能培训的正式制度，创办各种形式的专业技术培训机构和学校，大力开拓国内外人力资源市场，加快区内区外及国内外的人力资源流动速度，加大对本地区以外以及国际相关产业人才智力的引进工作力度，从而起到提高制造业人力资源素质的作用。

（十三）注重发展资源节约型经济

要把资源节约型经济纳入先进制造业的发展重点，加快实现经济增长方式从粗放型向集约型转变。一是要加强资源节约和综合利用。坚持开源与节约并举、节约优先的方针，全面节约使用各种资源，提高资源利用效率，在制造业生产中大力开展节能、节水、节电，努力引导企业降低能耗，最大限度地利用各种废弃物和再生资源。二是要积极发展循环经济。倡导循环经济理念，形成有利于节约资源、保护环境的生产方式和消费方式；大力推广有利于低污染、高产出的新技术和新工艺，突破制约循环经济发展的技术瓶颈。

第十六章

引进并普及现代高效农业

中国共产党的十八大报告提出，坚持走中国特色新型工业化、信息化、城镇化、农业现代化道路，推动信息化和工业化深度融合、工业化和城镇化良性互动、城镇化和农业现代化相互协调，促进工业化、信息化、城镇化、农业现代化同步发展。农业现代化发展顺利，劳动力就能转移出来，才能更好地促进城镇化发展。虽然中国粮食生产实现了连年增收，然而在粮食连年丰收的背后，我国农业持续发展的压力明显加大。一方面，中国农业资源禀赋不足，人均耕地和水资源分别占世界平均水平的三分之一、四分之一；另一方面，农业生产过度依赖农药和化肥的投入，造成土壤地力的下降，给农产品质量安全带来隐患。因此，探索一条因地适宜、可持续发展的农业现代化路子，是农民持续增收、农业高效增产、农村繁荣富强的中国梦的迫切需求。

第一节　现代高效农业的界定

现代高效农业是自然和人类和谐发展的农业，它以科学技术为基础，用现代科学技术武装农业，用现代工业设备装备农业，用现代管理方法管理农业，把落后的传统农业逐步改造成为土地生产率、劳动生产率、农业商品率大幅度提高，农民生活水平大幅度提高，可持续发展的农业。

现代高效农业已在中国迅速展开，但人们在认识方面还存在一些问题。一是将设施农业等同于现代农业。设施农业对不同国家和地区农业现代化的实现起到了重要的带动和示范作用，它利用先进的农业设施提高对太阳能的利用率、对生物能的转化率，来提高生物产品的产量和质量，这是生产条件现代化的表现。设施农业的运用和管理如果科学合理，可以大幅度提高效益；反之则会造成亏损，甚至设施的投资成本也收不回。因此设施农业不一定高效。二是将"特色农业"等同于现代农业。特色农业、"一乡一品"、"一村一品"，实质上是通过产业化使农民经济收入提高。然而这种形式会受资源和市场因素的制约，而且容易导致盲目跟风。因此，特色农业、"一乡一品"、"一村一品"，从眼前看，也不一定是高效农业；如果从长远看，一定不是高效农业。特色农业、"一乡一品"、"一村一品"，如果不与其他相关副产品生产或相关产业配套，就会造成部分资源闲置，甚至引起资源和环境破坏。即使上述理解在认识上存在偏颇，实际上庆阳的农业既没有完全实现现代化，也远远难以达到"一乡一品"、"一村一品"的特色农业。

第二节 现代高效农业的发展路径

一 现代高效农业发展思路

实现高效农业的途径，就是要根据农业生态学原理，以市场为导向，按照自然规律和商品经济规律，合理开发利用自然资源和社会资源，发展生态农业，实现农业产业化。

（一）以本地资源条件为基础

当地自然资源和社会资源条件是发展地方经济的前提。庆阳素有"陇东粮仓"之称，是甘肃优质的农畜产品生产基地。红富士苹果、黄花菜、曹杏、黄甘桃、金枣等有机绿色食品和早胜牛、环县滩羊、陇东黑山羊、羊毛绒等大宗优质农产品享誉国内外。庆阳还是全国最大的白瓜子加工出口基地。目前，庆阳各地都在按照"县有主导、乡有支柱、村有特色"的发展思路，根据各自的资源优势发展独具特色的农业，做到有计划、有步骤、有规划、不盲从地发展特色农业。正宁县抢抓省市大力发展苹果产业的战略机遇，充分发挥四郎河川区自然资源优势，提出了"塬面果烟、川区蔬菜、林缘草畜、全县劳务"的思路，结合产业布局现状，进一步明确了全县农业结构调整的主攻方向和目标任务。① 宁县是庆阳市七县一区中在农业方面获得殊荣最多的，先后被中华人民共和国农业部命名为"全国粮食生产先进县"，被甘肃省农牧厅评为"全省无公害蔬菜基

① http://www.agri.gov.cn/webV05/places/gs/xinxilianbo/201107/t20110708_2048452.htm.

地示范县"，农业生产连续 5 年获市农牧业目标管理综合考核一等奖。该县围绕草畜、果品、瓜菜三大重点产业，建成了以九龙川、湘乐川、寨子河川瓜菜栽培和董志塬、春荣塬、宇村塬无公害西瓜种植以及西长线、铜眉线、黄宁线高原夏菜为生产重点的瓜菜基地；形成了西区和南区以红富士为主、东区以澳洲青苹为主的苹果基地；全县则以早胜牛养殖为主形成草畜产业。① 镇原县完成以全膜玉米种植、脱毒马铃薯扩产、大豆丰产栽培为主的粮食增产工程，形成以北部九个乡镇为主的种草畜生产区，以平泉塬三乡镇为重点的优质西瓜生产区，以茹河川区八个乡镇为重点的优质瓜菜生产区，以屯字塬为重点的优质苹果生产区，以平泉、屯子、临泾、孟坝、新集等乡镇为主的粮油生产区，以北部山区为主的小杂粮生产区。草畜、粮油生产位居庆阳第一；黄花产量居全国前列；优质西瓜畅销全国十多个省市；杏子、苹果远销国内外。② 这些地区取得的成绩再次表明，我们必须从当地资源的实际状况出发，对资源及其开发条件、利用现状做出科学的分析评价，分析其合理利用的可能性、适宜性，按照经济生态规律的要求，采取合理的科学措施，使资源的开发利用达到最适度，使资源得以充分、合理、永续利用，避免因利用不当而造成资源衰退和环境破坏。

（二）以国际国内市场为导向

以市场为导向，培育一批有特色又有竞争力的当地品牌。农产品必须遵循市场规则，只有符合市场需求，才会创造社会效益和经济效益。镇原县每年瓜菜种植稳定在 8 万亩左右，以中晚熟品种为主，已经打开了陕西、四川、重庆、广东等地的瓜果市场，形成了比较稳定的销售网络和运销体系。通过发展优势特色产业，镇原县还培育了"五指塬绿宝"西瓜、"新一代"、"新千年"杏制品、"甘旭"苹果等农产品品牌，小杂粮、黄花、绒毛等一系列农产品在市场上都已有一定的知名度。③ 要实现高效农业，生产的农产品及其加工产品不仅要适应国内市场需求，还要能更多地走向海外市场。根据国内外市场需求情况，确定产业门类、产品种类和产品质量标准，在更宽领域、更高层次上参与国内和国际市场竞争；

---

① http：//www. xinnong. com/news/20110818/953375. html.

② http：//www. gxhx. gov. cn/tsny/tsny/jhxx/200805/24910. htm.

③ 同上。

只有在国内外市场站稳脚跟，才能实现农业高效，实现农业可持续发展。

（三）以发展生态农业为条件

发展生态农业就是不断提高太阳能转化成生物能、无机物转化为有机物的效率，加速能量转化和物质循环过程，使其达到最高指标。保持和改善经济生态系统的动态平衡，从而获得较好的综合效益。把植物主、副产品及其废弃物尽可能转化为品种更多、质量更好、数量更丰富的人类能直接利用的产品。通过对生物产品的多层次加工，大大提高产品质量，提高经济效益，增加农民收入。求得经济效益、生态效益、社会效益全面提高，使自然资源能够长期地、永久地利用。

（四）以农业产业化为动力

农业产业化应以市场为导向，以商品为目的，以效益为中心，以科技为先导，以当地资源条件为基础，建立第一产业系列产品的生产基地，以发展第二产业（特别是生物产品加工业）和第三产业为关键，生产和销售生物主、副产品及其各层次加工产品；按照供产销、种养加、农工贸、经科教一体化的要求，实行多层次、多形式、多元化的优化组合，形成各具特色的"龙型"经济实体，实现区域化布局、专业化生产、一体化经营、社会化服务、企业化管理。近年来，庆阳依据区位实际，走出了"南果北草、南牛北羊、山区草畜、塬区苹果、川区瓜菜、山地全膜玉米"的发展路子。全市共形成规模以上农产品加工企业 161 家，初步形成了甘肃鼎峰、合水乳业、甘肃绿鑫、兴旺牧业等 4 户企业集团。[①] 镇原县露地蔬菜种植以平泉康达公司等 3 户脱水蔬菜加工企业为龙头，以平泉塬及周边乡镇为重点区域，"公司＋基地＋农户"进行订单生产和产业化经营。年种植露地蔬菜 1 万多亩。合水县立足地域优势，坚持把黄花菜产业作为群众增收致富的支柱产业来抓，使黄花菜产业实现了由零星栽植向规模发展、粗放经营向科学管理、出售原料向深度加工、产品优势向商品优势的大转变。合水县成立了"合水县蓓蕾金菜有限责任公司"、"合水县海峰农副产品加工有限责任公司"等一系列黄花菜深加工企业，此项产业已逐渐成为合水县富民兴县的主导产业。[②]

---

① http：//www.foods1.com/content/576227/.

② http：//www.gsqynm.com/ReadNews.asp？NewsID = 4587.

农业产业化可以引导农村进行商品生产，帮助农户进入市场，形成农业内部补偿机制，提高农业比较效益，将增加社会有效供给与增加农民收入的双重目标最大限度地统一起来。农业产业化可以优化农村产业结构，建立高效农业体系，促进农村剩余劳动力就地转移，加快城乡一体化进程。农业产业化能实现城乡优势互补，产业相互促进，共同抵御市场风险，承载农村劳动力，使农业经济持续稳定发展，农民生活水平显著提高，农村自然环境良性循环；从而综合提高农村各业的经济效益、社会效益和生态效益。

（五）以设施特色农业为辅助

在生态农业与农业产业化相结合的生产经营模式下，在生物生产的某些环节上，根据需要采用适当的现代化设施，可以达到提高太阳能利用率或提高生物能转化率的目的。可以通过发展特色农业、向前或向后延长食物链或加工链，开发系列农产品、食品，充分提高生物能利用率和废弃物利用率，进而走上生态农业与农业产业化的道路。

二　加快现代高效农业发展的路径选择

中国农业正处于由传统向现代转变的关键时期，必须以科学发展观统领农业工作，加快农业发展方式转变，加快推进农业生产手段、生产方式和生产理念的现代化，实现农业又好又快发展。

（一）加快农业科技创新，强化产业体系支撑

当前高新技术在农业中的应用日趋广泛，已成为改造传统农业、发展现代农业的重要支撑。因此，在现代农业的路径选择上，既要鼓励发展生物技术，集约利用土地、水等农业资源，又要鼓励发展农业机械技术，集约利用劳动力资源。实施农业科技提升，推进现代农业建设，重点在于提升以下三种能力：一是增强自主创新能力。应以农业公共研究机构为主体，对农业科技创新体系进行重大调整和改革，加速构建适应市场经济、适应国际农产品竞争需要、适应新的农业科技革命的规律与发展趋势的新型农业科技创新体系。通过扶持和加强基础研究，增强自主创新能力，提高农业科技创新效率，为现代农业发展提供有力的技术支持。二是要提高农业科技推广应用能力。通过政策和技术引导，实现技术推广由注重单项应用向注重系统集成技术应用转变，提高农业科技的推广应用程度。要完善和健全新型农业技术推广网络，形成科技指导

直接到户、良种良法直接到田、技术要领直接到人的机制。同时，要开展多层次、多渠道、多形式的农民培训，实现由注重数量向数量和质量并重转变，提高农民接受农业科技的能力。三是要大力推进农业机械化，促进农业信息化。根据农业涵盖农、林、牧、渔各产业和生产、加工、流通多环节的特点，对农民开展以科技为主的综合性培训，培养农业生产的技术骨干，提高重要农时、重点作物、关键生产环节和粮食主产区的机械化作业水平。

（二）搞好农民就业培训，强化人力资源支撑，实现农村劳动力充分就业，是发展农村生产力、促进国民经济增长的重要任务

近年来，农民非农就业人数快速增加，农民的非农收入占人均纯收入的比重不断提高，非农收入已成为农民增收的支柱。截至 2010 年底，庆阳乡村总人口 170 万人，其中实有劳动力 140 万人，长年外出从业人员达 40 多万人，季节性务工 20 多万人，占劳动力总数的 45.69%。同时，庆阳每年新增农民工 11100 余人。从业人员主要分布在上海、北京、天津、内蒙古、武汉、新疆等地，每年创收 14 亿多元，人均年收入 7800 元左右。外出从业人员主要集中在东部（东部 26 万人，占 59.54%）和中部（中部 14 万人，占 33.16%）各省，大都从事第二产业（25 万人，占 57.71%）和第三产业（15 万人，占 34.75%），如建筑业、餐饮业、机械制造业、玩具业、纺织服装业、电子电工业等工作。从其岗位上来看，以普通工作居多，达 90% 以上。从事的工作岗位技术含量低。90% 从事电子、玩具、食品、制衣、鞋、胶合板生产等行业，只有 8% 的农民工从事模具、焊工、钳工、车床技术含量高的行业，从事管理的人员仅占 2%。① 因此，要从根本上增加农民收入，在优化农村就业结构、促进农村劳动力流动就业和充分就业基础上，务必要以提高农民的综合素质为目标。一是以基础教育和职业教育作为农村教育的重心，加强培养农村劳动力的综合素质和创新能力。同时，搞好专业技能培训，提高农村劳动力职业技能，做到与岗位需要紧密联系。二是抓好提高劳动生产效率的教育和培训，主要包括经济及法律知识、农业生产技术、医疗卫生知识以及各种操作性技能。帮助外出就业的农村劳动力及时了解有关劳动工

---

① 王志强：《庆阳市农民工教育培训与就业现状调查研究》，《中小企业管理与科技》（上旬刊）2011 年第 3 期。

资、社会保障、投资创业等方面的政策规定，增强其预防和处理不测事件的能力。三是健全农村劳动力市场体系，科学引导劳动力流动。完备的劳动力市场体系能够给广大农民提供充分的就业信息，从而引导劳动力有序而不是盲目地流动。因此，搞好农村富余劳动力转移就必须完善农村劳动力市场体系，为农民转移和就业提供针对性的就业信息和有效服务。

（三）拓宽资金投入渠道，强化基础设施支撑

按照新农村建设的要求，农村基础设施建设的投资需求量巨大。实践证明，加强农村基础设施建设，单靠农民自己和市场机制是难以解决的。我们要拓宽渠道，加大财政投入，让公共财政更多惠及农民，形成政府为主导、投资主体多元化的格局，以加强农业基础设施建设。一是要强化农业基础地位，在加大对农业基础设施投入的同时，引导社会资本向农业产业的多领域投入，重点加强高标准农田和小型农田水利配套设施建设。二是要增强城市和工业对农业的支持和反哺作用。加快建立以工促农、以城带乡的长效机制，重点要在"多予"上下功夫，通过政府政策引导、企业参与的形式，将农村所需物资直接投入到改善农民生产、生活条件的建设中去。三是要采取政府补贴、以奖代补等多种形式，建立农民投工、投劳的劳动积累机制，激发农民参与兴修农田水利、改土改田的热情，调动农民的积极性。

（四）转变经济发展方式，强化人与自然和谐，科学合理利用农业资源，提高资源利用率，推进农业节能减排，改善农业生态环境，增强农业可持续发展能力

按照"减量化、再利用、资源化"要求，积极推广生态农业生产技术、生态健康养殖技术和农牧结合技术，改善农业生态环境；积极推广使用有机肥、缓释肥，扩大绿肥种植面积，减少化肥、农药使用量，加大测土配方施肥力度；加快实施规模畜禽场沼气治理和农村"一池三改"户用沼气工程，大力推广猪—沼—菜、猪—沼—果等生态循环模式，提高资源综合利用率，推进农业废弃物循环利用。要在尊重农民意愿的基础上，实现土地流转，多渠道、多形式地筹措发展资金，并结合当地资源优势，重点培育龙头企业和优势产业，积极推进农业产业化经营。要运用高新技术和先进适用技术改造和提升传统农业，尤其要发展"工厂化农业"，不断提升农产品的技术含量，拓展农业空间的技术集成与创新，

为发展农业循环经济提供技术支撑。要充分发挥市场在资源配置中的导向作用，形成以经济手段为主的节约机制，通过资源优化配置，不断提高资源的利用效率和效益，促进经济、资源、环境的协调发展，实现人与自然和谐发展。

第十七章

创新发展文化创意产业

文化是人类经济、社会活动的反映和表现，主要起到促进人的发展、丰富人的精神生活等作用。20 世纪 90 年代以来，文化的经济功能正在逐步被认同和推动。1998 年世界银行的《文化与持续发展：行动主题》报告提出："文化能为当地发展提供新的经济机会，并能加强社会资本和社会凝聚力。"在很多国家，文化经济化的新形式和新概念不断出现，如文化产业和文化创意产业就是被提及最多的概念。

联合国教科文组织（UNESCO）对文化产业的定义是："结合创作、生产等方式，把本质上无形的文化内容商品化。这些内容受到知识产权的保护，其形式可以是商品或是服务。"与之不同，文化创意产业一般则指那些"来源于创意或文化的积累，通过知识产权的形成与运用，具有创造财富与就业机会潜力，并促进整体生活环境提升的行业"。"文化创意产业"与"文化产业"相比较，扩大了产业范围，更加注重以政策引导带动产业转型加值，将文化部门直接转换成产业部门[1]。

第一节　文化创意产业的理论发展和社会意义

通过对蒙陕甘宁能源金三角城市群经济结构的研究可以发现，在能源型城市的三个产业中，第三产业的比例普遍较低。大力发展文化产业既可以提高经济发展层次，又可以改变第三产业比例较低的局面。

一　文化创意产业的理论发展

文化创意产业的先驱是德国著名经济史及经济思想家熊彼得。早在

---

① 佟贺丰：《英国文化创意产业发展概况及其启示》，《科技与管理》2005 年第 1 期。

1912 年，他就明确指出，现代经济发展的根本动力不是资本和劳动力，而是创新，而创新的关键就是知识和信息的生产、传播、使用。[①]

1997 年 5 月，英国首相布莱尔为振兴英国经济，提议并推动成立了文化创意产业特别工作小组。这个小组于 1998 年和 2001 年分别两次发布研究报告，分析英国文化创意产业的现状并提出发展战略。1998 年，英国文化创意产业特别工作组首次对文化创意产业进行了定义，将文化创意产业界定为"源自个人创意、技巧及才华，通过知识产权的开发和运用，具有创造财富和就业潜力的行业"。根据这个定义，英国将广告、建筑、艺术和文物交易、工艺品、设计、时装设计、电影、互动休闲软件、音乐、表演艺术、出版、软件、电视广播等行业确认为文化创意产业。文化经济理论家凯夫斯（Caves）对文化创意产业给出了以下定义：文化创意产业提供我们宽泛地与文化的、艺术的或仅仅是娱乐的价值相联系的产品和服务。它们包括书刊出版，视觉艺术（绘画与雕刻），表演艺术（戏剧、歌剧、音乐会、舞蹈），录音制品，电影电视，甚至时尚、玩具和游戏。

凯夫斯力图描述和总结当代文化创意产业的特征。在他看来，文化创意产业中的经济活动会全面影响当代文化商品的供、求关系及产品价格。无疑，文化创意产业的提出建立了一条在新的全球经济、技术与文化背景下，适应新的发展格局，把握新的核心要素，建构新的产业构成的通道。

经济学家霍金斯在《创意经济》（The creative economy）一书中，把文化创意产业界定为其产品都在知识产权法的保护范围内的经济部门。知识产权有四大类：专利、版权、商标和设计。每一类都有自己的法律实体和管理机构，每一类都产生于保护不同种类的创造性产品的愿望。每种法律的保护力量粗略地与霍金斯上述所列顺序相对应。霍金斯认为，知识产权法的每一种形式都有庞大的工业与之相应，加在一起"这四种工业就组成了创造性产业和创造性经济"。[②] 在这个定义上，文化创意产业组成了资本主义经济中非常庞大的部门。有版权的产品（书籍、电影、音乐）带来的出口收入超过了像汽车、服装等制造业。正如霍金斯所说："拥有主意的人开始变得比使用机器的人能量更大，在很多情况下，甚至胜于那

---

① 黄德锡：《上海发展创意产业的优势及路径》，《商业时代》2006 年第 29 期。

② Howkins. J., The creative economy: How people make money from ideas. London: Penguin Press, 2001.

些拥有机器的人。"

托斯认为,"文化创意产业"这个词汇的含义包括音乐、戏剧、卡通、唱片、无线电、电视、建筑、软件设计、玩具、书籍、传统、旅游、广告、时装、工艺、摄影和电影,这些东西都是国民生产总值或国际贸易平衡的一部分。[①]

霍金斯为文化创意产业所下的定义有不少优点。它为确定一种给出的活动是否属于创造性部门提供了一种有效而又一致的方式。文化创意产业依赖于知识产权的国家强力保护体系。通过界定文化创意部门,霍金斯避开了该职业的性质是否有创造性这一潜在难题。对霍金斯来说,"印刷书籍和摆放舞台布景的人与作者、舞台上的表演者一样都只不过是创造性经济的一部分"。[②]霍金斯的定义将不同种类的创造性在同一个题目下放在了一起。

澳大利亚学者金迈克认为,21世纪为我们提供了一个重新估价文化在我们的生活中所扮演的角色的机会。21世纪将会目击我们(作为消费者、观众和公众)利用文化资源的方式发生空前的变化。文化被生产、传播和消费的方式将越来越取决于技术创新和全球化市场。文化研究这一概念应该使其自身脱离批判文化理论的会派(High church),并且严肃地作为一种产业来对文化进行思考——一个可以提供就业、培训、出口税收和外汇的产业。

二 文化创意产业的性质

第一,文化创意产业不再简单地囿于过去的传统文化产业,它是适应新的产业形态而出现的创新概念,是对新形态的概括、总结和发展。英国提出的13类文化创意产业门类,主要包括新生的产业类别,如动漫、游戏、数字艺术、甚至软件设计、手机增值文化产品,也包括过去的电影、电视、服装设计——但内涵已经发生变化,比如数字化的电影、电视。

第二,文化创意产业的基本观念是通过促成不同行业、不同领域的重组与合作而形成的。这种越界主要是:面对第二产业的升级调整,第三产

---

① Towse, R., et R. Holzhauer, *Economics of Intellectual Property*, Edward Elgar International Library of Critical Writings in Economics, Edward Elgar. 2002.

② Howkins. J., *The creative economy*: *How people make money from ideas.* London: Penguin Press, 2001.

业即服务业细分，打破第二、三产业的原有界限，通过越界，寻找提升第二产业和融合第二、三产业的新的增长点，二产要三产化，要创意化、高端化、增值服务化，以推动文化发展与经济发展，并且通过在全社会推动创造性发展，来促进社会机制的改革创新。需要特别注意的是，文化创意产业一方面是在过去总体的文化产业基础上发展起来的产业概念，另一方面又是不同于过去文化产业的新的产业形态。文化创意产业往往是在制造业充分发展，服务业不断壮大的基础上形成的，是第二、三产业融合发展的结果。文化创意产业中既有设计、研发、制造等生产活动领域的内容，也有传统第三产业中的一般服务业，更有艺术、文化、信息、休闲、娱乐等精神心理性服务活动的内容，是城市经济和产业融合发展的新载体，是现代服务业的重要组成部分。文化创意产业的基本观念是促成不同行业、不同领域的重组与合作，在总体服务业的业态中，通过越界，寻找提升和融合制造业的新的增长点，开拓艺术型、精神型、知识型、心理型、休闲型、体验型、娱乐型的新的产业增长模态，培育新的文化消费市场，涵养新一代创意消费群体，以推动文化发展与经济发展，并且通过在全社会推动创造性发展，来促进社会机制的改革创新。

第三，创新精神在文化创意产业中处于核心地位。在一些传统的行业或领域中，创造性只是一种附属品而不具有产品的核心地位；同时这种创造性或创意还是指相当普泛化的一般概念，如过去我们熟悉的特指艺术创作中的艺术家的独创性。而按照后标准化时代的创意理念，创意或创造性成了特指的具有市场趋向的产业方式的核心。也就是说，第二产业——制造业卖产品、卖机器，文化创意产业卖设计、卖理念、卖精神、卖心理享受、卖增值服务。这样，创意就成了当代产业结构中的一种特殊的设置，它决定了产业的性质，并由此决定了产业的管理与操作。

第四，更凸显了人才的重要性。第二产业的发展靠机器、厂房、资源和劳动力，文化创意产业不同于制造业的汗水产业、劳动力密集产业，文化创意产业的发展靠创意阶层，靠创意群体的高文化、高技术、高管理和新经济的"杂交"优势——特别是创意阶层中最富创造性的高端创意人才。据统计，现代财富的创造更多集中在一些最优秀的创意人才上，如比尔·盖茨、乔布斯等。

第五，从产业运作模式上看，文化创意产业的发展更加动态化，它是市场经济运行的高端方式，更加远离过去的计划经济方式，更多地依靠市场和消费自身的推动，同时又不断地设计市场、策划市场、涵养市场、激发市场。①

三　文化创意产业对于城市发展的意义

21 世纪成功的城市将是具有文化竞争力的城市。世界已经进入大竞争时代，这种竞争的一个重要方面是文化的竞争和文化生产力的竞争。在这种情况下，文化创意产业对于城市发展有着很重要的意义。

第一，提高城市竞争力。从国际上看，自 20 世纪 80 年代以来，文化与发展日益引起世界各国的普遍关注。世界经济的一体化、全球化，高新技术特别是信息与媒体技术的发展，使人们不得不对文化的发展投以极大的关注。从历史上看，城市从来都离不开文化。但只有在当今全球化消费时代的背景下，社会文化才以城市发展轴心的战略姿态出现。经济的、社会的、技术的和教育的战略，越来越紧密地与文化轴心联系在一起。信息、知识和内容创造已经成为城市经济可持续发展的关键。当代都市只有成功应对文化的挑战，才能在竞争中立于不败之地。

第二，注意力时代城市的形象再塑。与文化创意产业和内容产业相对应，当代世界进入了一个眼球经济与注意力经济的时代。从城市形象和传播影响方式来看，城市竞争是一种争夺注意力的竞争，是一种争夺眼球的经济方式。

注意力经济源于麦克尔·H. 戈德哈伯（Michael H. Goldhaber）1997 年在美国发表的一篇题为《注意力购买者》的文章。作者在这篇文章中指出，目前有关信息经济的提法是不妥当的，因为按照经济学的理论，其研究的主要课题应该是如何利用稀缺资源。当今社会是一个信息极大丰富甚至泛滥的社会，而互联网的出现，更加快了这一进程，信息非但不是稀缺资源，相反是过剩的。相对于过剩的信息，只有一种资源是稀缺的，那就是人们的注意力。他进而指出，目前正在崛起的以网络为基础的新经济的本质是注意力经济，在这种经济形态中，最重要的资源既不是传统意义上的货币，也不是信息本身，而是注意力。人的注意力是有限的，相对于无限的信息来说是稀缺的，因此在互联网上人们的注意力是"虚拟经济的硬通货"。②

---

① 理查德·E. 凯夫斯：《创意产业经济学》，孙绯等译，新华出版社 2004 年版。
② 贾芳华：《信息意识与注意力经济》，《情报杂志》2002 年第 21 期。

注意力经济理论认为公众的注意力是城市竞争的最大资源，谁能吸引更多的关注谁就能拥有更大的价值。四年前，英特尔公司前总裁葛鲁夫在一次演讲中提出过"争夺眼球"的观点，于是有人直白地称之为"眼球经济"。因此，注意力就成为当代城市竞争的稀缺资源。

第二节　庆阳文化创意产业的发展现状和存在问题

庆阳作为中国农耕文化的发祥地和革命老区，拥有丰富的文化资源。近年来，庆阳的文化创意产业有了较大发展，也得到了政府的高度重视。但庆阳应进一步突破目前文化产业的发展瓶颈，解决文化创意产业发展中存的问题，探究其进一步发展的策略。

一　庆阳文化产业发展现状

近年来，庆阳市委、市政府按照"政府引导，市场运作，培育主体，产业化经营，实现富民增收"的基本思路，加快发展全市文化创意产业，"十一五"其间，全市文化创意产业发展取得了令人瞩目的成绩。

（一）政策支持体系较完备

为了进一步做大、做强全市文化创意产业，积极实现"工业强市、产业富民"战略，庆阳市政府于 2009 年底出台了《关于进一步加快庆阳文化创意产业发展的意见》文件，对庆阳香包民俗文化、红色旅游文化、广告创意文化、演艺文化、影视动漫文化、新闻出版产业、文化会展产业、书画艺术品产业等 8 大行业进行具体指导，提出了发展目标、任务重点和保障措施，2011 年 3 月市政府又出台了《关于扶持文化创意产业发展的意见》。为了进一步深入贯彻该文件的精神，指导 8 个县区的文化创意产业快速发展，市文化出版局下发《关于在庆阳市开展文化创意产业发展实践年活动的意见》、《关于加强全市文化创意产业示范基地建设的实施意见》等文件，为促进庆阳文化创意产业开发提供了政策依据。此外，在指导全市文化创意产业发展的工作中，庆阳市文化出版局还紧扣市委、市政府提出的发展文化创意产业的"四个一"总体要求，在全市文化创意产业开发工作中认真落实"抓创意、建基地、育人才、出精品、打品牌、拓市场、提效益"七方面工作。庆阳根据市委宣传部转发的中华人民共和国文化部文件精神，对全市部分符合条件的文化创意产业企业提供无息贷款，共筛选环县龙影文化产业开发有限公司、环县夜明珠道情文化产业有限责任公司、庆阳会香缘绣花鞋有限公司、西峰岐黄民间工艺品有限公司等8家企业作为扶持对象，在贷款等方面进行了扶持。

（二）已形成八大文化创意产业业态

产业要发展，企业是龙头。庆阳的文化创意产业要实现科学发展，就必须使文化创意产业产品生产规模化、企业化。一是要组建大型产业集团，形成规模化生产模式。二是要建造示范园区，实施集聚式发展。三是创新思维理念，做大重点业态。"十一五"期间，庆阳通过大办节会和发展会展经济（特别是连续多年的庆阳香包文化节和庆阳周祖农耕文化节的成功举办），有力推动了庆阳文化创意产业的开发和庆阳城市水准的提升。目前，庆阳文化创意产业的基本业态主要以香包文化产业为龙头，形成香包文化、文化旅游、影视剧制作、演艺娱乐、广告创意设计、书画艺术品、新闻出版、文化会展八大行业。第一，香包文化产业。以庆阳香包、刺绣、皮影、剪纸、石刻为代表，年生产量900多万件，产值1.5亿元。全市香包文化产业共有1000万元以上的支柱企业5个，"企业＋农户"的各类生产销售公司154个、从业人员15万人，产品达20多个大类5000多个品种，远销全国56个大中城市及美国、日本、欧盟、东南亚、港澳台等20多个国家和地区。第二，文化旅游产业。目前，庆阳有精选旅游线路6条，A级旅游景点11处，旅行社22家。据统计，2009年全市共接待海外旅游者420人（次），旅游外汇收入7.9万美元，分别占全年任务的110.5％和113％；接待国内游客52万人（次），国内旅游收入1.68亿元，占全年任务的104％和102％；旅游业总收入1.69亿元，占全年任务的103％。第三，影视剧制作业。第一部根据庆阳师范学生李勇背起爸爸上学的感人事迹拍摄成的电影《背起爸爸上学》问世后，庆阳先后拍摄制作了反映庆阳周祖农耕文化、香包民俗文化、岐黄养生文化的电视剧《黄土女》、《梨树沟的故事》，电影《美丽妈妈》、《大山深处的保尔》等在全国上映，反映极好。第四，演艺娱乐业。庆阳广大戏剧工作者先后创作出戏剧《双塔情缘》、《山城堡儿女》、《情系南梁》、《周祖公刘》等作品。庆阳陇剧团排演了反映刘志丹、谢子长、习仲勋等老一辈革命家在庆阳南梁艰苦创业的历史舞剧《新绣金匾》。目前，全市有中国戏剧家协会会员6人，省戏剧家协会会员104人，市戏剧家协会会员278人。第五，广告创意设计业。目前，庆阳有年收入在10万元左右的广告公司 812 家，80 万元以上的广告公司 28 家，500 万元以上的广告公司 4 家。其中，企业家苏虎宁创办的庆阳协力广告有限公司注册资金 500 万元，拥有固定资产 2000 多万元，业务覆盖平凉、庆阳两市，在西北很有名气。公司近三年来发布公益广告达 18000 平方米，价值达 60 余万元。第六，书画艺术品业。目前，全市约有各类书画爱好者 11 万人，收藏家 8000 人，各类画廊、书画交易中心 300 多个，书画经纪人 100 人左右。全市每年书画收藏量 2000 万元，作品交易量 5000 万元，书画作品年产值 300 万元左右。全市引进各类书法名人 100 多位，交流书画作品 400 多件，实现产值 2000 万元。其中，西峰区的华文轩书画艺术营销公司，固定资产 1100 万元，年交流作品 1100 件以上，收入 700 多万元。第七，新闻出版产业。目前，全市有图书、书刊门店 116 家，音像店 78 家。印刷企业 68 家，网络文化中心（含网吧）184 个，从业人员 6140 人，经营收入 4228 万元。第八，文化会展产业。全市共 8 县区共有各类会展（商贸）中心、休闲广场 11 个，从业人员 128 人，每年举办、接待、展销各类会展（商贸）活动 560 场（次），营销收入 2568 万元。总之，全市八大文化创意产业年产值 6.29 亿元。

（三）品牌创意亮点增多

庆阳市政府充分利用"中国庆阳"门户网、"五彩庆阳网"、"庆阳时空网"等网站在全国打出"中国香道和庆阳香包"品牌。提出"中国香道在庆阳，中国香包在庆阳"的对外宣传口号。同时，以开发庆阳黄土风情文化、周祖农耕文化、岐黄养生文化、红色革命文化、香包民俗文化五种资源为中心，"把文化做成产业，让创意感动生活"，促进文化资源向产业形态转变。目前，庆阳香包在市场上以开发中、小挂件系列和岐黄养生保健品系列为主，备受消费者青睐；庆阳刺绣已开发出四屏、屏风、绣花拖鞋、枕垫等类型，深受消费者欢迎；剪纸开发出以红色革命、传统节令文化、民间故事体裁为主的大、中、小类型产品；皮影以道情戏剧、红色革命文化、周祖农耕文化体裁为主体。呈现了特色显著、共同开发、相互映射的新格局。

（四）促营销，产业市场开放搞活

近年来，在市委、市政府的积极推动下，庆阳文化产业特别是香包民俗文化产业市场开放搞活。庆阳各县区根据各自的地域特色和地域文化，不同程度地开发新产品，以批量生产占领市场高地，赢得经济效益。宁县以开发"龙"文化为中心，生产出"九龙腾飞迎盛世"大型刺绣屏风、"锦绣牡丹"四屏等刺绣精品和反映农耕文化生活场景的工艺精品，打响西安、北京市场，效益良好。合水县以黄河古象文化为基础，生产出"百象图"、"牛郎织女鹊桥相会"、"神龙腾飞中华盛世图"等特色主题作品，打响上海、浙江市场，颇受青睐，特别是"神龙腾飞中华盛世图"剪纸百米长卷被中国民族博物馆收藏。正宁县以弘扬传统香包手工刺绣特色为中心，重点开发手工精绣香包产品，生产出"五毒裹兜"、"耳枕"、"针扎"、"手机套"等特色香包工艺精品，走俏南京夫子庙、秦淮河文化旅游市场。庆城县生产出中国香道岐黄养生保健药枕、茶枕、坐垫等产品，投放兰州、西宁、深圳市场，颇受欢迎。2010 年以来，全市外出参加上海、深圳、广州、北京、厦门、法国巴黎等地文化产业博览会以及青海、甘肃、宁夏、唐山、潍坊等地民俗艺术节、洽谈会多达 4300 多人（次）。特别是在 2010 年上海世博会期间，庆阳开发的 8 件香包民俗文化产品进入世博会贵宾休息厅，受到全国各地贵宾的喜爱。庆阳先后在深圳、西安、上海、兰州、西宁、北京、上海大城市里设立庆阳产品代办处、代销点、展览馆 235 处。

（五）对外交流日益扩大

在 2010 上海世博会上，宁县国家级民间艺术大师黄红代表甘肃省赴上海参展，她高超的刺绣技艺、精优的刺绣作品受到中外游客的青睐，她的刺绣作品《双喜图》被上海世博会中国馆收藏。同时，庆阳选送的 8 件香包、皮影、剪纸、刺绣作品进入世博会贵宾休息厅展出。在 2009 年 6 月 16 日北京举办的首届中国农民艺术节上，庆阳代表甘肃省参加首届中国农民艺术节"一村一品"民俗文化产品展览。庆阳香包、庆阳刺绣、环县道情皮影、庆阳剪纸、庆阳书法等作品亮相京城，吸引了澳大利亚、韩国等驻华参赞的热切关注。民间艺术家协会振强唢呐班"陇原情"唢呐表演，参加了开幕式"农风·农情·农乐"——端午大型广场乡土艺术会演和大型广场乡土艺术文艺专场演出，受到一致好评。在第五届西部（西安）文化产业博览交易会上，庆阳轩辕香包刺绣有限责任公司、庆阳民间香包刺绣文化有限责任公司、庆阳郁利香包刺绣公司等参加展览，展出各类以庆阳农耕文化为表现主题的香包、刺绣、枕垫等民俗产品 4.6 万件，实现销售收入 17.8 万元。凌云公司经理岳中南在一次订单中销售龙、鱼、虎挂灯 10000 个，净赚利润 80 万元。

（六）经济效益规模凸现

据统计，截至目前，全市 8 大产业已形成了 260 多家企业、591 个营销公司、20 万从业人员、产品达 120 多个大类 6000 多个品种的规模 8 大产业年产值 6.29 亿元。2010 年 6 月，庆阳岐黄民间工艺品有限公司经理张仁民在首届中国农民艺术节上与中华人民共和国文化部文化产业服务中心签约 125 万元。庆阳红凤蝶香包民俗文化有限公司目前已实现生产总值 210 万元。环县妇女创业能手李雅萍创办的环县龙影公司产值年年上升，2010 年产值达 200 多万元，上缴税金 10 多万元，该公司"龙影"商标获甘肃省著名商标，李雅萍本人获"庆阳市文化产业领军人物"、"庆阳市十大女杰"称号。在她的示范带动下，环县妇女王彩梅、边巧琴、韩靖等青年专业生产大户，年均收入都在 10 万元以上，带领下岗女工及当地群众 1000 多人脱贫致富。

（七）基地建设乘势而上

庆阳建设民俗文化产业园、周祖农耕文化产业园、岐黄文化产业园这三个重点园区的决策，鼓舞人心。镇原、华池、宁县等县区也积极行动，谋划建设投资在 3000 万元以上的文化产业园、书画销售中心 9 个，并已获批准。庆城县于 2009 年投资 2400 万元，建成了一个集香包创意、设计、生产、包装、加工、销售、签约为一体的香包产业城，建设面积 1300 平方米，可容纳 1 个综合大厅，6 个车间，31 个公司。合水县政府扶持赵星投资 400 多万资金建设合水民俗文化产业总公司，支持创业女能手王万红投资 100 多万元建成刺绣精品集散地——万红绣坊，带动各类刺绣公司 40 多户。环县积极树立"全国皮影保护中心"和"全国皮影产业基地"旗帜，先后投资 200 万、100 万，分别支持王雪琴、白雪明创办环县夜明珠道情皮影文化产业示范基地、环县大唐皮影产业公司，积极带动全市文化产业示范基地建设大发展。西峰区重点加快锦绣坊、桐树街、北部商城三大文化产业开发基地建设，投资大，管理好，效益明显。

（八）产业队伍素质不断提高

庆阳市文化局和市委组织部联合组织实施了全市文化产业 10 万从业人员培训项目。用三年时间，对全市文化产业服务管理人员、企业厂长经理、香包刺绣技术能手约 10 万人进行培训。主要采取集中授课、理论辅导、研讨交流、观摩学习、现场技艺交流和撰写心得体会等办法，聘请市内外专家、教授、民间艺术大师分别就中国文化产业的理论体系、地位作用，庆阳香包民俗文化产业的优势资源、开发利用、市场营销，香包、刺绣、皮影及剪纸的技术规则和规范要求等问题进行了集中辅导。庆阳还邀请陕西省社会科学院、西安文史研究院高级研究员、西安科技大学客座教授张培合先生来庆阳进行"传统文化对企业管理者的影响"的专题讲座。这次研讨培训，庆阳电视台、《庆阳广播电视报》、《庆阳时空》、《五彩庆阳》等媒体分别给予及时报道。参训学员普遍认为这次文化研讨班办得好。

（九）理论研究不断深入

庆阳相关单位紧密结合庆阳文化创意产业发展实际，立足全国文化创意产业发展前沿，创新思路，突破原来单一的将香包民俗文化产业误以为文化创意产业的误区，直接和全国文化创意产业新理念接轨，树立文化创意产业新观念。通过庆阳文化创意产业协会、庆阳周祖农耕文化研究会研究、编辑、出版、发行《庆阳香包民俗文化产品生产标准图式》、《庆阳民间艺术大师名录》、《中国香道》、《香包百种写意》、《创意与发展——全国文化创意产业发展论坛论文集》等专著，指导全市香包民俗文化产业科学发展。同时，市政府在制定出台的《庆阳市文化产业产业发展十二五规划》中提出开发利用五种文化资源（黄土风情文化、周祖农耕文化、岐黄养生文化、红色革命文化、香包民俗文化）；建设三个重点"园区"（庆阳民俗文化产业园、庆阳周祖农耕文化产业园和庆阳岐黄文化产业园）；振兴八大行业发展（香包民俗文化产业、红色旅游业、演艺娱乐业、影视动漫业、广告创意业、新闻出版业、文化会展业、书画艺术品业）；瞄准发展文化产业"十个一"的主攻方向（一是制定并完善一套文化创意产业发展的政策法规；二是创新一个文化创意产业发展的体制机制；三是建设一批文化创意产业示范园区；四是培育一批文化创意龙头企业；五是打造一批文化精品和知名品牌；六是建设一个文化创意产业特色群；七是建设一个文化创意产业研发培训中心；八是培育一批文化创意产业人才；九是建设一批文化创意产业营销市场和网络；十是创建一个文化创意产业科学发展的优质服务体系）的新思路。到2015年，庆阳文化产业总体实力和核心竞争力大大增强，文化产业值将达到33亿元，占庆阳国内生产总值的2%—3%，发展文化创意产业从业人员30万人，把庆阳文化创意产业建成庆阳国民经济支柱型产业。

二　文化创意产业发展存在的问题

庆阳文化创意产业近年来取得了很大的成绩，形成了一定的产业规模，但是和工业发展相比较，文化创意产业发展还是相对滞后。文化创意产业发展中存在的主要问题包括以下几点。

（一）科技含量较低

科技在庆阳文化创意产业领域运用程度低是制约庆阳文化创意产业发展的重要原因。现代科技是文化创意产业发展的基本动力之一，东部发达地区的文化创意产业发展在很大程度上是建立在先进、发达的科技水平基础之上的。随着信息技术与互联网的普及，高科技与文化创意产品相结合的潮流席卷全球，而目前，庆阳文化创意产业的科技水平——无论在舞台技术、印刷技术，还是图书销售、动漫制作等方面——都与国内先进水平有较大差距，很多领域仍停留在传统的工艺水平和制作流程上，严重限制了庆阳文化创意产业整体水平和市场竞争力。

（二）产业化程度低

首先，无论从文化创意产业从业人员占全部从业人员的比重，还是文化创意产业增加值占地区生产总值来看，庆阳文化创意产业的产业化程度还低于全国的平均值。其次，就文化创意产业单位而言，存在着规模偏小，文化经营性企业单位负债经营较为普遍，文化事业单位的支出收入比偏高等情形。

（三）集约化程度低

庆阳文化创意产业集约化程度低，生产要素配置过于分散，规模经济的影响力甚微。从发达地区文化创意产业发展的成功经验来看，资本雄厚、技术和人才实力强大的大型文化企业集团，在参与国际、国内文化创意产业竞争，带动本地区文化创意产业发展方面具有重要的作用。目前庆阳已经组建了一批具有一定规模的文化创意产业集团，但这些集团在规模上与发达地区还有一定的差距，总体上产业集中度仍然较低。从地域角度看，庆阳文化创意产业集聚化的发展仍存在诸多问题。

第三节　庆阳文化创意产业发展突破瓶颈的策略选择

资料显示，如果文化创意产业增加值占国内生产总值的比重低于3%，表明文化创意产业发展还比较落后。庆阳的文化创意产业增加值占国内生产总值的比重为2.3%，由此可见，庆阳要实现文化大市的目标，还需要付出很大努力。我们在文化创意产业的发展上仍然处在成长阶段，在战略地位上还不能成为区域内一流的文化大市，我们仍然需要做好许多基础性的工作。

一 立足原生态，主打特色牌

近几年，以香包、陇剧、民间剪纸、道情皮影为代表的"庆阳四绝"，已成为庆阳特色文化的知名品牌，带动了草编、根雕、面艺、喜剧服装道具、艺术壁挂等工艺美术门类的发展，推进了文艺创作和出版等文化艺术事业的繁荣。但是，庆阳应正视不足，继续前进。庆阳各县区政府应该制定规划，积极增加智力投资。比如，聘请民俗专家举办专题讲座，在职业中专开设香包刺绣专业，让刺绣能手带徒，使一大批体力劳动者变为智力劳动者。要充分发挥全市现有各级各类艺术能人的带动作用，把香包刺绣打造成为代表庆阳形象的知名品牌，努力使陇绣以独特魅力在国内国际市场上亮相，使这一特色民俗文化得以蓬勃发展，成为庆阳经济发展新的增长点。

二 坚持政策扶持，搭好节会平台

开放是市场经济的基本特征，也是社会发展的必然要求。庆阳应采取务实的态度：既要靠政府决策，又要靠广大群众自觉参与；既要借助外力推动，更要靠自己"造势"；既要形成开放的浓厚氛围，更要构建开放的广阔平台。

庆阳特色文化产业的发展壮大，应该以香包刺绣牵线、特色文化搭台、绿色经贸唱戏、红色旅游促进发展为宗旨，以政府主导、群众参与、商家出力、市场运作为模式，提升人气、凝聚财气、扩大名气，争取使庆阳特色文化产业得到社会各界的广泛认同。要让节会、庆典活动成为庆阳与外界在工商、经贸、科技、文化、旅游等各个领域广泛合作交流的有效载体，成为招商引资、抓项目、促发展的良好平台，拉动国际、国内两种资源、形成两种市场的双向互动，使庆阳开放达到一个新水平，让特色文化产业取得显著的经济效益和社会效益。

三 培育市场主体，壮大龙头企业

充满活力的文化企业是文化创意产业发展的基础和动力。发展特色文化创意产业，也需要市场的认可和企业的支持。以香包刺绣为主的特色文化产品生产，可以采用公司加农户、能人带动农户、零售运销、团体会展和网络销售等模式来适应不同的市场需求。对龙头企业的培育，应坚持政府引导、社会支持、市场运作、规范管理的方法，以市场整合文化资源，以节会培育文化品牌，以改革创新引领企业发展。应采取技术指导、专业培训、信息服务、减免税费、资金帮扶、商标注册等多种形式，催生一批龙头企业，打造一批市场主体。这些龙头企业应向研究、开发、生产、销售为一体的集群化、规模化发展。创造更多的销售量，让特色文化产品成为带动庆阳人民群众脱贫致富的支柱产业。

四　树立品牌意识，精心打造富有企业特色的文化产品

一个品牌凝聚和体现着一个地区的社会功能和整体价值取向，它在给地区带来社会效益的同时，也推动着经济发展。对庆阳的企业而言，它们在文化建设方面还比较薄弱，这就需要庆阳在特色文化建设方面做更多基础性的工作。一方面，应加强民俗文化宣传，举办有地域特色的节庆文化活动，引导市民群众积极参与。要围绕红色文化旅游产业、民俗民间艺术品创作等主导文化产业，进行科学规划布局，建设一批富有特色和影响力的文化产业基地。另一方面，还应积极参与省内外的文化交流活动，进一步加大宣传和影响力度，提升其文化附加值。在挖掘和发扬自身丰富文化历史资源的同时，借鉴和吸收甘肃省内外优秀文化思想，形成具有庆阳特色的文化品牌。我们应该突出社会主义核心价值体系建设这条主线，从发展庆阳的全局来整合文化资源，树立品牌意识，打响"红色南梁、岐黄故里、周祖圣地、庆阳香包"四大品牌，大力发展红色旅游、中医药养生保健、农耕文化节旅游、民俗文化创意产业，使资源优势变为经济优势，从而促进庆阳经济结构的优化升级，拉动庆阳经济持续快速增长。

五　依靠信息化技术，提高文化产业科技含量

伴随着通信、电脑和网络技术的高速发展，庆阳应打造网络宣传平台，开拓民俗文化产业市场，推动特色文化产业转向现代文化创意产业的发展。要充分利用现代通信与网络技术，加大本土文化的宣传与推广。要建立网上本土文化博物馆、展览馆、贸易交易平台等，从而有效地提高民间文化旅游、演出娱乐、展览等行业的竞争力。要利用计算机技术制作出精美的香包文化产品动漫，并配以相关的解说词，在互联网上传播，从而

使消费者可以通过这个全球化的智能网络，检索到感兴趣的产品，进行网上交易。

六　大力扶持演艺、娱乐行业快速成长

随着经济的快速发展，人民的生活水平在不断提高，对于演艺、庆典、娱乐的消费需求也在不断增加。通过对庆阳的演艺、庆典公司的调查可以发现，庆阳的演艺、庆典产业化程度较低，存在着很大的发展空间。文艺行业良好的发展既可以满足人民群众的文化消费需求，也可以促进工商业的发展。同时，庆阳要积极鼓励支持动漫、影视行业的发展。动漫、影视制作和播放产业化的发展，能够促使经济发展转型，进而优化经济结构，提升就业层次。

第十八章

提升公共服务与社会发展水平

改革开放以来，中国经济社会发展取得了一定的成绩，国民经济总量和人民生活水平得到了大幅度提高，但公共服务体系建设仍相对滞后，公共服务总量仍投入不足，不能很好地满足广大人民群众的公共需求，更在一定程度上制约了经济和社会的发展。质优量足、服务到位的公共服务有利于缓解社会矛盾，缩小地区差距，尤其可以提高社会弱势群体和贫困地区民众的生活质量，逐步实现社会的公平正义。

第一节　公共服务与社会发展的概念

以推进公共服务整体发展为切入点，化解矛盾、改善民生，促进社会发展，就可以进一步促进"中国梦"的实现。在改革进入新阶段的今天，进一步建设较为完善的公共服务体系，满足人民群众日益增长的公共服务需求，有利于促进经济又好又快地发展，有利于促进政府职能转变、建设公共服务型政府，有利于推动社会发展，维护社会稳定。

一　公共服务的概念

（一）公共服务的界定

目前，学术界对公共服务的概念并没有形成一致、准确的界定，学者们对于公共服务概念的界定更多来自于对公共物品的界定。就二者的特殊性方面，在广义上讲，并没有明显的差别。其最基本的特质是具有非竞争性和非排他性。非竞争性指的是任何消费者对公共物品（公共服务）的消费都不影响其他消费者的消费；非排他性是指公共物品（公共服务）不可能排除任何人对它的消费。公共物品的研究发源于现代经济学，保罗·萨缪尔森在1954年首次在概念上对公共物品和私人物品进行了划分。

他设想有两类产品，一类是普通的私人消费品，能够在不同的个人之间进行分配；另一类是所有人共同享有的集体消费品，每个人对该产品的消费不减少其他人的消费。以后，关于公共产品、公共服务的研究不断升温，詹姆斯·布坎南在 1965 年指出，保罗·萨缪尔森的划分结果得到的是纯私人产品与纯公共物品，但是还有一些物品是介于两者之间的，出现了私人物品、纯公共物品、俱乐部产品以及以公共资源等。1912 年法国公法学者莱昂·骥最早把公共服务的概念界定为；任何因其与社会团结的实现与促进不可分割、而必须由政府来加以规范和控制的活动，就是一项公共服务，只要它具有除非通过政府干预，否则便不能得到保证的特征。马庆杠认为，公共服务主要是指由法律授权的政府和非政府公共组织以及有关工商企业在纯粹公共物品、混合性公共物品以及特殊私人物品的生产和供给中所承担的职责。在此，笔者认为，公共服务是指政府运用公共权力和公共资源向公民（及其被监护的未成年子女等）所供给的各种服务。公共服务包括科学、文化、教育、医疗、卫生、养老等无形产品，也包括基础设施、道路交通等有形产品。因此，公共服务具有三大特性：公平性、公益性和公共性。公平性是公共服务的根本特征，是公共服务最为根本的属性，是公共服务的灵魂和核心；公益性是公共服务的重要属性之一，它是公共服务的价值所在和目标所向；公共性是最为基本的特质，它是公共服务的存在和发展的基础。因此，公共服务的公平性、公益性以及公共性是密切相关的，三者之间相互影响，相互制约。

（二）公共服务的分类

目前，学者们根据公共服务的内容和形式将其分为四类：基础性公共服务、经济性公共服务、公共安全性服务和社会性公共服务。基础性公共服务是指通过国家权力介入或公共资源投入，为公民及其组织提供从事生产、生活、发展和娱乐等活动需要的基础性服务，如提供水、电、气，交通与通信基础设施，邮电与气象服务等。经济性公共服务是指通过国家权力介入或公共资源投入，为公民及其组织即企业从事经济发展活动所提供的各种服务，如科技推广、咨询服务以及政策性信贷等。公共安全性服务是指通过国家权力介入或公共资源投入，为公民提供的安全服务，如军队、警察和消防等方面的服务。社会性公共服务则是指通过国家权力介入或公共资源投入，为满足公众的社会发展活动的直接需要所提供的服务，社会发展领域包括教育、科学普及、医疗卫生、社会保障以及环境保护等领域。

也可以认为，社会性公共服务是为满足公民的生存、生活、发展等社会性直接需求而提供的服务，如公办教育、公办医疗、公办社会福利等。

在政府运行过程中，根据公共服务所具有的公益性和经营程度的不同，可以将公共服务分为基本公共服务和非基本公共服务两类，后者又可分为准基本公共服务和经营性公共服务。基本公共服务是指政府依照法律法规的规定，为保障社会全体成员基本社会权利，必须向全体居民均等地提供的公共服务，包括义务教育、公共卫生、基本公共福利和社会救助等服务。准基本公共服务是指为保障社会整体福利水平，同时又可以通过市场提供的，但由于政府定价等原因而没有营利空间或营利空间较小，尚需政府采取多种措施给以支持的公共服务，包括高等教育、职业教育、基本医疗服务、群众文化、全民健身等服务。经营性公共服务是指完全可以通过市场配置资源、满足居民多样化需求的公共服务，政府不再直接提供这类服务，而是通过开放市场并加强监管，鼓励和引导社会力量经营，包括经营性文艺演出，影视节目的制作、发行和销售，休闲娱乐等服务。

二　关于社会发展的界定

目前学者们对于社会发展的界定，存在一定的分歧，但国内学者更多的是在以下三个层面上使用社会发展这一概念：一是从宏观层面上把社会发展理解为一种人类历史的进化过程，这是历史哲学的角度。人类社会是"自然的历史过程"，人类社会这种为历史规律所支配的带有方向性的发展过程就是社会发展。马克思主义唯物史观就是这种社会发展观的典型代表。二是从中观层面上界定社会发展的，把对社会发展的理解具体到特定阶段上的社会的发展，认为社会发展就是一定阶段上社会发展过程的具体展开，这是从社会哲学的角度来界定社会发展的。三是从微观层面上界定社会发展，认为社会发展是一个与经济发展相联系的概念，是一种强调发展的社会方面的简单说法，亦即社会体系、社会结构制度，实现收入、财富和机会的合理分配。本书对"社会发展"的理解，基本上是采取微观意义上的理解。

第二节　公共服务市场化、社会化

2013 年 7 月 31 日，国务院总理李克强主持召开中华人民共和国国务院常务会议，研究推进政府向社会力量购买公共服务问题。会议指出，提供更好的公共服务，是惠及人民群众、深化社会领域改革的重大措施，也是加快服务业发展、扩大服务业开放、引导有效需求的关键之举，还是推动政府职能转变，推进政事、政社分开，建设服务型政府的必然要求。要放开市场准入，释放改革红利，凡社会能办好的要尽可能交给社会力量承担，加快形成改善公共服务的合力，有效解决一些领域公共服务产品短缺、质量和效率不高等问题，使人民群众得到更多便利和实惠。

一　公共服务市场化、社会化的界定

随着经济的发展和社会的进步，民众对公共服务的需求不断提高，政府对公共服务大包大揽的弊端越来越明显。因此，对公共服务领域进行改革，引入竞争机制，减少政府补贴，提高服务质量，已成为当代世界各国行政改革中的重要内容之一。由于中国计划经济体制的影响还在一定程度上存在，政府中心论的价值观念已深入人心，政府往往被视为公共服务需求的必然提供者。但是，从现在其他国家的公共服务供给实践来看，更多的国家都致力于推进公共服务的社会化，构建公共服务主体的多元化模式。所以说解决社会发展主要措施之一是要促进公共服务市场化、社会化。

公共服务市场化是指政府通过公共决策制定公共服务的数量和质量标准，将市场竞争机制引入公共服务供给主体领域，使人民能够在多元的公共服务供给者之间进行选择，以提高公共服务的质量。可见，公共服务市场化的核心是公共服务供给者多元并存、竞争发展，政府收缩公共服务范围，将原来由政府承担的一些公共服务职能大量地转移给非政府组织和私人部门，即从公共服务完全由政府部门提供转变为政府利用社会力量，由非政府组织以及私营企业向公众提供一部分公共服务，政府通过对社会力量的管理、组织和利用，从而实现公共服务的市场化，以便在不增加政府规模和财政开支的情况下改善公共服务质量，提高公共服务效率，其实质在于给予公众更多的选择，通过引入竞争机制来提高公共服务质量。

公共服务社会化是指将原来由政府承担的一些公共服务职能，转移给非政府组织和私营部门，由第三部门以及私营部门向公众提供部分公共服务和产品，一些私营部门，独立机构，社会自治、半自治组织等非政府组织都将成为部分公共产品及服务的提供者，为提供相同的公共产品和服务展开竞争。公共服务社会化的核心是公共服务提供主体的多元化，公共服

务提供主体的多元化使公共服务不再由政府独自承担，政府不再是管理公共事务的唯一机构，许多非政府公共组织加入到公共服务提供者的队伍中来，这样，政府将原来承担的很大一部分公共管理职能转移出去，从而可以从日常的公共事务中解脱出来，政府的主要任务是制定和执行公共政策。公共服务社会化就要求政府将主要精力和工作重点放在制定政策和监督政策的执行上，公共服务社会化意味着政府向社会转移了一部分职能，而第三部门则成为了承接这一部分职能的重要机构，公共服务社会化，不仅有政府放权的过程，更有政府还权的过程，把本应由社会承担的那部分公共管理的职能真正交由社会来行使。各类第三部门进入公共服务领域后，可以与政府分担责任，从而使政府从具体的公共事务中解脱出来，以一种监督者的身份来保障公共服务的质量和效益，而第三部门同时也可以利用自身多样性服务和供给优势，与政府形成互补关系，共同完成公共服务和公共产品的供给。

二　公共服务市场化、社会化的理论分析

（一）公共选择理论

美国著名经济学家詹姆斯·布坎南等人的公共选择理论认为，人类社会是由两个市场组成，一个是由消费者和供给者为主的经济市场，另一个是由选民、利益集团、政治家和官员为主的政治市场。公共选择理论是专门研究政治市场的理论，它把市场制度中的人类行为与政治制度中的政府行为纳入同一分析的轨道——即经济人模式。公共选择理论的基本行为假定是人是关心个人利益的，是理性的，并且是效用最大化的追逐者，即每个人都是理性经济人。在政治过程和政府行为中，人们也会追求自我利益和机构利益的的最大化，然后才会照顾公众的利益，这正是产生政府失灵的根源。公共选择理论主张用市场力量改造政府的功能，提高政府效率，以克服政府腐败。公共选择理论主张打破政府的垄断地位，将政府的一些职能释放给市场和社会，建立公私之间的竞争，通过政府与市场关系的重组来改革政府。公共选择理论重新强调市场的价值，它给政府开出的药方就是要让政府将其不应该做的和做不好的事交给市场来完成，它主张根据公共服务的类型选择适当的社会组织来提供服务。

（二）新公共管理理论

新公共管理理论产生于 20 世纪 70 年代以后，是基于公共选择理论、

私营部门管理理论产生的关于政府管理的理论。它主张将私营部门的管理理念和管理方法引入政府管理活动，目标是建立企业型政府。在处理政府与市场、政府与企业、政府与社会的关系上，新公共管理理论提供了一整套不同于传统行政学的新思路。它认为在提供公益物品和公共服务时，除官僚机构以外，其他机构也可以具备所有这些职能，究竟选择哪种方式，取决于哪一个途径能够以最经济的方式实现公众对公共物品的需求，说到底就是要实现公共服务市场化。

（三）治理理论

自世界银行 1989 年首次使用"治理"一词以来，治理理论开始受到众多学者的关注。关于治理的界定，全球治理委员会的定义具有很大的代表性和权威性。该委员会对治理作界定为：治理是各种公共的或私人的个人和机构管理其共同事务的诸多方式的总和。是使相互冲突的或不同的利益得以调和并且采取联合行动的持续的过程。这既包括有权迫使人们服从的正式制度和规则，也包括各种人们同意或以为符合其利益的非正式的制度安排。它有四个特征：治理不是一整套规则，也不是一种活动，而是一个过程；治理过程的基础不是控制，而是协调；治理既涉及公共部门，也包括私人部门；治理不是一种正式的制度，而是持续的互动。治理理论认为，政府垄断公共事务是不可能的，应当将公共事务的管理权限和责任，从传统的政府垄断中解放出来，形成一种社会各单元（政府、市民、社会组织、企业和个人乃至国际社会）共治的局面，并强调根据公共事务的性质来探讨公共事务治理的多样性，在公共治理范式中，整个社会可划分为三大部门，即政治部门、企业部门非营利部门，它们依据不同的行为原则分别发挥着不同的社会职能，因此，可以将第三部门中的非政府组织、非营利组织和公民自主组织等多中心的组织制度，安排、引入到公共物品和公共服务的提供与生产之中，使他们与政府组织共同承担起社会公共事务管理的责任，为实现公共服务供给主体的多元化奠定坚实的基础。

三 经济发展、社会发展与公共服务相关性分析

自改革开放以来，在以经济发展为中心的发展战略下，政府只重视国内生产总值等各类经济性指标而轻社会性指标，经济发展与社会发展出现一定的失衡：一方面，经济发展迅速，取得了令世人瞩目的成就，另一方面，社会发展却相对滞后，社会领域的问题开始出现，有些领域的社会矛盾已经相当突出，影响到了经济的可持续发展。经济发展是社会发展的前提和基础，也是社会发展的根本保证；社会发展是经济发展的目的，也为经济发展提供精神动力和智力支持。虽然从短期来看，两者有时是相互矛盾的，但从长期来看，经济发展和社会发展是相互促进的，经济发展为教育、就业、消费、城市公用事业、生态环境等社会事业提供坚实的物质基础；社会发展为经济发展创造良好的社会环境，形成稳定、可靠、有效的社会秩序和保障。

大量实践证明，经济的发展并不必然地带来社会的发展，经济发展与社会发展的相互协调并不是自动形成的，需要政府在提供公共物品和公共服务方面加以引导。随着向现代市场经济转型，企业已成为经济活动的主体，政府不宜再直接参与竞争性生产活动领域，政府的作用是补充市场，而不是代替市场，政府的职能应局限在市场失灵的纠正上，而把主要精力转向支撑经济持续增长的社会管理和公共服务领域；在加强市场监管的同时，必须注重履行社会管理和公共服务职能；必须在经济发展的基础上，更加注重社会建设，着力保障和改善民生，推进社会体制改革，扩大公共服务，完善社会管理，促进社会公平正义，努力使全体人民学有所教，劳有所得，病有所医，老有所养，住有所居，推动中国梦的实现。

第三节　城乡公共服务均等化

公共服务均等化是公共财政的基本目标之一，是指政府要为社会公众提供基本的、在不同阶段具有不同标准的、最终实现相对均等的公共物品和公共服务。公共服务均等化有助于公平分配，实现公平和效率的统一。

一　公共服务均等化概念的界定

公共服务均等化是指政府及其公共财政为不同社会团体、不同经济成分或不同社会阶层提供一视同仁的公共产品与服务，具体包括收益分享、成本分担、财力均衡等方面内容。其内涵不仅仅是指公共服务均衡供给问题，还涉及公共服务供给成本的合理分摊问题以及地区间财力均衡配置问题。公共服务均等化的范围较广，具体包括个人之间的公共服务均等化问题、地区间公共服务均等化问题以及城乡间公共服务均等化问题，这里重点研究城乡公共服务均等化问题，即主要是研究公共服务在城乡间大致的、相对均衡地供给问题。

公共服务均等化是衡量社会均衡发展的主要内容，同时它也是促进社会均衡发展的主要措施与途径，它可以促进有限资源的全社会均衡、公平地配置。可见，公共服务均等化是与社会公平、正义息息相关的一个范畴，它涉及城乡公共服务供给过程中的公平与效率，尤其是公平问题。公共服务均等化的实质就是通过公共服务的公平、合理配置，实现社会整体福利水平的提高。对于不同类别的公共服务应采用不同的标准来衡量。

二　城乡公共服务均等化的内涵

城乡公共服务均等化是指以政府为主体，以农村为重点，在城乡间合理配置公共服务资源，向城乡居民提供与其需求相适应的、不同阶段具有不同标准的、最终大致均等的公共服务，使城乡居民在享受公共服务的数量、质量和可及性方面都大体相当。研究表明：实现城乡公共服务均等化是政府的职能范围；实现城乡公共服务均等化要以农村为重点；实现城乡公共服务的均等化是一个长期的动态的过程。

三　实现城乡公共服务均等化的原则

根据公共服务的性质、社会经济发展水平和城乡经济发展的差异性特点，当前中国实现城乡公共服务均等化要遵循以下原则。

（一）社会公平原则

公共服务应着眼于满足社会公共需要，享受政府提供的公共服务是城乡居民共同的权利。坚持社会公平原则，一是要求在提供公共服务的过程中，城乡居民享受公共服务的机会均等。二是要求城乡居民享受公共服务的结果大体均等，避免任何原因所导致的城乡居民享受公共服务的差距过大。三是实现城乡公共服务均等化要以城乡居民各自的社会公共需求为导向，不能只满足某一部分群体的公共需求，也不能无视公共需求的差异性。

（二）以人为本的原则

经济社会的发展归根到底是为了满足人的需求，实现城乡公共服务均等化与促进经济发展也是保障公民权利的重要体现，因此必须坚持以人为本的原则。坚持以人为本的原则应该做到以下两点：一是城乡公共服务均等化要惠及城乡全体居民，而不应是城乡某一部分群体。二是要把实现城乡公共服务均等化的重点要放在相对弱势的农民身上,"城市反哺农村",加强面向农民的公共服务的提供。

（三）低水平、广覆盖的原则

当前的社会经济发展水平和财政状况决定了中国已经具备逐步实现城乡公共服务均等化的条件,但在中国社会经济发展的同时,社会所面临的需要解决的社会经济问题也纷繁复杂,政府财力相对薄弱。因此,城乡公共服务的均等化要从低水平、广覆盖开始,也就是说要立足于基本公共服务的均等化,并将公共服务的受益人群逐步扩大。低水平决定了实现城乡公共服务均等化的成本低、易操作,符合国家当前财力的要求;广覆盖决定了要保证城乡公共服务均等化的效果,避免出现公共服务盲区。在低水平、广覆盖的基础上,随着社会经济的发展和国家财政实力的增强,再逐步提高城乡居民享受公共服务的质量和层次。

四　确定城乡公共服务均等化的内容及原因

目前,中国实现城乡公共服务均等化仍然是一个长期的过程,只能分阶段循序渐进。最重要的是在一定的社会经济背景下,明确公共服务均等化的适当范围,并选择合适的手段来加以实现。以农民的现实需求和实现城乡公共服务均等化的阶段性为依据,当前实现城乡公共服务均等化的内容应该主要包括两个方面:一方面是实现包括基础教育、基础医疗卫生和社会保障在内的社会性城乡公共服务均等化。另一方面是在努力实现上述城乡公共服务均等化供给的同时,还必须从农民的现实需求出发,注重提供目前农民急需的、具有农村特殊性的、促进农村现代化的公共服务,增加诸如农村基础设施、农业信息、农业科技服务和技术培训等公共服务项目的供给。

将基础教育、基础医疗卫生和社会保障作为当前城乡公共服务均等化内容的原因主要有以下几点。

（一）教育、医疗、社会保障属于底线公共服务,属于基本需求

提供底线公共服务是政府必须承担的职责。建设社会主义和谐社会,政府要保障城乡居民都能享受到最基本的公共服务。在目前中国的社会经济发展状况下,在全面建设小康社会的进程中,政府提供底线公共服务不仅是要解决城乡居民的衣食之忧,而且还要使城乡居民享受到基础教育、基础医疗卫生和基本的社会保障等公共服务,为实现中国梦打下坚实的

基础。

（二）享受教育、医疗和社会保障是公民的基本权利

教育、医疗和社会保障属于社会性公共服务，是现代社会的三大安全支柱，具有公民权利的性质。它首先属于道德上的权利，而这种权利常常通过国家法律的形式规定下来，从而变为法律上的权利。就我国而言，宪法规定的内容是公民应当享受的基本权利和义务范围。《中华人民共和国宪法》第二章第四十五条规定，"中华人民共和国公民在年老、疾病或者丧失劳动能力的情况下，有从国家和社会获得物质帮助的权利"。第四十六条规定，"中华人民共和国公民有受教育的权利和义务"。

（三）公共服务供求失衡，尤其表现在教育、医疗、社会保障方面

自改革开放以来，中国政府充当了经济建设主体和投资主体的角色，大量的公共资源被优先分配到经济建设领域，相对忽视了对教育、医疗卫生和社会保障等公共服务的提供，教育、医疗卫生和社会保障等公共服务方面的支出所占比重过低，导致中国公共服务的发展滞后于经济增长，公共服务需求和公共服务供给失衡，制约了中国经济发展和社会全面进步。

第四节　庆阳公共服务与社会发展

当前，庆阳基本公共服务的非均等化问题比较突出，不同县域之间、城乡之间、不同群体之间在基础教育、公共医疗、社会保障等基本公共服务方面的差距逐步拉大，并已成为影响社会公平、公正的问题之一，所以基本公共服务均等化是缩小城乡差距和贫富差距以及县域间不均衡发展的重要途径。

一　庆阳公共服务的现状和原因分析

（一）庆阳公共服务的现状分析

1. 公共服务投入总量不足

在庆阳这样的革命老区，由于县域经济薄弱，工业化水平低，财政增收乏力，收支矛盾不断加剧。庆阳市县乡财政现状主要有以下几点：第一，历史债务高，负债面大，资金缺口居高不下。截至 2006 年底，庆阳 116 个乡镇负债 3.6 亿元，村级负债 4.45 亿元，有的乡镇甚至成了名副其实的"空壳"财政。第二，财政收入小，自给率低，支出结构不合理。2006 年，

7个赤字县区账面赤字达5.78亿元，实际赤字约8.14亿元，全市政府债务约18.4亿元。第三，可支配财力少，政策性配套项目多，资金调度困难。[①]庆阳目前还没有形成与经济社会发展要求相适应的公共服务型财政体制。由于庆阳市政府财政不足，政府对公共服务的投入明显不足，财政投入的不足也就必然影响了庆阳市政府提供公共服务的数量和质量。

2. 公共服务需求增长迅速

在实现中国梦进程中，随着人均国内生产总值和城镇居民的人均可支配收入的增加，庆阳的公共需求出现不断增长的趋势，与日益短缺的公共服务形成鲜明的对比，这突出表现在以下几个方面：第一，庆阳教育类公共需求加速增长主要表现为教育经费安排不足。第二，公共医疗卫生类的公共需求加速增长。庆阳卫生事业资源相对不足外，尤其是人力资源和医疗设备资源不足，政府在医疗事业上的经费投入也相对不足。第三，城市环境保护公共需求加速增长，庆阳作为一个资源城市，尤其是石油资源和煤炭资源的开发对于环境的破坏逐步明显，经济发展领先于省内其他地级市，这也就意味着庆阳在打造城市品牌、塑造城市形象的过程中，今后必须重视环境保护问题。第四，随着庆阳城镇化进程的加快，一大部分的非城镇人口将会从农村转移到城市，由此将带来居住问题、就业问题、教育问题、社会保障等方面的问题，导致社会公共需求不断增长。

3. 公共需求供给存在一定程度的垄断行为

庆阳市政府在公共服务提供中充当了主要角色，基本掌握了庆阳大部分的公共资源，庆阳市政府既是政策制定者和监督者，又是具体业务的实际实施者，这是一种典型的行政性垄断。随着市场化程度的逐步深化，市场在配置资源方面将发挥越来越重要的作用。只靠政府公共部门并不能满足社会对公共服务的需求，非政府非盈利部门是政府公共部门的必要补充。要建立健全公共服务体系，庆阳必须充分培育和发展社会组织力量。

4. 公共服务效益低下

由于城市公用事业或服务企业在特定的地域范围内独家垄断经营，不存在多家企业共同竞争的情况，所以其定价机制主要根据城市公用事业行政性价格形成机制及宏观调控来制定，加上定价机制和各种成本上升过快和经营管理不善的影响，运营机制僵化，缺乏活力。庆阳城市自来水公司

---

① 俄向军：《对庆阳市县乡财政体制的思考》，《发展》2008年第1期。

和供暖公司、万世天然气公司、庆阳公交公司等公用事业企业，公共服务效率低下，服务意识差，尤其是供暖公司，服务价格较高，供暖温度达不到标准，民众反映比较强烈。

5. 公共服务供给非均等化

庆阳城市公共服务主要由政府公共财政提供，由城市居民免费消费纯公共产品或支付一定费用消费准公共产品。庆阳农村公共服务则主要由农村基层政府（乡镇）和村集体来提供。由于大多数农村基层政府财力非常薄弱，导致农村公共服务供给总量严重不足，这在一定程度上影响了农民的生活质量。城乡公共服务非均等化主要表现在以下几个方面：第一，基础教育的城乡不均等供给。庆阳城市学校的教育质量一般都高于农村学校的教育质量，城市学校的覆盖率高于农村学校，部分农村家庭经济困难，不能为其子女提供比较高层次的学校教育，如高中教育。第二，基本医疗卫生方面的城乡差距。城乡之间的卫生资源存在巨大差别，优质医疗卫生资源大都集中在庆阳市区，如庆阳第一人民医院、庆阳第三人民医院等，而农村医疗卫生发展严重滞后，农民不能就地享受到安全、有效、方便的医疗卫生服务，各乡镇卫生所医疗条件差，医疗人力资源严重不足。第三，公共设施和基础设施方面的城乡差距。这一点在庆阳表现得非常突出。因为庆阳是一个农业城市，部分农村"村村通"工程没有覆盖，交通非常不便利；部分农村地处偏远的山区，通信信号没有覆盖，信息沟通存在障碍，等等。

（二）庆阳公共服务相对滞后的原因分析

1. 没有形成较为完善的公共服务竞争体制

庆阳社会发展状况落后的原因部分有财政投入不高，政企不分，权责不明，公共服务界限模糊等，但缺乏完善的竞争体制是最主要的原因之一。在庆阳城市公用事业产品的供给中，政府部门直接或间接参与公用产业部门和公用事业企业的生产和经营管理，从而形成了在整个城市公用事业投资、建设、生产、供应、经营、服务、监理等方面，政企不分，权责不明，市场竞争环境难以形成，最终导致经济上的低效率和社会资源的浪费。

2. 公共服务提供者单一

城市经济的快速发展，要求城市的资源和基础设施与城市经济发展相适应。经济的发展，会导致社会对城市公用事业相关物品和服务需求的迅速扩张。但在庆阳，由于城市基础设施建设的资金来源主要是庆阳地方财政，缺少国家财政的支持，地方政府是公共产品和服务的唯一提供者，缺乏稳定、规范的建设资金来源，没有形成多元化的建设投资和融资机制。虽然随着庆阳经济的发展，政府对公共产品和服务的投资力度不断加大，但仍然无法满足城市经济的迅猛发展和改善城市居民生活的需要。

3. 不合理的制度供给导致城乡公共服务供给非均等化

庆阳城乡经济社会发展的特点就是，城乡分治呈现出典型的二元发展格局。因此，从根本上讲，当前城乡公共服务供给不均等是庆阳实行城乡分治的必然结果。庆阳城乡间公共服务非均等供给主要由以下因素造成的：第一，在城乡资源互不转移状态下的公共服务供给。公共服务的供给，需要消耗有限的资源，公共服务的供给实质上是资源的重新配置问题。假设在分割状态下，城乡之间不存在资源的互相转移，各自根据自身的经济发展水平提供公共服务，承担公共服务供给成本。在这种情况下，由于农村经济发展水平一般来说会低于城市，因此，其公共服务供给水平也低于城市。第二，城乡有别的户籍制度加剧公共服务供给不均等。现行的户籍管理制度，其核心内容是把人口划分为城镇户口和农村户口两大主要类型，并实行有差别的社会福利待遇政策。这在客观上把城乡人口分成两个经济利益上有差别的社会阶层，强化人口对所在地区的人身依附关系。这种以城乡分割为特点的户籍制度，在身份上强化了城乡的差别，而且进一步加大了城乡经济发展的差距，同时它对于庆阳城乡间公共服务的不均等供给不可避免地起到了固化作用。

二　推动庆阳社会发展的途径——公共服务的市场化、社会化

（一）庆阳公共服务市场化、社会化的基础

1. 市场经济的相对发达

随着社会主义市场经济体制改革的逐步深化，市场经济的影响和价值理念逐步深入人心。在庆阳，有来自浙江、江苏、福建、广东等省的商人，带来了经济发达地区的经商理念，逐渐出现了个体户、雇工经营、合伙合作等经济现象，市场在资源配置中开始发挥了决定性的作用。

2. 各种社会组织相对成熟

社会组织是介于政府与企业之间的一种组织，是介于政府宏观管理层

和企业微观管理层之间的一个中间协调层。在市场经济发展的过程中，庆阳的社会中介组织开始出现并逐步发展壮大。主要的社会组织有：庆阳百业商会、庆阳个体劳动者协会、庆阳道路运输协会、庆阳建筑业联合会、庆阳企业家协会、庆阳慈善总会、庆阳孤残儿童救助协会、庆阳驾驶员协会、庆阳新型建材行业协会等。庆阳社会组织的兴起，逐渐打破了在社会领域政府主导的单一格局，它们承担着一定的社会功能，为从单一权力中心的政府治理向权威分散化的多中心治理方式的转变奠定了组织基础。

（二）公共服务市场化、社会化的模式

公共服务的市场化和社会化是指将原来由政府承担的一些公共服务职能大量地转移给非政府组织和私人部门，即从公共服务和公共产品完全由政府部门或国有企业提供转变为政府利用社会的力量由社会自治和半自治组织以及私营企业向公众提供公共产品和公共服务，一些独立机构、社会自治、半自治组织等非政府组织都将成为公共物品和公共服务的提供者，为提供相同的公共物品和服务展开竞争。庆阳公共服务市场化、社会化的主要模式可以采用以下几种：

1. 合同出租

合同出租是指政府决定某种公共服务的数量和质量标准，将公共服务转包出去，由私营部门或非营利部门与政府签订提供公共服务的供给合同，而政府以税收去购买承包商提供的公共服务，并依据合同对承包商的行为进行监督和管理。合同出租将被运用于庆阳市级政府各部门以及各县级、乡级政府中，公共服务合同出租的应用领域较为广泛，如环境保护、道路交通、医疗救助、社会保障、工作培训、公共工程等。

从20世纪90年代以来，合同出租在中国地方政府公共服务中得到了广泛应用。如青岛的街道清扫服务、北京东城区的公共厕所服务、深圳的污水处理和公害治理、厦门推行下岗人员社会培训等，都通过竞争招标的方式，进行合同出租，取得了良好的效果，以上成功的案例可以为庆阳公共服务市场化、社会化提供有益的借鉴。

2. 特许经营

城市公用事业和服务的特许经营，指的是有授予权的单位将某一项目的经营权以合同的形式授予受许人，受许人按合同的约定投资、经营、管理项目。合同期满后，授予人收回该项目的经营权。政府特许经营特别适合于石油天然气勘探开发、公益事业、交通等可收费公共物品的提供。这种方式提高了企业提供公共服务的自主性，有益于公共服务效益的提高，使民众的生活得到一定程度的保障。庆阳市政府应逐步采用特许经营的方式逐步提高公共服务的质量，拓展公共服务的范围。

3. 公私合营

公私合营是一种特殊形式的合同出租，与合同出租不同的是，政府不需要出资购买私营部门提供的服务，而是以政府特许或其他形式吸引中标的私营部门参与基础建设或提供某项公共服务，并允许承包商有投资收益权。公私合营的优势在于既可以通过对社会资源的有限利用来提高公共服务的能力，又能借助于价格机制显示真实的社会需求。公私合营相对来说更适用于具有投入大、公益性高等特点的交通设施、自来水供应系统、污水处理设施、电信、电力系统等基础设施的建设领域。庆阳市政府应逐步在交通设施建设、城市水供应、暖气供给等领域实施公私合营，提高公共服务的质量和水平。

4. 社区参与

地方政府公共服务的社区化供给，就是地方政府提供有效的渠道，鼓励社区公众关心并参与公共事务，最大限度地动员和组织社区中的家庭、居民点、自治单位和志愿者组织等基层单位，在地方政府的计划、指导和监督下，形成社区公共服务的自我供给和自我管理，其实质是将社区力量导入地方公共服务的发展网络中，形成多中心的共同治理结构。随着庆阳市场经济的逐步发展，部分社会职能需要依托于城市社区来承担。一般来讲，下岗失业人员一部分滞留在社区，流动人员大量涌入社区，城市老龄化和贫困人口发生在社区，这些都需要尽快发展和完善基层社区的公共服务功能，由此也推动了地方公共服务社区化供给模式的日益兴起。庆阳市政府应逐步完善社区管理体制，配足较高素质的社区工作人员，明确社区的职能和功能，使社区逐步成为解决城乡基层公共服务的主要环节。

三 公共服务供给中的庆阳市政府责任

（一）培育市场和社会组织

公共服务要实现市场化和社会化，就必须积极培育比较完善的市场和社会组织。要打破庆阳市政府在公共服务领域垄断的局面，放宽市场准入，适合由社会组织和企业提供的公共产品，应由计划转为社会和市场运作。在大力培育市场的同时，庆阳市政府要积极发展社会服务组织、社会中介组织、公益性社会福利组织以及各类群众文化组织。因此要以《社会团体登记管理条例》等其他经济成分的公共准入为契机，为社会组织的发展提供良好的制度和法律环境，简化社会团体准入程序，实现公共服务供给主体的多元化。

（二）确定合理的政府职能范围

政府在城市管理中的职能是，政府从市场和企业能够经营的领域逐步退出，然后转向对城市整体资源的开发、利用，以及对城市基础设施、生态环境的整体化管理。公共服务社会化的过程必须首先对公共服务分类进行细化，明确哪些领域可以进行社会化改革，哪些领域不能进行。公共服务市场化需要一系列的条件作支撑，并非所有的公共服务都能成为市场化的对象。比如义务教育、基本医疗就不能完全被推向市场，对公益性事业和补贴性行业，政府必须有足够的投入，保证其正常运转。庆阳市政府应根据公共服务市场化和社会化的要求，合理确定政府的职能范围，这样才能够保证公共服务的市场化、社会化的逐步实现。

（三）制定公共政策，规范公共服务行为

要有效推进公共服务的市场化和社会化，庆阳市政府必须要为公共服务的市场化、社会化提供必要的政策支持。制定与公共服务市场化相适应的公共政策和行政规定，营造保障公共服务市场化的环境。首先，要完善公共服务领域的政策和行政规定，保护投资者的合法经营，履行政府承诺，维护政府信用。其次，要改革行政审批制度，通过市场竞争，确定公共服务项目特许经营权的范围、数量。第三，庆阳市政府应逐步改革公共服务项目的价格制度，通过价格听证制度，确定公共服务项目的价格。

（四）改革公共服务供给制度，保障城乡公共服务供给均等化

1. 缩小城乡差距，发展农业经济

第一，改革农产品流通体制，建立健全以市场为基础的农产品流通体系。第二，要完善农产品市场体系，塑造多元化市场主体，通过发展农民协会或农民自主组织，使农民有组织地参与市场竞争，改变不利的竞争地位。第三，要完善农产品价格形成机制，价格水平要使农民在一定的经营规模下达到平均利润水平，并且合理确定主要农产品的最低收购保护价格，保护庆阳农民的利益不受损害。

2. 建立城乡统筹的公共服务供给制度

长期以来，城市实行的是政府主导型的公共服务供给制度，农村实行

的是农民自保型的公共服务供给制度。提供公共服务是政府的重要职能，建立统筹的公共服务供给制度就是要变农村公共服务的制度外供给为制度内供给，让政府承担起农村公共服务的主要供给责任，让农民在公共服务中获得和城市居民同等的待遇。一是应从根本扭转重城市轻乡村的公共服务供给观念，实行城乡统筹，把农村公共服务供给真正有效地纳入到庆阳城市公共服务的制度安排中来。二是从存量和增量两个方面合理调整庆阳城乡收入之间的分配格局，按照存量适度调整，增量重点倾斜的原则，增加对庆阳农村公共服务的投入。

第十九章

加大生态建设与环境保护力度

生态是人类社会生存、发展的前提和基础，如果说人类社会过去以牺牲生态环境为代价来换取经济的高速发展，那么，现在整个世界已越来越清醒地认识到生态环境不仅对经济运行产生作用和反作用，而且也影响到了人类自身的生存和发展。因此，在生态效益和经济效益中寻求平衡点，实现生态环境与经济发展双赢的目标，已成为各界关注的世纪性和世界性的重大战略问题。

对于中国而言，目前，国家正面临着巨大的生态压力，尤其是人口众多与资源相对短缺，经济快速增长与资源大量消耗、生态破坏严重之间的矛盾特别突出，要缓解这些矛盾，必须实现由粗放型增长向集约型增长的区域经济增长方式的根本性转变，区域产业结构向生态产业的方向调整，在区域发展中实现生态、经济和社会的协调发展。

位于黄土高原的庆阳，有过创造古代文明的辉煌，也饱尝了生态劣变的困苦。对于历史上的环境变迁人们虽然已无意了解，但对眼下和未来生态环境的保护和治理，大家都在积极思考。

第一节　生态环境现状

生态环境是人类赖以生存和发展的基本条件，是经济、社会发展的基础。一个地区经济、社会的发展水平，是受该地区自然环境和资源状况的直接影响的。根据考证，在历史早期，整个陇东大地到处都是青山绿水，自然条件相当优越，因而成为原始人类率先立足和原始农耕诞生之处。后来，由于民族纷争、战乱频生、盲目毁林、反复开垦等多种原因，使连绵青山沦为荒丘，生态环境严重恶化，自然灾害频繁发生，农事民生陷入艰辛。新中国成立以来，党和政府领导人民群众坚持开展植树造林，治山治水，取得了非常显著的成绩。使不少荒山绿荫再披，许多枯谷清流复出。但是，由于山川遭受破坏的历史太久，加之多种因素和条件限制，绿化和治理的进程比较缓慢，所以截至目前，全区的生态环境形势依然相当严峻，由其造成的影响也极为严重。

一 气候持续恶化

庆阳气候恶化主要表现在两个方面。

第一，干旱趋势日益加剧。进入 20 世纪以来，陇东地区的气候持续向着干旱化发展，尤其是近二三十年来，干旱趋势日益加剧。干旱周期已从过去的三十多年一次，缩短为几乎二三年一次；不仅干旱出现频繁，而且其持续时间也在延长。近 10 年来，几乎连年干旱不断，有时竟出现连续五个月无有效降水现象。严重的干旱，伴随气候多变，气温骤升骤降的情况多发，使农牧业蒙受巨大损失，对经济发展危害巨大。

第二，空气污染日益严重。随着能源的开发利用，庆阳的废气排放量呈现出逐年增长、增幅明显等特征，2013 年，庆阳工业废气排放总量为102.99 亿标立方米。其中工业废气排放量为 41.79 亿标立方米，生活废气排放量为 61.2 亿标立方米。大气中主要污染物二氧化硫排放量为15167 吨，比上年增加 2.45%；氮氧化物排放量为 14723 吨，比上年增加2.99%①。庆阳七县一区中，环县的空气综合污染指数一直居最高位，2013 年空气质量综合评价为三级，2006 年甚至曾达到重度污染的级别。

二 水土流失严重

庆阳总土地面积 27119 平方公里，其中有耕地 667 万亩，全市大部分土地是山川地，地力较为贫瘠，且随着人口增加，耕地面积严重不足，水土流失面积达 2 万多平方公里，约占总土地面积 90%，年流失泥沙总量 2亿多吨，占整个黄土高原年流失泥沙总量 16 亿吨的 1/8 还多。根据测定：区内平均每平方公里土地年流失水量 2.5 万立方米，流失泥沙 0.62 万吨，水蚀表土 1 厘米左右，严重的达 2 厘米以上；坡耕地平均每亩年流失水量10—30 立方米，流失土壤 3—5 吨，其中约含氮 2.5—7.5 公斤，磷酸4.5—7.5 公斤，氮化钾 60—100 公斤。水土流失的发生造成沟头延伸，

---

① 《2013 年庆阳市环境质量状况公报》。

沟底下切，沟沿扩张，沟谷增多，地形破碎，塬面缩小，耕地减少，陡坡和不可利用土地增多，又使得河床、库区淤泥，引起洪涝灾害。

三　耕地质量下降

庆阳是传统农业地区，但耕地质量普遍不高，而且还呈下降趋势。黄绵土分布比重最大，但因其有机质含量很低（平均不足1%），尤其是氮、磷严重缺乏，所以从整体上决定了耕作土壤肥力不足。在全区耕地中，低肥力和较低肥力的占75.8%，缺磷和极缺磷的占84.1%。由于耕地中大多为坡耕地，表土遭水蚀而不断流失，使得土壤耕作层逐年减薄，土壤肥力丧失，作物低产。还由于对耕地重用轻养，农家肥普遍施用不足，而化肥用量越来越大，造成耕作土壤质地劣化。再加上农药、地膜的广泛使用，使耕地遭受的污染程度加重。

四　森林面积进一步减少

庆阳森林资源统计面积约为40多万公顷，其中天然林面积约20多万公顷，人工林面积也约20万公顷，而人工林中有相当面积是尚未成林的造林地。森林是主要生态屏障，但是由于分布不均，量少质差，生态防护功能薄弱。天然林多数破碎残败，更新不足，面积持续减少。陇东境内有子午岭森林区，茂密的森林贯穿南北，覆盖了正宁、宁县、合水、华池四县的广大地区，面积达800万亩，但如此珍贵的生态资源却被人为破坏，林木被随意砍伐，毁林开荒、放牧时有发生。人工林分布零散，结构单一，长势衰弱，其中不少是"小老树林"，保土抗灾能力不强。

五　低产草地面积大，退化严重

庆阳年降水量350—620毫米，是典型旱作农业区，发展草地农业就能增加植被覆盖度，增强地表抗蚀能力，减少水土流失和风沙危害，同时还可形成土地、植物、动物三者物质和能量良性循环，进而可以增加有机质投入，减少能源消耗，生产绿色食品，改善环境质量。但庆阳现有草地几乎全部是低产草地。天然草地主要分布在北部和中部沟壑区，由于干旱少雨、风沙侵袭、鼠害蔓延等自然因素，加之人为过度放牧，滥采滥挖，破坏植被，草地开始出现退化。经调查，环县、华池的天然草场，在20世纪50年代亩产鲜草200—250公斤，但到80年代亩产鲜草85公斤左右。其余

300 多万亩人工草地，多数已趋于老化，亩产草量也在逐年下降。

六　土地沙漠化严重

庆阳北部地区面临沙漠化的威胁，气候干旱少雨，植被稀疏，风蚀严重，再加上滥垦荒地和滥采甘草等中药材，破坏植被，造成表土吹蚀，养分流失，沙尘暴越来越频繁，自 20 世纪 90 年代以来，庆阳北部、环县一带连续十年大旱，土地荒漠化的问题严重削弱了土地承载力和生产力，导致了一方水土养不了一方人。目前荒漠化还在向南扩展，其进程为每年全线平均南移 0.54 公里。由于风蚀频繁，沙丘移动，每年都有大片耕地表土被风剥光，农田、草场被沙层埋没。而且，环县北部的荒漠化发展，还影响到周边地区的生态环境，尤其与扬沙天气和干热风的形成有着直接关系。

七　水文状况恶化

庆阳是典型的水资源贫乏区。调查资料显示，全市人均水资源占有量不到 300 立方米，只达到全国平均水平的 13%。气候的干旱化趋势，不仅导致水资源短缺，而且使水文状况全面恶化。因天然降水不足，地表植被稀少，土层含蓄水源匮乏，河川流量逐年减少；多数沟谷因地表裸露，遇雨发洪，泥沙俱下，浊流翻滚，而遇旱断流，沟岸泛碱，草木难生；许多沟谷，早先有水，后渐枯竭，终竟沦为永久性干谷；原有的许多天然湫池，因水源补给欠缺，池围减缩，而致干涸，演为碱滩，或因沟岸滑塌而遭湮没；山区的不少泉眼，近些年来出水细弱，干涸消失，对群众用水造成困难；董志塬的大量机井因连续抽水，导致水位大幅度下降。

2013 年，庆阳废水排放总量为 2822.29 万吨。其中工业废水排放量为 334.63 万吨，生活污水排放为 2487.66 万吨。废水中主要污染物 COD① 排放量 15513 吨，比上年下降 1.59%，氨氮排放量 1759 吨，比上年下降 0.15%②，虽然主要污染物排放量有所下降，但总量仍然过大。同时，贯穿庆阳的马莲河的很多支流污染已经非常严重，综合污染指数不断上升，其流域的土壤、植被遭到污染，动植物数量、种类也在逐渐减少甚

---

①　化学需氧量（COD）指用化学氧化剂氧化水中有机污染物时所需的氧量，主要反映水体受有机物污染的程度。

②　《2013 年庆阳市国民经济和社会发展统计公报》。

至灭绝。区内的几条较大河流，都不同程度地遭到污染，其中以马莲河和蒲河下游最为严重。

八　生物多样性减少

一个地区的生物多样性状况，标志着该地区生态环境的优劣程度。庆阳市区内的生物种类及数量分布，相对中温带同纬度地区来说还算比较丰富，但是多年以来，由于保护不力，使许多珍稀动物遭到灭绝。区内被国家列为一、二、三级重点保护对象的野生动、植物种类，共计有 20 多种，但其中的一些已在数十年中相继灭绝，有些已处于濒危状态。金钱豹已绝迹，黑鹳、大鸨、金雕、苍鹰、秃鹫、水獭、黄羊已难得发现，紫斑牡丹和野核桃仅在子午岭等少数林区腹地零星可见。

九　洪涝灾害有增无减

近年来，庆阳阶段性降雨增加，单位时间降雨量大，区域内各地每年都有突发性的洪涝灾害发生。或侵塌房窑、淹没农田；或冲毁道路、垮塞桥涵、淤平塘坝。虽然其发生范围是局部性的，但造成的危害却非常严重。子午岭林区的多数沟谷，过去一直是泥不出沟，清水长流，而近些年都不同程度地发生了山洪。

上述情况说明，庆阳生态环境已从整体上出现了恶化，并且还在进一步发展；生态环境的恶化不仅直接影响到人民的生产生活，而且严重制约着未来经济、社会的可持续发展。因此，保护和改善生态环境，已成为庆阳一项极为紧迫而艰巨的任务。

第二节　生态保护和生态建设

生态环境优化的途径包括两个基本方面，即保护和建设。在追求区域经济增长的同时，应实施相应的战略措施，保护自然环境，维持生态平衡。要积极主动开展生态建设，恢复和重建已经被破坏的生态环境。

一　保护自然

庆阳在地区经济发展的过程中，要按照建设环境友好型社会的要求，根据自身的区域特征，以保护自然生态为前提、以水土资源承载能力和环境容量为基础进行有度有序开发，走人与自然和谐共生的发展道路。

（一）对生态环境的特征及类型要有清醒的认识

庆阳地处黄土高原沟壑区，属于水土保持型生态发展区。根据全国主体功能区规划，水土保持型生态区应该从以下几个方面维护生态环境：大力推行节水灌溉和雨水集蓄利用，发展旱作节水农业；限制陡坡垦殖和超载过牧；加强小流域综合治理，实行封山禁牧，恢复退化植被；加强对能源和矿产资源开发及建设项目的监管，加大矿山环境整治修复力度，最大限度地减少人为因素造成新的水土流失；拓宽农民增收渠道，解决农民长远生计，巩固水土流失治理成果和退耕还林、退牧还草成果。

（二）建立资源环境承载能力和生态环境综合评价体系

要使区域开发保持合理规模和速度。庆阳的工业化、城镇化开发必须建立在对所在区域资源环境承载能力综合评价的基础上，严格控制在水资源承载能力和环境容量允许的范围内。在编制区域规划时，应事先进行资源环境承载能力综合评价，并把保持一定比例的绿色生态空间作为规划的主要内容。因此，建立资源环境承载能力和生态环境综合评价体系是重中之重。庆阳应根据区域生态系统特征，建立一套具有评价功能、监测功能、导向功能和决策功能，可行性和操作性强的指标体系，严格控制区域内环境变化及生态状况。

（三）产业开发建设遵循生态规律

对各类开发活动要进行严格管制，尽可能减少对自然生态系统的干扰，不得损害生态系统的稳定和完整。首先，农业开发要充分考虑对自然生态系统的影响，积极发挥农业的生态、景观和间隔功能。严禁损害自然生态系统的开荒以及侵占水面、湿地、林地、草地等资源的农业开发活动。能源和矿产资源开发，要尽可能不损害生态环境并应最大限度地修复原有生态环境。交通、输电等基础设施建设要尽量避免对重要自然景观和生态系统的分割，从严控制穿越禁止开发区域。更加严格产业准入环境标准，严把项目准入关。在不损害生态系统功能的前提下，因地制宜地适度发展旅游、农林牧产品生产和加工、观光休闲农业等产业，积极发展服务业，保持一定的经济增长速度和财政自给能力。

（四）不断加强生态环境保护意识

庆阳要重点保护严重匮乏的水资源以及耕地、林地和草地等，加强水土流失防治和天然植被保护。实现从事后治理向事前保护转变。实行严格的水资源管理制度，制定水资源开发利用指标、水功能区限制纳污指标及用水效率控制指标。在区域内保护河流生态的基础上有序开发水能资源。严格控制地下水超采，加强对超采的治理和对地下水源的涵养与保护，加强水土流失综合治理及预防监督。在确保区域内耕地和基本农田面积不减少的前提下，继续在适宜的地区实行退耕还林、退耕还草。实行更严格的污染物排放标准和总量控制指标，大幅度减少污染物排放。

二　生态建设

生态建设主要是对受人为活动干扰和破坏的生态系统进行生态恢复和重建，它既包括对现有生态系统的修复、调整和完善，也包括建立新的生态系统，是根据生态学原理进行的人工设计。生态建设是一个人为化的过程，是人类建设过程中的一部分，它必须依据生态学的相关原理进行建设，遵循生态系统的自然规律；它是利用现代科学技术，融合人工环境与自然环境，试图达到高效和谐，试图实现经济、社会、环境效益和谐统一的努力方向。[①]

（一）积极转变区域经济增长方式

庆阳作为中国不发达区域中的一员，存在着以资源和生态为代价追求短期的经济利益的严峻问题。要通过增长方式的转变和集约化发展思路的建立，避免先污染、后治理，先毁坏、后补救的非生态型发展模式，立足于在现有资源优势和生态环境的基础上，整合区内生产要素，按照生态产业化的思路和方式，培育主导产业，形成特色经济。

庆阳在城市区域的开发中，可选择积极发展循环经济，实施重点节能工程，积极发展和利用可再生能源，加大能源资源节约和高效利用力度，加强生态环境保护，优化生产空间、生活空间和生态空间布局，降低温室气体排放强度，建设低碳城市。在农业基础设施建设中，推进农业结构和种植制度调整，选育抗逆品种，遏制草原荒漠化加重趋势，加强新技术的研究和开发，减缓农村温室气体排放，增强农业生产适应气候变化的能力，积极发展和消费可再生能源。在生态区域的发展中，推进天然林资源保护、退耕还林还草、风沙源治理、防护林体系建设、野生动植物保护

---

① 叶林生：《城市生态建设评价指标体系研究及其应用》，《华中科技大学》2011年硕士学位论文，第3—4页。

等，提高生态系统的发展能力，充分利用清洁、低碳能源。

（二）大力发展区域性生态产业

从区域产业配置的角度出发，广义的生态产业包括达到了具有生态指标的产业，也包括与生态建设配套服务的新产业，简言之，是一切符合生态指标的生产和消费部门与产业的集合体。狭义的生态产业是指各种区域传统产业的生态化指标，包括对资源耗费程度和环境污染程度这两个指标。

认识生态产业、发展生态产业可以增加生态资本存量，使区域产业建立在生态环境良性循环的基础上，有利于维护以人为本的生态理念和生物圈本身的生态存在状态。生态产业的实质，不仅是产业结构的绿化，而且是现代经济发展的全面绿化——即生态技术全面渗透到各个区域产业部门之中，减少或消除传统产业非生态因素，极大地使生态功能得到显示，同时，实现消费结构绿化、技术结构绿化、产品结构绿化和就业结构绿化，保证生态产业的效率性和持续性。

首先，庆阳应该加强生态工业的建设和发展。将先进技术和高素质的人力资源渗透到现有的工业产业当中——尤其是能源产业，提高工业产品的深加工程度和附加值，增强企业创收能力，降低资源消耗率和环境污染程度。循环经济的理念在生态工业的建设中将发挥重大作用，在企业层面上，将实施清洁生产，提高资源利用度，减少污染排放度，达到提高能源和资源使用效率，实现防治污染的目的；在区域层面上，鼓励发展有利于生态环境建设的产业，在空间布局时，按照把污染源控制在有限范围内的原则，将污染严重、资源耗费高的重化工业发展集中安排在一定的区域实行集中布局，在工业园区的建设中注入"生态"的概念，保证区域工业中的生态指标得到充分的实现。其次，庆阳应该积极发展生态农业。庆阳农业发展的根本问题在于水资源匮乏，因此，生态农业的建设和发展必须配合水源涵养的各种措施，如提高植被覆盖度、改善气候条件等，同时，延长农业产业链、积极推广有机施肥、提高农业技术、培育适合区域自然环境的农产品品种，在发挥农业基础性作用的同时，增强农业自身的生态性。最后，庆阳应逐渐将"循环经济"、"低碳经济"的理念渗透到其他产业，实现全面的生态产业建设。

（三）不断提高供给生态产品的能力

人类需求既包括对农产品、工业品和服务产品的需求，也包括对清新空气、清洁水源、宜人气候等生态产品的需求。从需求角度，这些自然要素在某种意义上也具有产品的性质。保护和扩大自然界提供生态产品能力的过程也是创造价值的过程，保护生态环境、提供生态产品的活动也是发展。从区域发展状况来看，庆阳提供工业品的能力迅速增强，但提供生态产品的能力却在减弱；随着人民生活水平的提高，人们对生态产品的需求却在不断增强。因此，必须把提供生态产品作为发展的重要内容，把增强生态产品生产能力作为区域经济发展的首要任务。庆阳要提高生态产品的生产和供给能力，必须做到三点：第一，加大城区及周边地区的绿化覆盖率，尤其是要加大林区建设。第二，注重水资源的节约利用和水源涵养。第三，要在生产生活方面大幅度减少污染。

（四）严格遵循城市生态建设的基本思路

为了更好地协调城市规划与城市生态建设两者之间的关系，城市规划的各个环节都要融入城市生态建设的精髓，城市生态建设的各个方面也都要体现城市规划的思想。城市的产业选择，要尽量符合城市生态建设的要求，废物的排放应达到城市生态建设的标准；城市发展规模的制定环节要考虑到生态系统的承载能力；城市发展方向的选择要考虑对相关地域生态系统的影响；城市空间结构模式的选取要综合考虑地域生态系统的现状、地形地貌的关系；城市用地布局要考虑用地功能之间生态化的联系，尽量混合使用土地，同时又要避免消极的外部效益；城市道路系统设计及交通模式的选择也要融入生态的思想，鼓励公交优先，抑制私人交通，尽量减少城市交通对生态系统的破坏。城市生态建设要以系统本身的组织结构、功能关系和发展规律为基础，以生态建设在城市空间中的落实为核心，将城市发展的生态效益、经济效益和社会效益三者相互结合，仔细权衡三者之间的关系，促进城市的可持续发展。

（五）努力改善区域生态建设的制度政策环境

首先，加大对生态建设的支持力度。在国际和国家生态建设政策的指导下，从财税和金融制度方面，大力支持生态产业的引进、建设、发展和技术创新。其次，完善区域生态建设的规划，引导不同的经济主体实施生态建设。再次，强化生态建设的监测和控制机制，防止实际经济活动偏离生态建设的轨道。最后，发挥地方政府在生态建设中的辅助和服务功能。

第三节　区域生态建设重点：林业生态建设

面对气候恶化、水土流失、生物多样化减少等严重的生态挑战，庆阳林业生态建设应发挥重大作用。

庆阳林业生态建设的基本对策就是要保护和扩大森林资源，力争在较短的时间内建立起一个完备高效的森林生态防护系统。

一　林业生态建设的现状及今后发展的战略目标

庆阳林业生态建设经过多年的奋斗，积累了许多成功经验，也有不少沉痛教训。从 20 世纪 50 年代开始，消灭荒山计划持续开展，"四旁"植树广泛进行，流域治理从未停步。特别是改革开放以来，相继开展了"三北"防护林体系建设、马莲河流域综合治理、中西部大型沙棘林带建设、子午岭林缘荒山造林、环县北部防沙治沙等多项林业生态建设工程。这些工程的成功实施，有效增加了林草植被，保护了水土资源，优化、美化了生态环境和山川面貌，改善了农业生产条件，促进了农业经济结构调整。近年来，随着西部大开发战略的实施，庆阳在国家财政支持下，又先后启动了"退耕还林还草"和"天然林保护"两项大型林业生态建设工程。所有这些工程，已经为区域林业生态建设奠定了一个较好的基础。

庆阳林业生态建设的总体目标为：从现在起到 21 世纪中期，区内宜林荒山全部绿化，森林面积达 100 万公顷，森林覆盖率达 40% 以上，而且分布相对均匀；水土流失得到控制，荒漠化基本得到治理，气候明显改善，自然灾害明显减少，生物多样性状况改善，生态环境安全良好。

首先，通过完善政策、健全制度、依法治林、加强管护、封山禁牧等措施，巩固已有森林资源和造林成果；通过荒山造林、退耕还林、小流域治理、义务植树等工程使人工林面积稳步增加；通过实施天然林保护、封山育林和自然保护区建设使天然林得到恢复发展，进而使生物多样性状况好转，使生态恶化得到控制治理。

其次，到 2030 年实现生态环境的明显改善。期间，应退耕地要全面退耕，60% 以上宜林荒山应得到绿化，土地荒漠化得到遏制，水土流失治理大见成效，一半以上"三化"（退化、沙化、碱化）草地得到恢复，以森林生态为主的自然保护区建设及森林生态监测体系建设明显见效；所有森林及大部分草原、水域生态系统基本得到有效保护，滥捕滥猎野生动物、滥采滥挖植物资源的现象全面杜绝。区域内平均森林覆盖率达到35%。

再次，进入生态环境提高阶段。使全区所有宜林荒山实现绿化，凡适宜治理的水土流失区得到全面整治，北部荒漠化基本得到治理，根绝滥猎、滥采野生动植物资源现象，所有森林、水域、草原生态系统及生物多样性全面得到稳定保护，林业生态系统全面建成，并稳定发挥防护功能及多种效益，气候和水文状况明显改善，自然灾害较少发生，山川面貌整体改观，形成富庶繁荣的美好景象。

二　林业生态体系建设的总体思路与内容

建设比较完备的林业生态体系，是中国已经确立的21世纪林业发展的战略目标，也是庆阳今后较长时期林业建设的主要任务和奋斗目标。

比较完备的林业生态体系，就是有人工设计和建造的森林生态系统——应尽可能使其组成要素丰富多样，层次结构合理有序，生物营养链级比较完整，森林生长发育健全，森林生物储量巨大，与周围环境相适互补，生态功能强大稳定。为了达到上述目标，首先一条就是要使该保护的都得到保护，该治理的都得到治理，该建设的都得到建设，该恢复的都得到恢复，不留空虚与残缺。为此，我们对庆阳地区林业生态体系建设提出以下初步构想。

（一）构建庆阳林业生态体系的总体思路

庆阳应在国家林业战略指导之下，根据自身生态特征，从五个层面进行构建。一是生态保护。保护好现有植被及其生态系统，保护好生物多样性。巩固原有生物生态遗产，使之免遭新的破坏。二是生态恢复。对有一定植被基础，具有自然恢复能力及条件的地段，进行封禁、封育，通过"自然恢复+人工促进"途径，使之得到繁衍扩大。三是生态重建。在荒山、荒地、荒漠、沙化地及陡坡耕地，广泛植树种草，重建绿色植被，减少并消灭地表裸露。四是生态改良。改造残败退化次生林、病弱衰老人工林，优化树种结构，提高森林质量；改良退化草地、荒漠地和盐碱地，促进植被复苏，增加土壤肥力。五是综合治理。不仅是小流域综合治理，一切现有和新造的林草植被及生态系统都应进行系统研究，系统管理。小流域在庆阳分布广泛，而其生态构成的要素和结构复杂多样，功能具有集成性，所以应采取保护、恢复、重建、改良等多种措施，对林、草、水、土综合治理。五个层面，有机联系，融为一体。由"保护"而巩固扩展，由"恢复"而繁衍，由"重建"而变无为有，由"改良"而变劣为优，由"综合治理"而协调有序。这一逻辑关系，反映出生态系统由存在到发展、由低级到高级的内部演进规律。循着这个逻辑关系进行设计和实施，就有希望建成结构合理、功能强大而完备的林业生态体系。

（二）建设庆阳林业生态体系的内容

第一，强化原有森林生态系统的保护。天然林是林业生态体系的主体和基础，1998年长江洪水后，国家把天然林保护列为中国林业的头号工程。目前天然林保护工程已在庆阳全面启动，天然林资源已全面停伐。实施"天保"工程主要是解决天然林的休养生息和恢复发展问题，所以不仅要保护林木资源，而且要保护整个森林生态系统；不仅要单纯的保护，还要对森林进行培育管理。随着工程的进一步深化，还要建立森林经营技术体系和森林生态定位监测研究体系。

第二，山峁沟谷坡地实行封山禁牧。庆阳除环县北部干旱风沙区的林草植被自然恢复困难外，大部分地方的气候、土壤条件都适于温带植物生长发育，一些山峁和沟谷坡地，虽然现存自然植被稀疏，但一旦封山禁牧，这些地方都能逐渐生长出草木。所以，封山育林育草也是一条生态治理和建设的重要途径。

第三，宜林荒地营造防护林。宜林荒地绿化，是增加植被覆盖的主要途径。庆阳目前还有680多万亩宜林荒山荒地，今后还需要进一步加快绿化步伐。宜林荒地绿化应以营造防护林为主，发挥保持水土、涵养水源的生态功效。种树应以抗干旱、耐瘠薄的乡土树种为主，适当配备从外地引进的优良树种。

第四，坡耕地退耕植树种草。主要是解决坡耕地水土流失问题。陡坡开垦对植被和地表破坏最大，造成的水土流失最为严重。坡耕地还林还草，是减少水土流失、改善生态环境的关键措施。庆阳的退耕还林还草工程，从1998年开始试点，近两年逐渐扩大范围，目前各县（市）正在按照国家确定的"以粮贷赈，个体承包"的政策，有计划、各分步骤地稳步推进此项工程。早期还林还草的坡耕地已出现一片草木的青绿。

第五，植树种草，建立生态屏障。由于环县北部的沙化趋势对全区生态有直接影响，所以防沙治沙也是生态治理的一项重要任务。一是要保护好现有植被；二是大力植树种草，建立新的生态屏障；三是开展综合治理，生物措施和工程措施相结合，有条件的地方可以引水灌溉、营造绿洲生态。

第六，建立多种类型的自然保护区。主要解决基因保存、物种多样性和生态系统多样性保护问题，防止现存生物物种及其生存环境继续遭到灭绝和破坏。自然保护区建设是林业生态体系建设的核心内容，要在全面加强珍稀濒危野生动植物保护及其生存环境保护的基础上，有重点地规划和建立多种类型的自然保护区。

第七，湿地保护。湿地是重要的生态系统之一。凡是由自然和人为形成长年或季节性积水的区域都可以称为湿地。近年来，国际上和我国都十分重视湿地保护。庆阳的湿地分布不多，但类型丰富多样，主要天然湿地有林区沼泽、河岸草（泥）滩、沟谷潨池等，人工湿地有水库、塘坝、涝池等。由于湿地是水生、陆生生物的富集区，所以保护湿地就是保护自然生态系统和保护生物多样性。

第八，恢复和培育草地生态系统。草地生态系统是自然生态系统的重要组成部分，不仅对草地畜牧业有直接经济意义，而且对绿化地表、抑制水土流失及维护生态平衡发挥着重大生态功效。具体内容为：第一，治理重点"三化"草地，采取新建人工草地、改良原有人工草地的办法，使"三化"草地在较短时间内全面恢复。第二，在有条件的地方对天然草地进行保护、培育、改良和复壮。第三，采取林、草结合的治理模式，形成"稀树草原"生态系统。

第九，探索小流域治理的综合措施。庆阳黄土丘陵沟壑区是坡耕地集中分布区，又是水土流失高发区，而且还是农村人口的生活生产区。一个流域的生态状况直接影响着该流域的经济、社会发展，所以治理意义重大。要做到生物措施与工程措施相互配套，林、农、水土综合治理，各行各业密切协作，以发挥更大整体效益。

第十，大力发展景观林业、使景观林业生态化。城镇的街道、庭院，乡村的村旁、屋旁，公路及乡村道路两旁、河流两岸、工矿区、革命纪念地、名胜古迹区及旅游景点（区）的绿化美化，以及森林公园建设，既有利于改善生态环境，也体现着文明进步程度。这既是一种景观林业，也是一种生态林业。所以风景营造及景观生态建设也是林业生态建设的重要内容之一。

第二十章

完善区域中心城市的政策支撑

区域中心城市是经济社会发展到一定阶段的产物，是区域空间系统中的一个极核点。一个城市能够从众多竞争对手中脱颖而出，发展成为区域的"佼佼者"和"引领者"，必然是资源基础、市场状况、信息流通、文化素养、创新能力、政策支持等多方面力量共同作用的结果。作为西部欠发达地区的庆阳，要构建区域中心城市，各方面的能力都不可或缺，其中，政策支持的力度具有决定性的影响。因此，如何立足本地实际，找到构建区域中心城市的正确选择，并在现有行政框架下，充分争取、利用和落实国家及省级层面相关支持性政策，积极加强区域内政府间的协调，完善政策支撑体系，是需要重点关注的问题之一。

第一节　区域中心城市的意义

与传统概念下的地域性中心城市相比，现代区域中心城市这一概念具有更为科学、更为广泛的内涵。它指的是在一定的区域范围内具有引领、辐射、集散、制衡等作用的主导性城市。它超越了原始的自然地理范畴，体现现代资源、产业、交通、市场、信息、文化地理、政治地理等多层面的带领效应。[①]

一　区域中心有助于地方经济发展

进入 21 世纪，世界经济发展出现了一些新的趋势。世界越来越像是一个"地球村"，不仅经济全球化的过程不断深化，而且知识经济初见端倪。在刚刚过去的 20 世纪里，生产力发展超过了以往历史时间的总和，

---

① 中华人民共和国建设部：《全国城镇体系规划纲要》（2005—2020 年），2005 年。

科学技术已经渗透到国民经济乃至人类社会的各个领域，深刻地改变了人们的生产与生活方式，推动了国际分工新格局的形成。与此同时，世界经济全球化过程呈现出显著区域化特征，地理区域不仅没有变得无关紧要，而是变得越来越令人瞩目。在一些崛起的区域里，区域的形象已经超越了企业的形象，超越了国家与行政的边界。新的世界分工不再按国家划分，而是按照区域的竞争力来进行，企业的竞争力不仅取决于其所在的国家环境，更重要的是其所在的区域和地方环境。[①]

二　从国家层面认识区域发展的意义：加速区域经济增长极的形成

要牢牢把握科学发展这一主题和加快转变经济发展方式这个主线，进一步加大政策支持和资金投入，扎实推进各项落实，不断深化改革，扩大开放，为该区域全面振兴注入活力，使该区域走出一条生态环境良好、能源资源集约开发、人民生活富裕的科学发展之路。[②] 对于该区域内的城市发展，要从国家层面给予政策的保障，使该区域经济、社会发展走出一条可持续的高质量的道路。

法国经济学家佩鲁（Perroux）认为，增长并非同时出现在所有地方，它以不同的强度首先出现于一些增长点或增长极上，然后通过不同的渠道向外扩散，并对整个经济产生不同的最终影响。区域可以成为国家的增长极，而处于区域中的城市又可以成为区域内的增长极。通过国家层面的政策协调，可以为区域建设带来难得的机遇。

三　突破二元经济制约，提高产业集聚能力和发展质量

随着《陕甘宁革命老区振兴规划纲要》的实施，国家将会对该区域给予发展政策的倾斜，这将进一步加大区域内交通、水利、市政信息等基础设施建设，提高生产要素配置效率和降低生产要素流动成本，为区域内经济发展和民生改善提供良好的物质条件和硬件保障。

城镇化程度是衡量一个国家和地区经济、社会、文化、科技水平的重要标志，是工业化发展和产业集聚的必然结果。庆阳所在区域的城镇化程度还不到40%，二元经济结构明显，所以转化经济结构是这一区域的发

---

① 袁志刚、万广华：《发展中大国的竞争》，复旦大学出版社 2009 年版，第 223—230 页。

② 《国家发改委关于印发陕甘宁革命老区振兴规划的通知》，发改委西部 [2012] 781 号。

展主线。

《陕甘宁革命老区振兴规划纲要》的实施，将有利于提高该地区的城镇化水平。在区域的统筹规划下，能源金三角城市经济一体化将获得较大推进，各城市的联系将日益紧密，以县城为主体的中心城镇将加快工业化步伐，城市群对周边地区的辐射带动作用将明显增强，区域内城镇化进程将不断加快。同时，区域的产业园区也将得到进一步建设和发展壮大，产业集聚效应将得到进一步发挥，低效和无效的建设浪费将会避免，具有一定聚集程度的新式城镇将会出现。

四 缩小收入分配差距，全面提高公共服务水平，改善人民生活质量和福利水平

《陕甘宁革命老区振兴规划纲要》的实施有利于提高公共服务水平，改善人民生活质量和福利水平。统筹区域发展和城乡发展，特别是提高公共服务能力，对于缩小收入分配差距，促进社会和谐发展意义重大。这主要表现在以下两个方面。

第一，《纲要》的实施，有利于加大政府对教育、卫生、文化、体育等有关民生方面的投入，满足人民不断增长的物质和文化需要，建立和健全社会福利制度和社会保障制度，增加城乡居民的收入，改善民生，提高人民生活水平和生活质量。

第二，就业是民生之本，解决就业问题是有关改革发展、稳定大局的重大问题，也是改善民生的重大问题。设立规划区，有利于积极推进产业结构调整。要加快发展以现代服务业为重点的第三产业，使之成为吸纳就业人口的主导力量。

第二节 积极落实《陕甘宁革命老区振兴规划纲要》

目前，庆阳正处于落实《陕甘宁革命老区振兴规划纲要》的关键时期，要结合庆阳本地实际，系统地制定和贯彻规划中提出的各项任务和目标，争取在区域发展中获得更大的发言权和政策优势。

一 大力推进工业化和城镇化，促进经济发展

城镇化是实现区域二元经济转化的基础，是区域工业化的载体和经济发展的先决条件。在庆阳所在区域，不仅有中国西部最重要的能源基地城市，也有西部开发中发展最快的地区，它们是区域经济发展的引擎和动力。

（一）新型城镇化和工业化的意义

1. 新型城镇化是扩大内需的最佳平台

当前，中国"转方式、调结构"的重心之一是扩大内需。中央农村工作领导小组副组长兼办公室主任陈锡文指出："我国是一个发展中大国，最大的内需在城镇化，最大的发展潜力也在城镇化。"广大农民从土地上解放出来，转变为城镇居民，引发了生产方式和生活方式的根本性转变，从而能够最大限度地扩大内需。据专家测算，城镇居民的人均消费能力是农村居民的3—4倍，城镇化率每提升1个百分点，就可拉动社会零售品消费总额增长1.5个百分点，进而直接拉动国内生产总值增长0.5个百分点。

2. 新型城镇化是吸引投资的重要方式和载体

从全国范围看，城镇化率每提高1个百分点，产生的购房需求拉动全社会固定资产投资增长2个百分点，进而拉动国内生产总值增长1个百分点。同时，城镇水、电、路等各种基础设施的建设和改善，可以更加有效地吸引各种投资向城镇聚集。

3. 新型城镇化是发展壮大第三产业的最佳渠道

在现代社会，第三产业的带动主要依靠城镇化，第三产业的发展空间也依托于城镇。庆阳的城镇化水平每提高1个百分点，将增加约2.6万人的城镇人口，解决这些人口的衣、食、住、行及其他各种生产生活问题，必将进一步拓展第三产业发展空间，创造更多的就业岗位，缓解就业压力。

4. 新型城镇化是提高农民收入，解决"三农"问题的重要途径

从根本上讲，要使农民富裕，就必须减少农民数量；要发展农村，就必须缩小农村规模。在一般情况下，单靠传统农业和农村的发展来富裕农民是十分困难的，根本途径还是城镇化。只有城镇率先发展，才能有效增强城镇吸纳农村人口的能力，使农民能够在城镇创业就业，这将有效增加农民收入，提高农民生活水平，缩小城乡差距，促进城乡统筹、协调发展。

5. 新型城镇化是提高居民生活水平和幸福指数的重要路径

在城镇化过程中，随着城乡各种基础设施的持续改善，群众的生存环境不断改观，社会保障能力进一步提升，居民的生活质量也将进一步提

高。可以说，在现阶段，国内生产总值和财政收入的增长主要靠工业化，而居民生活水平和幸福指数的提升则主要靠城镇化。

6. 新型工业化是经济发展的重要保证

只有工业获得发展，产业化水平提高并转型，才能保证经济发展的可持续性。没有实体经济的健康、可持续发展，第三产业的发展就失去了依托。在市场经济下，强大的经济体必须要靠强大的产业来保障。

（二）庆阳特色的城镇化、工业化的路径选择

1. 更加全面地认识城镇化建设的普遍规律

政府相关职能部门应加强研究城镇化的基本规律，更加深刻地认识城镇化的内涵、主体形态、空间布局等基本问题，准确把握土地城镇化与人口城镇化的关系、城镇化的质量、城镇化的资源支撑等城镇化高速发展期可能出现的各种问题，以增强工作的预见性。

2. 更加深入地研究庆阳城镇化建设的特殊性

要针对庆阳的个体差异，加强对庆阳城镇化特殊性的研究。要认清庆阳城镇化建设的独立性与封闭性特质，梳理庆阳城镇化在动力机制、资源支撑、地形地貌和投融资等方面的优势与劣势，摸清全市劳动力状况和文化、教育现状，为庆阳市委、市政府的决策提供科学依据。

3. 更加重视城镇化过程中文化内涵的培育

文化内涵的挖掘、提升和表达是城镇化的核心主题之一。要结合庆阳的历史、民俗和文化实际，在城镇的规划和建设过程中，真正将"文化为魂"的理念落到实处，并充分展示出来；要更加深入地挖掘和充分体现庆阳独具特色的文化——既包括我们已经高度重视的周祖农耕文化、岐黄中医药文化、红色革命文化和黄土风情文化，也包括全国各地都耳熟能详的以狄仁杰、范仲淹为代表的文人仕官文化、以马锡五审判方式为代表的红色法制文化、以《绣金匾》和《刘巧儿》为代表的红色文艺等。另外，还要更加重视庆阳人民文化素养的提升，进一步重视教育和劳动力素质的综合培训。

4. 加大产业园区和创业孵化器建设，保证工业高层次发展

产业园区是形成产业集聚效应的重要载体，具有技术溢出、人力资源共享等多种外部效应，是发展高新科技和特色产业、形成区域产业竞争合力的重要行政手段。要针对庆阳农业产品和能源资源的特色，规划实施高层次的产业园区建设，鼓励产、学、研一体化的发展模式。对于符合庆阳

经济发展战略，具有创新性的工业项目，要给予政策和税收方面的照顾，扶持其发展。通过在工业园区或者另外设立创业孵化器，鼓励、扶持创业，培育高技术、高附加值产业。

二　发挥区域比较优势，大力发展特色产业

依托资源优势，尽快在庆阳进行产业发展规划，重点进行产业园区的规划。根据庆阳产业经济发展的"红、黄、黑、绿"战略，高度重视产业及产业园区规划和发展，进行农产品的深加工，促进工业产业链的延伸。避免出现分散的园区，甚至是没有产业园区的局面。因为那样这样不但不利于产业发展，还抑制了产业集聚，抑制了区域特色产业的发展速度。

（一）发挥地理位置优势，借势发展旅游业

在蒙陕甘宁能源金三角当中，庆阳处于几何中心位置，与西安、延安又形成了一个小三角。这样独特的地理优势，便于庆阳借助于西安、延安的旅游资源发展旅游业。

1. 借势延安，发展红色旅游业

延安的红色旅游产业具有不可比拟的竞争优势，这对于庆阳来讲，是可以借重的重要资源，延安和庆阳应加强横向联合，快速发展红色旅游产业。庆阳的红色旅游资源开发如能借助延安红色旅游的品牌优势，则可以快速提升庆阳红色旅游资源的发展速度和水平。

2. 借势西安，发展生态文化旅游

在西长凤高速、西雷高速通车后，庆阳已经和西安、平凉形成了"三小时经济圈"，这对于庆阳借助于西安和平凉的旅游资源，发展生态文化旅游提供了很大的优势。西安是国际旅游城市，具有得天独厚的旅游资源，其旅游产业发展在全国处于领先水平，平凉的崆峒山是国家 5A 级旅游景区，2012 年接待游客 136.9 万人。庆阳应积极开展对旅游资源的营销，使庆阳的旅游资源可以融入西安和平凉旅游线路之中，从而加速庆阳生态文化旅游的发展。

（二）发挥资源优势，快速发展民俗文化产业和特色农业产业

1. 民俗文化产业的内涵深化

民俗文化产业的培育和发展，为企业和农户带来了可观的经济效益。近几年，庆阳岐黄民间工艺品有限公司已连续从中华人民共和国文化部文

化产业服务中心拿到了签约的外销订单；在环县龙影公司的示范带动下，环县王彩梅、边巧琴、韩靖等青年文化产业大户，年均收入都在 10 万元以上，带领当地群众 1000 多人脱贫致富①。

为了使民俗文化产业通过创意提升、设计改造来增加高科技内涵，实现产业升级和产品更新，庆阳应该加大力度，组织实施全市文化产业从业人员培训。同时，应该重视庆阳香包、皮影等民俗产品的营销工作，扩大产品知名度，提高产品附加值。

2. 特色农业产业的系统升级

加强庆阳特色农产品标准化体系建设，制定白瓜子、黄花菜等特色农产品的生产标准，鼓励企业进行绿色食品、有机食品认证。尽快完成规模生产、批量经营的农产品的地域产品保护以及商标注册，明确外地无法复制的色泽、外形、营养、功效、工艺和水土环境等技术特点，形成应有的技术壁垒。

---

① 甘肃网：http://www.gscn.com.cn/tourism/system/2013/03/20/010291021.shtml。

参考文献

[1] 倪鹏飞：《中国城市竞争力理论研究与实证分析》，中国经济出版社 2001 年版。

[2] 倪鹏飞主编：《中国城市竞争力报告》，社会科学文献出版社 2012 年版。

[3] 刘彦平：《中国城市营销发展报告：通往和谐与繁荣》（2009—2010），中国社会科学出版社 2009 年版。

[4] 菲利普·科特勒：《市场营销管理》，洪瑞云等译，中国人民大学出版社 1998 年版。

[5] 凯文·莱恩·凯勒：《战略品牌管理》，李乃和等译，中国人民大学出版社 2003 年版。

[6] 王国平：《城市论》（上），人民出版社 2009 年版。

[7] 李廉水、Roger R. Stough 等：《都市圈发展——理论演化·国际经验·中国特色》，科学出版社 2006 年版。

[8] 理查德·E. 凯夫斯：《创意产业经济学》，孙绯等译，新华出版社 2004 年版。

[9] 谢元鲁主编：《旅游文化学》，北京大学出版社 2006 年版。

[10] 肖志营：《营销大策划》，天津人民出版社 2004 年版。

[11] 赵铁军主编：《能源金三角：同构西北经济增长极》，光明日报出版社 2012 年版。

[12] 张复明：《资源型经济：理论解释内在机制与应用研究》，社会科学出版社 2007 年版。

[13] 袁志刚：《发展中的大国竞争》，复旦大学出版社 2009 年版。

[14] 俞可平主编：《治理与善治》，社会科学文献出版社 2000 年版。

[15] Donald Getz, *Event Management & Event Tourism*, New York：Cognizant

Communication Corp，1997.

［16］JohnHowkins，*The creative economy*：*How people make money from ideas*，London：Penguin Press，2001.

［17］高容、李铁林：《湖南旅游精品战略的市场促销研究》，《湘潭大学社会科学学报》2002 年第 S1 期。

［18］郭俊华、李洪琴：《文化商品的二重性与生产商的社会责任》，《前沿》2007 年第 8 期。

［19］仇保兴：《我国城镇化高速发展期面临的若干挑战》，《城市发展研究》2003 年第 6 期。

［20］王延华：《谈城市形象对城市经济发展的影响》，《沈阳农业大学学报》（社会科学版）2004 年第 4 期。

［21］张丹：《试论城市形象及经济发展》，《西安文理学院学报》（社会科学版）2004 年第 6 期。

［22］石忆邵：《城乡一体化理论与实践：回眸与评析》，《城市规划汇刊》2003 年第 1 期。

［23］赵海：《新型农业经营体系的涵义及其构建》，《中国乡村发现》2013 年第 6 期。

［24］佟贺丰：《英国文化创意产业发展概况及其启示》，《科技与管理》2005 年第 1 期。

［25］黄德锡：《上海发展创意产业的优势及路径》，《商业时代》2006 年第 8 期。

［26］贾芳华：《信息意识与注意力经济》，《情报杂志》2002 年第 1 期。

［27］戴光全、吴必虎：《TPC 及 DLC 理论在旅游产品再开发中的应用——昆明市案例研究》，《地理科学》2002 年第 1 期。

［28］王志强：《庆阳市农民工教育培训与就业现状调查研究》，《中小企业管理与科技》（上旬刊）2011 年第 3 期。

［29］俄向军：《对庆阳市县乡财政体制的思考》，《发展》2008 年第 1 期。

［30］黄宗智：《中国经济史中的悖论现象与当前的规范认识危机》，《史学理论研究》1993 年第 4 期。

［31］龚维平：《当代世界先进制造业发展的动因及新趋势》，《经济前沿》2007 年第 11 期。

［32］王谨：《个性化与影响力——关于中国城市节庆的思考》，《人民日报》（海外版）2003 年 11 月 12 日。

［33］叶林生：《城市生态建设评价指标体系研究及其应用》，华中科技大学，2011 年。

［34］刘方军：《财政制度创新与城乡一体化》，四川师范大学，2006 年第 6 期。

［35］刘永涛：《中国城乡二元经济结构转型研究》，郑州大学，2005 年第 5 期。

［36］中国统计局：《庆阳统计年鉴》（2010—2013）。

［37］《2008—2012 年庆阳市国民经济和社会发展统计公报》。

［38］庆阳规划局：《庆阳市城市总体规划》（2009—2025 年）成果简介，2010 年。

［39］《2012 年政府工作报告》。

［40］2013 年 11 月 12 日中国共产党第十八届中央委员会第三次全体会议《中共中央关于全面深化改革若干重大问题的决定》，《人民日报》（海外版）2013 年 11 月 16 日。

［41］发改委西部［2012］781 号，《国家发改委关于印发〈陕甘宁革命老区振兴规划〉的通知》，2012 年。

［42］付宝华：《城市规划问题的"原罪"是城市规划无创新造成的》，中国规划网，2011 年 9 月 1 日。

［43］郭国庆：《城市营销对城市发展非常重要》，新浪城市网，2009 年 10 月。

［44］高剑平：《努力把广西建成中国—东盟信息中心》，人民网，2007 年 7 月 31 日。

［45］http：//city. finance. sina. com. cn/nz/marketguo. html.

［46］http：//theory. people. com. cn/GD/49154/49156/6052878. html.

后　记

　　庆阳，位于黄河上游地区陕甘宁三省交界处，是在深厚的历史文化积淀的沃土上兴起的一座能源城市，被称为"西部油城"、"陇上煤都"、"文化大市"。这里传统文化丰富多彩，既孕育了丰厚的岐黄文化、先周农耕和民俗文化，也产生了影响深远的红色文化；这里石油、煤炭资源丰富，是正在建设中的国家级大型能源基地。背负着历史和现实的光荣与梦想、困顿和机遇，经过十多年的快速发展，庆阳在现代化的道路上已初步奠定了经济社会发展的基础，并且处于转型发展的转折点和关键时期。

　　作为地处陇东大地的一所新建的本科院校，陇东学院坚持以"应用型、教学型、地方性"为办学定位，积极调整学科、专业结构，加强科学研究，主动适应社会需求，与市、区、县各级政府以及各企业、事业单位建立了密切的产、学、研合作关系，已经深深地融入了这块土地的经济社会发展进程当中，在产业发展、经济转型跨越、文化引领、科技创新、社会事业进步中发挥着越来越重要的作用。《庆阳城市竞争力发展研究》正是在这一背景下，由陇东学院经济管理学院倡导牵头所进行的一项创新研究课题。

　　课题立项以来，得到了市领导和有关区县领导的大力支持和帮助，在统计数据、基础资料和经济社会状况调查等各方面给予协助和配合。陇东学院校领导也高度重视本课题的研究，在经费、人员配置等方面提供了有力的支持。经过课题组同人两年多来的酝酿和艰苦而紧张的工作，本课题的研究工作终于告一段落了！

　　本书是课题组集体努力所取得的成果。课题研究的领导与协调工作分工如下：

　　许尔忠（陇东学院副院长、教授）和曲涛（陇东学院经济管理学院院长、教授）担任主编，全面负责全书研究框架的设计、研究过程的指导、核心观点和理论的提出以及全书的审定；

毛粉兰（经济管理学院副院长、教授）担任执行主编，具体负责研究工作的协调和把握；

齐　欣（讲师）、赵铁军（副教授）担任副主编，协助主编进行课题的研究协调，并承担课题的主体研究任务。

报告各章节的写作分工如下：

毛粉兰（教授）：总报告（绪论）；齐欣（讲师）：第 1、2、3、10、11、14、15、20 章；齐欣、赵铁军（副教授）：第 8 章；赵铁军：第 4、5、6、7、17 章；肖海霞（副教授）：第 9 章；范颖（讲师）、齐欣：第 12、13 章；郭威威（讲师）：第 16 章；李涛（副教授）：第 18 章；张松柏（教授）：第 19 章。本书共 28 万字，其中齐欣共完成 10.5 万字，赵铁军共完成 7.8 万字。

《庆阳城市竞争力发展研究》课题的研究是一项具有开拓性的工作，初次尝试，各种困难和挑战难免，但课题组同人发挥了忘我的工作精神和科研韧性，克服困难，艰辛工作。感谢全体课题组成员的辛勤努力和付出！

这里需要强调的是，本课题是在中国社科院财经战略研究院城市与房地产经济研究室副主任、副研究员刘彦平博士的精心指导下完成的。刘彦平教授在庆阳规划局挂职担任副局长期间，受聘担任陇东学院客座教授，抱着一份对庆阳发展的责任感，广泛调研，精心构思，提出了这一关乎庆阳未来发展方向的研究思路和基本框架，并对各方面的研究内容提出了具体的指导意见，并全程参与了本课题的研究指导工作。

本课题的成功结项，还要感谢众多领导和专家的支持！感谢陇东学院闫庆生书记和郭维俊院长，他们对课题研究给予了大力的支持和关心。感谢课题组顾问，中共庆阳市委常委、宣传部部长黄正军以及庆阳社会科学联合会主席马启昕，他们为课题研究提供了许多极有价值的指导和帮助，也给予本课题诸多鼓励和支持！感谢中国社会科学出版社的胡靖老师、郭鹏老师，他们对本书的出版倾注了大量的心血。还有很多领导及专家，也对本课题给予了宝贵的指导和支持，篇幅所限恕不一一致谢！但我们深知，来自方方面面的支持推动了本研究的问世，也必将推动本课题的持续和深化！

《庆阳城市竞争力发展研究》是课题组研究的第一个成果。未来我们还将以年度报告的形式，持续推出相关研究成果。我们希望把这份报告及后续研究，打造成为陇东学院学科建设的一个品牌，进而发挥其多个方面的效应。

一是作为陇东学院跨学科科研合作的平台。陇东学院学科种类众多，且大多涵盖本地经济社会发展的特点和需要。通过校内学科间的合作，搭建骨干教师、青年教师的科研交流和合作的平台，为本校学者才智和创造力的发挥以及青年教师的成长，提供平台支持；

二是作为陇东学院与地方政府交流与合作平台。本课题的一个重要宗旨和诉求，就是为本地的经济社会发展提供理论支持和决策参考。本研究的系列化延展和持续，离不开当地发展的实际，更离不开各级政府的支持。我们希望通过本课题的研究，为推动本地高校和政府的合作助力，共同为庆阳乃至区域的发展各展所长、尽心竭力；

三是作为与校外专家沟通和交流的平台。近年来，陇东学院与国内外高校和科研院所积极开展科研交流和合作，对本校科研和教学有很大的助益。本课题的研究，也正是这种交流和合作的一个理想载体和平台，希望借此能扩大陇东学院的学术联络和学术资源，吸引更多的智库人才来关心革命老区、关心庆阳的发展，也希望借此来促进陇东学院相关学科的发展。

路漫漫其修远，吾将上下而求索。本研究才刚刚起步，研究成果也存在诸多的不足，诚望有识之士不吝批评、不吝赐教！

主编　许尔忠　曲　涛

2014 年 9 月 20 日